누구나 세상을 바꿀 수 있다

시로 읽는 주역
诗和　　　周易
詩に 讀む 周易

金載亨 著

시로 읽는 주역

초판 1쇄 발행일 2016년 1월 15일
초판 5쇄 발행일 2024년 9월 13일

지은이   김재형

펴낸이   김완중
펴낸곳   내일을여는책
편집총괄 이헌건
디자인   구정남
마케팅   김선민
관리실장 장수댁

인쇄   정우피앤피
제책   바다제책

출판등록 1993년 01월 06일(등록번호 제475-9301)
주소   전라북도 장수군 장수읍 송학로 93-9(19호)
전화   063) 353-2289
팩스   0303)-3440-2289
전자우편 wan-doll@hanmail.net
블로그   blog.naver.com/dddoll

ISBN   978-89-7746-054-6 03140

* 일러두기
  이 책에 수록된 64개의 괘는 모두 지은이가 직접 쓰고 그린 것입니다.

누구나 세상을 바꿀 수 있다

시로 읽는 주역
诗和　　周易
詩に 讀む 周易

金載亨 著

내일을여는책

머리말

누구나 주역을 읽을 수 있다
누구나 세상을 바꿀 수 있다

주역(周易)을 정의하고 설명하는 네 가지 방법이 있습니다.

1. 교역(交易) : 역은 상호작용이다.
2. 변역(變易) : 역은 변화를 일으킨다.
3. 간역(簡易) : 역은 간단해서 누구나 알 수 있다.
4. 불역(不易) : 역은 변하지 않는 것을 아는 지혜이다.

이 네 가지는 모두 중요합니다. 그러나 시대에 따라 중요도의 순위가 조금 바뀔 수는 있을 겁니다. 우리 시대에는 세 번째인 간역(簡易)이 중요합니다.

주역은 지나치게 어려워졌습니다. 100년 전만 해도 웬만큼 공부를 한 사람이라면, 20세 정도만 되어도 누구나 주역의 기본 개념을 이해하고 있었습니다.
주역은 인간이 살아가면서 만나는 삶의 패턴을 64가지(64괘)로 정리했습니다.
연애하고 결혼하고,
일을 시작하고 마칠 때가 언제인지를 판단하고,

누구를 미워하기도 하고 좋아하기도 하고,
아이를 가르치고 양육하고,
도전정신을 가지고 난이도가 높은 일에 부딪치기도 하고,
짧은 시간 안에 성과를 내야 하기도 하고,
긴 시간, 자기 자리만 지켜도 잘하는 일이 있기도 하고,
내 잘못이 아닌데도 말할 수 없는 고통을 겪기도 하고,
병들어 아프기도 하고,
민중을 위해 자기 몸과 마음을 불사르기도 하고······.
인간의 삶은 기본적으로 이런 패턴(괘) 안에 다 들어있습니다.

그래서 연애를 시작할 때는 함괘(咸卦)를 읽어두면 좋습니다. 연애하면서
고통을 겪는 청년들이 제게 물어오면 그냥 함괘를 읽어줍니다.
"세상에, 내가 지금 여기쯤에서 울고 있네요."
금방 답을 찾아냅니다. 연애의 기술이 보이는 거죠.

여행 떠나는 사람들은 여괘(旅卦)를 읽고 가는 게 좋습니다. 여행이 말할
수 없이 다이내믹해집니다. 다음에 일어날 일이 뭔지 다 보이거든요. 여행
때는 좋은 일 일어나지 않아요. 좋은 일만 일어나는 건 패키지 관광이죠.
안 좋은 일, 힘든 일도 미리 알고 있으면 그런가 보다 하고 받아들이게 되
고, 그렇게 시간이 지나서 살아 돌아오면 좋은 여행이 되어 있는 거죠. 이

걸 모르면 여행에서 고통을 심하게 겪습니다.

이런 건 별로 어렵지도 않고, 반나절 정도만 수업을 들으면 누구나 쓸 수 있습니다. 주역은 말할 수 없이 간단합니다(簡易).

주역은 간이(簡易)에서 시작하는 게 좋습니다.

이렇게 주역의 문에 들어서면 우리는 새로운 세계를 살아갈 중요한 도구 하나를 얻게 됩니다.

주역을 깊이 공부하는 사람은 누구나 주역 속에서 어떤 강렬한 영감을 받는 경험을 합니다.

저는 진보적 사회운동 속에서 늘 살았습니다. 한국의 진보는 그 속에 '분열'이라는 유전자를 가지고 있습니다. 함께 꿈꾸고, 같은 길을 가던 동지가 적대감을 가진 원수처럼 돌변하는 일을 겪게 됩니다. 그 당혹스러움은 말로 못할 정도입니다. 누구에게 하소연할 수도 없고, 어디에서 답을 찾을 수도 없을 때 주역을 읽었습니다.

점을 통해 규괘(睽卦) 2효(爻)를 얻었습니다. 규괘는 분규, 분쟁에 대한 이야기입니다.

주역은 제게 이렇게 말해줬습니다.

'불의 마음은 위로 가고, 연못의 마음은 바닥으로 가라앉는 것처럼 지금은 헤어짐의 시간입니다(上火下澤, 睽). 우리는 같은 점과 다른 점이 있었습니다(君子以同而異). 옳은 길에서 아직 벗어나지 않았습니다(未失道也). 살면서 우연히 다시 만나게 될 겁니다(遇主于巷). 큰 문제는 포기하는 게 좋습니다. 작은 일들을 잘 챙겨서 마음에 남는 것이 없도록 하십시오(小事吉).'

睽, 小事吉.
上火下澤, 睽, 君子以同而異.
遇主于巷, 未失道也.

이 괘를 얻었을 때의 충격은 지금도 가시지 않을 정도입니다. 밥도 못 먹을 것 같았던 고통이 사라지고, 지금 내가 처해 있는 상황이 관조되며 멀리 보이기 시작했습니다.
'아. 우리는 다시 만나는구나. 지금은 헤어져야 할 시간이구나. 좋고 나쁜 게 아니구나. 가을이 오면 서리가 내리는 것처럼 자연스런 일이구나. 서리가 내리면 작물을 돌보는 게 아니라 얼른 수확하듯이, 지금은 남은 일들 갈무리만 잘하면 되는구나.'
주역의 지혜를 따라 그 일을 처리한 이후부터 중요한 판단의 순간에는 늘 주역을 사용했습니다. 마을운동가로서, 대안교육 교사로서, 동아시아 평화운동의 현장에서……. '도대체 그 조건에서 어떻게 그런 생각을 할 수 있지?' 하는 일들은 대부분 주역의 권유를 따른 것입니다.

좋은 사회를 꿈꾸는 사람들, 변화를 기획하는 사람들이 이 책을 읽으면 좋겠습니다. 그들은 대부분 열악한 조건에서, 수많은 오해를 받으며, 적대적인 견제 속에서 자기 생각을 펼쳐야 합니다. 벽 앞에 서 있는 듯한 절망 속에서 주역을 읽으면 내 생각을 넘어선 지혜와 만나게 됩니다.

심리학 개념으로 설명하면 '의식과 무의식이 통합'되는 경험입니다. 변화를 일으키는 이들은 누구나 성공하기도 하고, 참혹하게 실패하기도 합니다. 두 가지 경우 모두 주역은 큰 힘이 됩니다. 주역은 성공과 실패를 넘어 내 삶에 일어나는 대립과 갈등이 서로 관계를 맺고 있고, 서로가 서로에게 의존하고 있다는 것을 알려줍니다(交易).

지금 우리는 말할 수 없이 어려운 시대를 살아가고 있습니다. '헬조선'이라는 말은 단순한 사회비판 용어가 아니라 빈부격차, 출산, 자살, 행복지수 등 여러 가지 국제비교평가에서 객관적인 수치로 증명되었습니다.

지금까지 우리가 살았던 가치 기준은 '성장'이었습니다. 뒤돌아보지 않고 앞만 보고 달려온 성장 지향의 삶이 '헬조선'입니다. 이걸 어떻게 풀어야 할까요? '변화'라는 코드가 하나 필요합니다.

앞으로 어디에도 성장은 없습니다. 공무원이 되거나 대기업에 들어가도 '그냥' 사는 거지 삶이 성장하지는 않습니다. 시대의 고통과 같이 하지 않고 벗어나 있는 것이 인간에게 꼭 좋은 것만도 아닙니다.

앞으로 우리는 성장하는 사회에서 살지 않고 변화하는 사회에서 살게 됩니다. 성장의 기술을 익혀 자본주의에 적응하듯이 변화의 기술을 익혀 자본주의 이후의 사회, 생태사회에 적응해야 합니다. 우리의 삶은 변화의 연속입니다. 주역은 그 변화를 읽는 기술입니다(變易).

우리는 태어나서 죽기까지 수많은 변화 속에 살지만 '생명'은 영원합니다. 죽고 사는 변화는 '몸'에 일어나는 일이지 '생명' 그 자체에 일어나는 것은 아닙니다.
주역의 깨달음인 불역(不易), 변하지 않는 것에 대한 지혜는 주역 이해의 완성이기도 합니다. 변하지 않는 걸 알게 되면(不易) 일어나는 변화는 어렵지도 않고(簡易), 좋은 일 나쁜 일 가리지 않고 서로서로 손잡고 갈 수 있고(交易), 변화를 자연스럽게 받아들일 수 있어 변화가 두렵지 않습니다(變易). 변화에 대한 두려움만 넘어서면 세상은 바뀝니다.
주역은 두려움을 넘어선 변화의 질서를 이렇게 표현합니다.

궁즉통, 통즉변, 변즉구, 자천우지, 길무불리(窮則通, 通則變, 變則久, 自天祐之, 吉無不利).
극에 달하면 통하고자 하는 마음이 일어나고, 통하면 변화가 시작됩니다. 변화가 일어나면 오래 갈 수 있습니다. 그래서 이것을 하늘은 스스로 돕는 자를 돕는다고 합니다. 이런 변화는 불리할 것이 하나도 없는 좋은 일입니다.

제가 20대 청년들을 위해 할 수 있는 일이 주역을 읽게 하는 일이라는 생각을 몇 해 전에 했습니다. 원고를 쓰면서, 이 책을 20대가 읽으면 좋겠다고 한 친구에게 말했습니다. 그 친구는 단번에 안 된다고 했습니다. 이 책은 최소한 30대 중반은 넘어야 읽게 될 거라고 했습니다.

그 정도만 해도 40대가 넘어가야 읽을 수 있는 책이라는 개념에서는 많이 내려왔지만 여전히 제 역할을 다하지 못한 것 같습니다. 이번에는 처음이라 어쩔 수 없습니다. 할 수만 있으면 5년마다 개정판을 꾸준히 쓰고 싶습니다. 실력이 늘면 늘수록 더 쉬워질 겁니다.

이 책을 쓴 이유 중 하나는 '동아시아 인문운동가'라는 정체성을 실현하고 싶어서이기도 합니다. 주역의 아름다운 글들을 붓으로 써주는 걸 즐기는데, 제일 많이 썼던 글이 '여택, 붕우강습'(麗澤, 朋友講習)입니다. '이어진 연못처럼 서로 배우고 가르치는 것이 참된 기쁨이다' 이런 의미입니다. 기쁨을 설명하는 주역 태괘(兌卦)에 나오는 이야기입니다.

이어진 연못은 물이 한쪽으로 들어오면 금방 이어져 있는 다른 연못에도 물이 전해져서 둘이 똑같아집니다. 친구들이 서로 서로 자기가 아는 걸 가르쳐주어서 함께 실력이 성장하는 것이 기쁜 일입니다.

저는 한중일 세 나라가 이어진 연못처럼 동아시아 지중해(동해, 일본해, 동중국해, 서해 등을 포함하는 하나의 바다)를 사이에 둔 형제라고 생각합니다. 우리는 수천 년 동안 서로 배우고 가르치며 함께 살아왔습니다.

주역은 동아시아 공동의 언어 중 하나입니다. 주역을 읽을 수 있는 교사는 중국과 일본에서도 이야기할 기회를 얻을 수 있습니다. 주역을 가르치는 게 아니라 주역을 통해 새로운 삶의 길을 성찰하는 겁니다. 이 책이 동아시아인들과 만나는 길을 열길 기원합니다.

이 책이 만들어지는 과정에 많은 분들의 도움을 받았습니다. 무엇보다 저를 지지하고 후원해주시는 분들이 없었으면 이 책은 몇 년 후에나 나올 수 있었을 겁니다.
결혼해서 지금까지 생활을 거의 책임졌던 아내에 대한 고마움은 이런 글로 표현할 수 있는 게 아닙니다. 이와 더불어 20대부터 지금까지 만나왔던 많은 친구와 동지, 스승들께 감사합니다.
두 해 전 돌아가신 어머님의 사랑을 기억합니다.
'내일을여는책' 김완중 대표와 이헌건 편집장께도 감사드립니다. 주역 전문가가 아닌 사람의 주역 책을 내는 게 모험인 걸 알면서도 두 분은 기꺼이 함께 강을 건너는 배를 탔습니다.

2015년 12월
곡성 와룡 산골에서 빛살 **김 새 형** 노심

추천사 1

나는 주역을 모르기에 이 책을 추천하기에 적합하지 않다. 거기다 부처님께서는 관상이나 점으로 삶의 문제를 다루는 것은 설사 그 내용이 잘 맞고 실제 효과가 있다 하더라도 사람들에게 정당한 노력보다 사행심을 조장하게 되므로 해서는 안 된다는 입장이셨다.

그럼에도 이 글을 쓰는 이유는 동서고금의 진리는 서로 같은 지향점을 가지고 있고, 시대와 장소에 따라 다양한 방법과 언어로 표현되었다는 것을 알기 때문이다. 주역을 모르지만, 지혜로운 사람들이 어떤 의도로 주역을 썼는지는 알 수 있다.

주역의 음양, 중정(陰陽, 中正)의 세계관은 서로 대립되어 보이지만 실상은 밀접하게 관계 맺고 있다는 것을 64괘를 통해 보여주는 것이고, 하늘과 땅(乾坤), 물과 불(坎離), 전쟁과 평화(師比), 마음과 물질(同人,大有), 나아감과 물러남(晉,明夷) 등의 대립된 주제들이 중정(中正)을 향해 적합한 자리를 찾아가는 지혜는 지금 이 시대에도 여전히 유효하다고 본다.

김재형 선생은 생명평화 등불로 농촌에서 공부하고 토론하는 문화를 만들기 위해 노력해왔다. 그는 농촌 어르신들과 만나고 그들의 이야기를 귀담아 듣는 작업을 통해 두 권의 농민 이야기 시집을 내기도 했다. '농부와 시인'이라는 주제로 마을의 농민들이 자기 삶을 시로 쓰도록 한 일은 마을에서 생명평화의 삶을 실천한 소중한 사례라고 생각한다.

생명평화의 삶을 사는 이들은 누구나 지혜에 의지하게 된다. 내가 부처님의 지혜에 의지했다면, 김재형 선생은 동아시아 선현들의 지혜에 의지해 문제를 다루어왔다. 그는 주역이 3,000년 전에 씌어졌지만 시간과 공간을 넘어 적용할 수 있는 보편적 가치가 있음을 알아차렸다. 그리고 우리 시대 청년들이 읽을 수 있도록 주역에 덧쌓여 있는 오독의 흔적을 걷어내고 오늘의 언어로 재해석했다.

주역의 '궁즉통, 통즉변, 변즉구(窮則通, 通則變, 變則久)' 변통(變通) 개념은 화쟁(和諍)의 논리와도 충분히 통한다. 갈등의 폭이 커지면 누구나 소통을 통해 문제를 풀고 싶고, 소통하다 보면 변화가 일어나고 사회가 안정된다. 지금까지 주역은 많은 사람들에게 점서(占)로 활용되어 왔지만, 앞으로는 주역의 본래 가치인 음양, 중정(陰陽. 中正)의 세계관을 따라 '화쟁'의 방법론으로 더 깊이 연구되고 적용될 수 있었으면 하는 바람이 크다.

무엇보다 김재형 선생이 주역을 동아시아 평화운동의 도구로 쓰기 위해 개발하고 연구하는 과정에 대해서는 우리 사회가 좀 더 관심을 기울이고 적극적으로 함께하길 권하고 싶다. 현재의 동아시아는 북미주나 유럽연합에 맞먹는 정치, 사회, 경제, 문화 모든 영역에서 세계의 선도 지역이다. 이런 지역 공동체가 배타적인 민족, 국가 의식에 사로잡혀 서로를 적대하고 있는 것은 동아시아 국가뿐만 아니라 세계의 불행이다.

주역은 동아시아인들의 공동 언어 중 하나이므로 주역을 통해 동아시아 평화운동의 공통 개념을 찾아낸다면 동아시아인이 서로 이해하고 소통하는 데 큰 도움이 될 수 있다는 김재형 선생의 생각에 깊이 공감한다.

부디 김재형 선생이 생명평화의 등불로 살아온 삶이 이 책과 함께 더욱 빛나길 기원한다.

2016년 1월 대한불교 조계종 화쟁위원회 위원장 **도법**

추천사 2

나는 주역을 공부한 적이 없다. 아마도 페이스북에 올라오는 인문운동가 김재형 선생의 글을 통해 주역과 처음으로 만났다고 하는 편이 맞을 것이다. 까다롭고 난해한 수수께끼 같은 내용들과 길흉화복에 대한 점술서가 아니라, 시적(詩的) 울림이 있고, 현대와의 교감이 있으며, 궁극적 변혁의 길을 제시하는 감동으로 다가왔다.

앞으로 전개될 동아시아, 나아가 세계공동체를 위하여 고금합작(古今合作)의 인문적 토대를 쌓는 데 이 책이 기여할 것으로 믿는다.

이남곡_ 인문운동가, 《사람을 사랑하는 기술 논어》 저자

핵발전소가 무너지고, 경제가 무너지고, 평화가 무너지고…… 모든 것이 허물어져 가는 중에 길을 잃고 헤매는 우리들에게, 3,000년 전의 지혜는 "정말 중요한 것은 결코 무너지지 않는다. 그 씨앗으로부터 새로운 세상이 다시 싹을 틔울 것이다"라고 이야기합니다.

마사키 다카시(正木 高志)_ 일본 평화운동가, 《나비문명》 저자

아시아의 지혜가 미래 세계 문명을 인도할 것입니다. 아시아의 지혜는 인도의 《바가바드 기타》(신의 노래)와 중국에서 시작된 주역이라고 봅니다.

칫다다_ 아난다마르가 명상/요가 출가수행자, 《자본주의를 넘어》 역자

제가 한글을 통해 경험한 주역은 창의적이었습니다. 사람-삶의 모든 경우가 시각적 상징과 논리로 올올이 애지어 있어 짬짬이 읽어도 새롭습니다.

창의 작업을 하는 이들에게 옆에 두고 읽기를 권합니다.

안상수_ 시각디자이너, 파주타이포그라피학교 교장

중국에서는 많은 사람들이 주역을 이야기합니다. 입으로 떠드는 말은 폭포수처럼 유려하지만, 그리 알맹이는 없습니다. 하지만 김재형 선생님이 주역을 이야기하실 때는, 마치 갓 태어나 피로 붉게 물든 어린아이를 안고 있는 듯했습니다. 여리고 부드럽지만 활력이 넘치고 솔직하고 진지합니다.

쟈루이밍(賈瑞明)_ 중국 자연농업 농민, 여와자연학교 교사

고통 없이 사는 사람이 없다는 걸 아는 데까지 오랜 시간이 걸렸다.
《시로 읽는 주역》을 읽으며 고통의 바다를 건너는 내 삶을 객관적으로 볼 수 있었다. 삶이 여유로워졌고, 깊이 숨 쉴 수 있었다.

이우정_ 코숨한의원네트워크 대표원장, 《축농증학교》 저자

김재형 선생님과 함께 중국에서 활동하면서, 주역이라는 고전이 가진 힘과 깊이를 느끼게 되었습니다. 3,000년 전 선인들의 농축된 경험과 지혜가 시공간을 넘어 오늘의 현실로 재해석되고 문제를 푸는 단초를 제공합니다.

김유익_ 다문화 '생활' 통역자, 화(和)&동(同) 커뮤니티 기획

주역은 쉽고 간단하다. 동전을 던져 괘를 찾는다. 이 단순한 행동에 지나치게 의미를 부여하는 건 아닌지 스스로 묻기도 한다. 그러나 주역 괘를 읽다보면 팔에 소름이 오소소 돋는다. 내가 찾아서 내가 읽는데 그렇다.

정예림_ 선애학교 졸업, 윤효간대학 학생

Contents

제1부
주역 상경

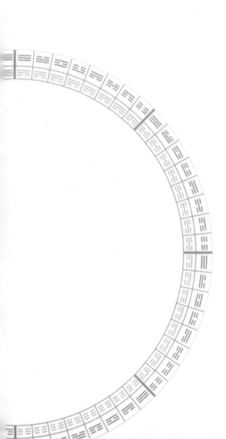

Contents

주역 64괘

1.重天乾 중천건 2.重地坤 중지곤 3.水雷屯 수뢰준 4.山水蒙 산수몽 5.水天需 수천수 6.天水訟 천수송 7.地水師 지수사 8.水地比 수지비

9.風天小畜 풍천소축 10.天澤履 천택리 11.地天泰 지천태 12.天地否 천지비 13.天火同人 천화동인 14.火天大有 화천대유 15.地山謙 지산겸 16.雷地豫 뇌지예

17.澤雷隨 택뢰수 18.山風蠱 산풍고 19.地澤臨 지택림 20.風地觀 풍지관 21.火雷噬嗑 화뢰서합 22.山火賁 산화비 23.山地剝 산지박 24.地雷復 지뢰복

25.天雷无妄 천뢰무망 26.山天大畜 산천대축 27.山雷頤 산뢰이 28.澤風大過 택풍대과 29.重水坎 중수감 30.重火離 중화리 31.澤山咸 택산함 32.雷風恒 뇌풍항

33.天山遯 천산둔 34.雷天大壯 뇌천대장 35.火地晉 화지진 36.地火明夷 지화명이 37.風火家人 풍화가인 38.火澤睽 화택규 39.水山蹇 수산건 40.雷水解 뇌수해

41.山澤損 산택손 42.風雷益 풍뢰익 43.澤天夬 택천쾌 44.天風姤 천풍구 45.澤地萃 택지췌 46.地風升 지풍승 47.澤水困 택수곤 48.水風井 수풍정

49.澤火革 택화혁 50.火風鼎 화풍정 51.重雷震 중뢰진 52.重山艮 중산간 53.風山漸 풍산점 54.雷澤歸妹 뇌택귀매 55.雷火豐 뇌화풍 56.火山旅 화산려

57.重風巽 중풍손 58.重澤兌 중택태 59.風水渙 풍수환 60.水澤節 수택절 61.風澤中孚 풍택중부 62.雷山小過 뇌산소과 63.水火既濟 수화기제 64.火水未濟 화수미제

上卦\下卦	건(乾)	태(兌)	이(離)	진(震)	손(巽)	감(坎)	간(艮)	곤(坤)
건(乾)	중천건 重天乾	택천쾌 澤天夬	화천대유 火天大有	뇌천대장 雷天大壯	풍천소축 風天小畜	수천수 水天需	산천대축 山川大畜	지천태 地天泰
태(兌)	천택이 天澤履	중택태 重澤兌	화택규 火澤規	뇌택귀매 雷澤歸妹	풍택중부 風澤中孚	수택절 水澤節	산택손 山澤損	지택임 地澤臨
이(離)	천화동인 天火同人	택화혁 澤火革	중화이 重火離	뇌화풍 雷火豐	풍화가인 風火家人	수화기제 水火旣濟	산화비 山火賁	지화명이 地火明夷
진(震)	천뢰무망 天雷无妄	택뢰수 澤雷隨	화뢰서합 火雷噬嗑	중뢰진 重雷震	풍뢰익 風雷益	수뢰둔 水雷屯	산뢰이 山雷頤	지뢰복 地雷復
손(巽)	천풍구 天風姤	택풍대과 澤風大過	화풍정 火風鼎	뇌풍항 雷風恒	중풍손 重風巽	수풍정 水風井	산풍고 山風蠱	지풍승 地風升
감(坎)	천수송 天水訟	택수곤 澤水困	화수미제 火水未濟	뇌수해 雷水解	풍수환 風水渙	중수감 重水坎	산수몽 山水蒙	지수사 地水師
간(艮)	천산돈 天山豚	택산함 澤山咸	화산여 火山旅	뇌산소과 雷山小過	풍산점 風山漸	수산건 水山蹇	중산간 重山艮	지산겸 地山謙
곤(坤)	천지부 天地否	택지췌 澤地萃	화지진 火地晉	뇌지예 雷地豫	풍지관 風地觀	수지비 水地比	산지박 山地剝	중지곤 重地坤

제1부

주역 상경

■ 건(乾) – 하늘 저 너머까지 이 땅 위에 하늘을

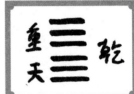

무한한 빛과 사랑의 세계로 손 맞잡고 날아오르자

옛날 옛날 오랜 옛날.

지구에 빙하기가 오면서

지구를 지배하던 공룡은 멸종했지만

바이칼 호 깊은 연못 속에는

물고기의 비늘과 심장을 가진 용들이

살아남아 있었다.

빙하기가 다 지나갈 때까지

그들은 호수에서 숨죽이며 살았다(潛龍, 勿用).

빙하기가 지난 뒤에도
너무 오랜 시간 깊은 호수에 적응했기에
하늘을 나는 건 쉽지 않았다.
몇 번 푸드덕거리며 꼬리를 쳐 날아오르곤 했지만
얼마 날지 못하고 연못으로 돌아와야 했다(或躍在淵).

시간이 지난 뒤
하늘과 땅, 물속을 자유롭게 다닐 수 있게 된 용들은
서서히 인간에게 길들여지기 시작했다(見龍在田, 利見大人).
용들은 밤낮없이 일하기 시작했고
저녁까지도 일의 스트레스에서
자유로울 수 없었다(君子終日乾乾, 夕陽若).

용들은 그들의 현실에 회의하며 다른 길을 찾고 싶었지만,
바이칼 학교의 교실에서는 물러서는 법을 배우지 못했다.
그들은 지나치게 강했고,
세상을 변화시키고 싶은 열망에 휩싸여 살았다.
언젠가 입에 문 여의주의 힘으로
세상을 바꾸고 싶었다(亢龍有悔).

옛날 옛날 오랜 옛날 바이칼 호 깊은 연못 속에서
무한한 빛과 사랑의 세계를 꿈꾸며(天行健, 君子以自强不息)
앞서지도 않고 뒤처지지도 않고

서로 손 맞잡고 하늘을 날던 용들이 있었다(群龍無首).

乾, 元, 亨, 利, 貞.

맑고 밝고 따뜻하고 원대한 마음.

元者, 善之長也, 亨者, 嘉之會也, 利者, 義之和也, 貞者, 事之幹也.

원(元)은 선을 키우는 일, 형(亨)은 아름다움이 모이는 일, 이(利)는 정의가 조화

를 이루는 일, 정(貞)은 일의 줄기가 잡히는 일.

天行健, 君子以自强不息.

하늘이 힘 있게 움직이는 것처럼 군자도 쉬지 않고 스스로 힘을 내서 일한다.

(사심 없이 최선을 다해 하늘같은 본성이 실현되는 삶을 살아간다.)

一

1. 潛龍勿用.

물속에 잠겨 있는 용은 쓰지 않는다.

(아직 때가 아니다. 실력이 준비되지 않았다.)

龍德而隱者也. 不易乎世, 不成乎名, 遯世无悶, 不見是而无悶, 樂則行之, 憂

則違之,

잠룡은 용의 마음을 가졌지만 드러나지 않는다. 세상의 명성 때문에 자기를 바꾸

지 않고, 세상을 초월하여 근심 걱정이 없다. 그와 함께하기를 좋아하면 같이 가

24

고, 불편해지면 다른 길을 간다.

2. 見龍在田, 利見大人.

드러난 용이 밭에 있다. 대인을 보는 것이 이롭다.

(재야의 지도자로 성장해가고 있다. 실력 있는 인재들과 만나며 미래를 준비한다.)

3. 君子終日乾乾, 夕惕若, 厲无咎.

군자는 하루 종일 부지런히 움직이고 저녁에는 하루 일에 대해 반성하니 두렵지만 허물이 없다.

(밤낮을 가리지 않는 일상적인 긴장의 상태에서 늘 자기 삶을 돌아본다.)

4. 或躍在淵, 无咎.

혹시나 하고 뛰어보지만 연못을 벗어나지는 않는다. 허물이 없다.

(자기 범위를 벗어나는 시도를 해보지만, 무리를 하지는 않는다.)

5. 飛龍在天, 利見大人.

용이 하늘을 난다. 대인을 보는 것이 이롭다.

(실력을 가진 사람이 자기 실력을 충분히 밝힌다. 서로를 알아보는 실력 있는 인재들이 만나게 된다.)

同聲相應, 同氣相求, 水流濕, 火就燥, 雲從龍, 風從虎, 聖人作而萬物覩,

같은 소리끼리 화음을 이루듯이, 같은 기운이 서로를 찾듯이, 물이 습한 곳으로 흐르듯이, 불이 건조한 곳에서 일어나듯이, 용이 구름을 타듯이, 호랑이가 바람을 타듯이, 성인은 만물의 어울림을 찾는다.

6. 亢龍有悔. 盈不可久也.

너무 높이 오른 용은 후회하게 된다. 가득 찬 것은 오래가지 않기 때문이다.

貴而无位, 高而 无民, 賢人在下位而无輔, 是以動而'有悔'也.

높이 올라 귀하게 되었지만 자리가 없고, 따르는 사람도 없다. 지혜로운 사람

은 낮은 자리에 있어 도와줄 수 없구나. 이런 조건에서 움직이면 후회할 일만 남

는다.

7. 見群龍无首, 吉. 天德不可爲首也.

여러 마리의 용이 있지만 우두머리가 없다. 길하다. 하늘의 마음을 가진 사람은

다른 사람을 지배하는 우두머리가 되려고 하지 않는다.

(여러 마리 용들이 앞서지도 뒤처지지도 않으면서 함께 손잡고 높은 하늘 위로

날아올라간다.)

주역은 건괘에서 시작합니다. 하늘을 상징하는 건이 두 개 이어져 있어서

중천건(重天乾)이라고 읽습니다. 하늘 위에 또 하늘이 있는, 무한한 하늘

저 너머에 대한 이야기입니다.

주역 이전에도 역(易)은 사용되고 있었습니다. 신화에는 신석기 농업혁명

을 이끈 신농의 역을 연산역(連山易), 청동기시대 역사가 시작되는 황제의

역을 귀장역(歸藏易)이라고 합니다. 역(易)은 인류 50만 년의 역사 속에서

말은 생겨났지만 아직 문자는 만들어지기 이전, 부호로 소통하던 시대의 경험을 담고 있습니다.

주역의 상징을 해석해보면 북미 인디언의 소통방법과 비슷하다는 느낌을 받습니다. 문자 없이 소통했던 그들이 눈에 보이는 현상 그대로를 부르는 방법입니다. 그래서 인디언들이 사람의 이름을 붙이거나 계절을 구분하는 방법은 주역과 아주 비슷합니다. 예를 들면 구르는 천둥, 늑대와 함께 춤을, 서 있는 곰, 나뭇가지가 눈송이에 부러지는 달, 마음을 움직이는 달, 머리맡에 씨앗을 두고 자는 달, 옥수수가 은빛 물결을 이루는 달……. 이번에 읽을 건괘도 풀어서 쓰면 '무한한 하늘 저 너머를 꿈꾸는 사람' 이렇게 읽을 수 있습니다.

문자는 역사가 시작되는 5,000년 전을 전후로 나타나지만 주역은 최소한 1만 년 이상의 인간의 정신활동과 이어집니다. 주역은 전설 속의 인물인 복희씨가 음양팔괘를 그리면서부터 시작됩니다. 인류의 정신세계는 구석기 인류가 처음으로 '나와 너, 이것과 저것을 구분하기 위해 음과 양으로 표현'하면서 시작됩니다. 1만 년 전 인류의 정신자산 가운데 지금도 일상에서 쓸 수 있는 건 그렇게 많지 않습니다.

주역 이전에 사용되던 연산역은 산을 상징하는 간괘(艮卦)에서 시작하고, 귀장역은 땅을 상징하는 곤괘에서 시작합니다. 간괘는 산이 두 개 이어져 있는 상징인데, 겹겹이 이어진 산이어서 '연산역'(連山易)이라고 했습니다. 아마 백두산, 태산 이런 큰 산 앞에서 산을 신앙하던 이들이 사용했을 겁니다.

곤괘는 땅이 두 개 이어져 있는 상징인데, 청동기시대에 접어들어 물질직 부가 쌓여가는 상황에서 만들어진 다양한 관계, 특히 지배질서의 이해를 담았을 것으로 보입니다. 은나라를 무너뜨리고 건국한 주나라는 은나라의 신앙 대상이었던 상제 하늘님[上帝]을 넘어서는 새로운 신앙의 대상으로 하느님[天]을 설명할 필요가 있었을 것입니다. 건괘로 시작하는 주역은 그런 점에서 애니미즘을 넘어 하늘[天] 신앙이 시작된다는 걸 상징합니다.

하늘 신앙을 가졌던 사람들이 꿈꾼 세상이 군룡무수(群龍無首)입니다. '수많은 용들이 있지만 우두머리가 없다'는 말은 누구를 지배하거나 따르거나 하는 일 없이 누구나 자기의 본성대로 삶을 사는 세상을 상징합니다. 용은 하늘처럼 밝고 맑고 따뜻하고 원대한 내면(元亨利貞)을 가진 사람들입니다. 건괘는 그런 사람들이 자신을 낮추고 세상을 피해 실력을 쌓아가기도 하고(潛龍勿用), 세상의 흐름을 잘 살펴 나아가고 물러섬을 판단하고(見龍在田, 或躍在淵), 좋은 세상 만나 자기 꿈을 실현하기도 하고(飛龍在天, 利見大人), 또 어떤 때는 너무 강한 의지를 드러내다가 실패하기도 하는 모습(亢龍有悔)을 담고 있습니다.

꿈을 가진 사람은, 이런 성공과 실패를 충분히 겪고 난 뒤에 성공과 실패를 넘어 앞서는 것도 없고 뒤처지는 것도 없는 새로운 길에 대해 꿈꾸게 됩니다. 상대를 이겨서 행복해지는 것이 아니라 함께 가기에 더 높이 가는 길을 찾고자 합니다. 내가 가진 여의주를 내 뜻대로 사용해서 세상을 지배하기보다는 모두가 자기 여의주를 사용해서 뜻하는 바를 함께 이루길 바랍니다. 3,000년 전에 꿈꾼 이상세계에 대한 꿈은 지금 읽어도 가슴이 벅찹니다.

그러나 좋은 세상에 대한 이런 꿈은, 밤낮없이 일을 하게 만들기도 합니다
(君子終日乾乾, 夕惕若, 厲无咎). 때로는 스스로 자기 의지의 노예가 되기도
쉽습니다. 이 세상에 무수한 용들이 하늘을 날았지만 꿈꾸는 세상이 쉽게
이루어지지 않는 이유입니다(天行健, 君子以自强不息).

▓ 곤(坤) – 땅을 본받아

빈마지정(牝馬之貞)
땅 위를 달리는 어미 말의 마음으로

용이 여의주를 물고 하늘을 날던 시절.

시베리아와 만주의 벌판에는

용마(유니콘)가 들판을 달리고 있었다.

어미 유니콘은 하늘을 날던 용들이

인간에게 길들여지고 몰락해가는 과정을 지켜보았다.

어미 유니콘은 어린 유니콘이 하늘을 날기보다

땅에 발붙이고 살길 원했다.

앞서는 것보다 물러서는 걸 먼저 가르쳤고,

작고 여린 것들을 기반으로 살아간다는 사실을
일깨우려고 노력했다(君子有攸往, 先迷, 後得主, 利).

서리가 내리면 차가운 겨울이 오는 것처럼
어린 새끼들이 인생의 혹한기를 견딜 수 있도록
힘을 키워주었다(履霜, 堅冰至).

이렇게 공부하며 자란 어린 유니콘들은
정직하고 반듯하고 큰 마음을 가져
자연에 순응하는 본성이 드러난 삶을 살기 시작했다.
굳이 무엇을 배우지 않아도
세상에 도움이 되는 길을
스스로 찾아냈다(直方大, 不習无不利).

용이 여의주를 물고 하늘을 날고
시베리아와 만주의 벌판에서 유니콘이 달리던 시절,
어미 말의 마음으로(牝馬之貞)
이 세상에 영원히 이어질
진리의 길을 찾는 이들이 있었다(利永貞).

坤, 元, 亨, 利牝馬之貞. 君子有攸往, 先迷, 後得主, 利. 西南得朋, 東北喪
朋. 安貞吉.

크게 형통한다. 어미 말의 마음을 가지면 이롭다. 군자가 나아갈 때 앞서면 길을 잃지만 뒤에 서면 주인을 얻는다. 서남쪽에서 친구를 얻고, 동북쪽에서 친구를 잃는다. 편안한 마음을 가져야 길하다.

(넓은 광야를 달리는 어미 말이 새끼의 뒤를 따라가며 지원하는 것처럼, 앞서나 가려고 하지 말라. 가까운 벗들을 돕되 그들과 대립하지 말라. 넓은 광야처럼 넓게, 멀리 보는 마음을 가져야 한다.)

牝馬地類, 行地无疆, 柔順利貞.
어미 말은 땅과 같은 성질이 있어서 땅위를 한없이 달리지만 성품이 유순하고 곧음을 지킨다.

地勢坤, 君子以厚德載物.
땅이 가진 힘처럼, 군자는 넓고 후덕한 마음으로 만물이 자라도록 돕고 품어 안는다.

一

1. 履霜, 堅冰至.
서리가 내리면 곧 얼음이 얼게 된다.
(작은 변화를 감지하여 곧 다가올 큰 문제에 대한 대응책을 준비한다.)

2. 直方大, 不習无不利. 地道光也.
정직하고 반듯하고 크다. 배우지 않아도 다 안다. 땅(자연)의 지혜를 가지고 있기 때문이다.

3. 含章可貞, 或從王事, 无成有終.

아름다운 마음을 가슴에 품고 왕을 위해 봉사하면 개인적으로는 성공하지 못할
수 있지만 공적인 일은 끝까지 해낼 수 있다.

含章可貞, 以時發也, 或從王事, 知光大也.

아름다운 마음을 품어야 일이 시작될 수 있고, 왕을 위해 봉사할 때 지혜가 크
게 빛날 수 있다.

(사심 없이 자기 지혜를 공동체를 위해 사용하는 마음.)

4. 括囊, 无咎无譽. 愼不害也.

포대 자루를 묶으니 허물도 없고 명예도 없다. 신중하게 행동해서 해를 입지 않
게 되었다.

(포대 자루를 묶듯이 입을 닫고 말을 조심한다.)

5. 黃裳, 元吉. 文在中也.

노란 치마를 입으니 크게 길하다. 문화의 힘이 그 안에 있기 때문이다.

(땅의 상징색인 노란색이 화려하게 드러나듯이 문화적 삶이 아름답게 펼쳐진다.)

6. 龍戰于野, 其血玄黃. 其道窮也.

용이 들판에서 싸우니 그 피가 검고 누렇다. 용이 싸우는 건 곤이 마음이 다했
기 때문이다.

(곤괘가 가진 순응하는 마음을 끝까지 지키지 못해 갈등과 투쟁이 시작된다.)

7. 利永貞.

오랫동안 땅의 마음을 지켜야 이롭다.

주역은 음양으로 세상을 이해합니다.

음양으로 세상을 이해하는 걸 이분법으로 오해하기 쉬운데, 음과 양으로 대립하고 반대되는 힘과 가치가 서로에게 의지하고 조화를 이루는 기반이라는 것이 주역의 세계관입니다. 음과 양은 선과 악이 아니라 서로가 서로를 반영하는 짝입니다. 남성과 여성의 관계라고 생각하면 됩니다.

주역의 64괘는 음과 양이 서른두 개의 짝을 이루고 있습니다. 이 짝은 서로 반대되거나, 대립하거나, 시간적으로 단절되거나 혹은 서로 논리적인 연관을 가지는 내용끼리 맺어집니다. 하늘과 땅, 사랑과 결혼, 물과 불, 혁명과 안정, 믿음과 실천, 완성과 미완성 이런 식으로 누구나 쉽게 이해할 수 있는 내용끼리 짝을 맺고 있습니다. 하늘의 짝은 땅입니다. 곤(坤)은 땅을 상징합니다.

《상서》(尙書)에는 주역이 만들어지는 신화 이야기가 나옵니다.

강에서 용마(유니콘)가 나와서 괘의 기본을 그려주는데, 이 그림을 하도(河圖)라고 합니다. 오래전 사람들은 용을 상상하듯이 용마도 자유롭게 상상했습니다.

교육심리학에서는 동물의 성질에서 교육심리를 읽는 연구를 많이 합니다.

우리가 흔히 듣는 코알라 맘, 캥거루 맘, 울프 대디 이런 이야기들입니다.

코알라 맘은 아이를 하나하나 다 챙겨주는 부모의 심리 현상을, 캥거루 맘은 나이 든 아이들을 집 밖으로 내보내지 못하는 왜곡된 사랑을 읽을 수 있습니다. 울프 대디는 늑대의 가족 특성을 교육에 적용한 경우입니다.

보통 동물들은 어미가 새끼를 키우는데, 늑대는 한 번 부부가 되면 짝을 바꾸지 않습니다. 그리고 아빠 늑대는 자기 몸이 부서져라 가족을 돌보고 새끼들의 교육에도 참여해서 강하게 키웁니다. 이런 아빠들이 생겨나는 현상을 읽는 것이 울프 대디 이론입니다.

캥거루 맘의 경우는 너무 약하게 키우고, 울프 대디는 지나치게 강하고 냉혹합니다.

이런 대립적 방식을 넘어선 새로운 개념으로 주목받는 교육이론이 '유니콘 맘'입니다. 말의 특성을 교육에 적용하는 이론인데, 어미 말은 새끼 말에게 달리라고 말하는 대신 새끼 말이 달릴 때 같이 달려줍니다(利牝馬之貞. 君子有攸往, 先迷, 後得主, 利).

광야를 달리는 말 그림을 보면 새끼 말과 함께 달리는 어미 말을 쉽게 볼 수 있습니다. 어떤 일이든 강요하지 않고, 새끼가 뭔가 하려고 할 때 함께 해주는 교육입니다.

유니콘 맘은 최신 교육심리학 이론인데, 재미있는 것은 3,000년 전 동아시아의 한 골방에서 주역을 쓴 사람도 교육에 대한 상징적 모델로 어미 말의 마음을 담았다는 점입니다. 아마 지금보다 3,000년 전 사람들이 말과 더 가까이 지냈고, 말에 대한 다양한 상상을 해왔기 때문에 말과 땅의 관계, 말과 교육, 작고 여린 것들에 대한 이해가 더 깊었을 거라는 생각이 듭니다(牝馬地類, 行地无疆, 柔順利貞).

건괘(乾卦)의 군자가 세상에 대한, 선한 삶에 대한 집착으로 물러설 줄 모르는 반면 곤괘(坤卦)의 군자는 훨씬 더 신중하게 세상을 바꾸되 자기를 드러내지 않고 할 일만 하고 물러섭니다(含章可貞, 或從王事, 无成有終).

그가 물러설 수 있는 것은 권력이 아니라 오랜 시간 이어질 가치와 정신을 만드는 데 집중하기 때문입니다(利永貞). 세상은 권력과 투쟁으로 바꿀 수 있는 게 아닙니다(龍戰于野, 其血玄黃. 其道窮也). 결국 오랜 시간이 걸리고 아름다운 문화가 있어야 조금씩 조금씩 나아집니다(黃裳, 元吉. 文在中也). 그가 오랜 시간의 변화를 기다릴 수 있는 것은, 서리가 내리면 곧 겨울이 온다는 것을 알아차리듯이 작은 변화를 통해서도 멀리 일어날 일을 마음에 그릴 수 있기 때문입니다(履霜, 堅冰至).

■ 준(屯) – 언 땅을 뚫고 나온 어린 새싹처럼

언 땅을 뚫고 나온
어린 새싹 같은 당신에게

당신은 언 땅을 뚫고 나온 새싹처럼

강인하고 큰 나무로 자라날 가능성을 안고 있습니다.

그러나 당신은 여전히 매서운 바람을 견뎌야 하고

뿌리는 여리기만 합니다.

스쳐 지나가는 발길에도 힘없이 꺾일 수밖에 없습니다

(屯, 剛柔始交而難生, 雷雨之動滿盈, 天造草昧, 宜建侯而不寧).

가능한 한 문제를 직접 해결하려고 해서는 안 됩니다.

37

사랑하는 마음으로 청혼하는 일조차
오해의 대상이 됩니다.
도둑놈, 사기꾼처럼 취급당할 것이고
이런 오해가 사라지려면 오랜 시간이
걸립니다(屯如邅如. 乘馬班如, 匪寇婚媾, 女子貞不字, 十年乃字).

언 땅을 뚫고 새싹을 피어올릴 정도로 강인한 당신은
이런 오해와 한 발도 나아갈 수 없는 상황이
견디기 힘들었을 겁니다.

안내자도 없이
사슴을 뒤쫓아 숲으로 들어간 당신은
돌아오기 힘든 함정에 빠졌고,
도울 수 있는 사람조차
없었습니다(卽鹿无虞, 惟入于林中, 君子幾, 不如舍, 往吝).

피눈물을 흘리며 당신이 먼 길을 떠나는 걸
지켜봐야 했습니다(乘馬班如, 泣血漣如).
언 땅을 뚫고 올라온 새싹을 보며
큰 나무의 그늘을 그리던 이들의 가슴에서는
피눈물이 흐릅니다.

당신께 감사하고 또 당신이 원망스럽습니다.

屯, 元亨, 利貞, 勿用有攸往, 利建侯.

크게 형통하고 바름을 지키니 이롭다. 나아가고 싶어도 나가지 말라. 제후를 세우는 것이 이롭다.

(언 땅을 뚫고 올라오는 어린 싹처럼 좋은 기운을 가지고 있지만, 어려운 조건에서 나아가는 건 쉽지 않다. 가능한 한 안내자와 전문가에게 책임을 맡기고 의견을 따르는 것이 좋다.)

屯, 剛柔始交而難生, 雷雨之動滿盈, 天造草昧, 宜建侯而不寧.

준은 언 땅을 뚫고 올라오는 새싹처럼 부드러운 것이 강한 것을 만나 힘겹게 태어난다. 태초에 번개 치고 비 내려서 이 세상에 만물이 가득 차듯이 지도자는 편안할 수 없다.

雲雷, 屯, 君子以經綸.

하늘에 구름이 잔뜩 끼고 번개 치는 모습을 보며 준의 군자는 조심스럽게 자기 일을 운영한다.

(어려움 속에서 해야 할 일이 있는 사람은 경륜이 있는 사람의 도움이 필요하다.)

–

1. 磐桓, 利居貞, 利建侯.

나아가지 못하고 머뭇거린다. 바름으로 자기 자리를 지킨다. 제후를 세우는 것이 이롭다.

雖磐桓, 志行正也, 以貴下賤, 大得民也.

비록 나아가지 못하고 머뭇거리지만 바른 뜻을 실천한다. 귀한 몸으로 천한 자리에 머무르기에 민중의 마음을 얻게 된다.

(훌륭한 사람이 장애에 부딪쳐 낮은 자리에 머무르지만, 그 자리에서 민중의 마음을 얻는다.)

2. 屯如邅如. 乘馬班如, 匪寇婚媾, 女子貞不字, 十年乃字.

나아가지 못하고 머뭇거린다. 말을 탔다가 내린다. 말 탄 도적이 아니라 결혼을 하고 싶은 것이다. 여자가 결혼을 승낙하지 않다가 10년이 되어 받아들인다.

(말 탄 사람이 도적이 될지 청혼하는 예의를 차릴지 판단하기 쉽지 않은 상황에서 시간을 두고 깊이 생각한다.)

3. 卽鹿无虞, 惟入于林中, 君子幾, 不如舍, 往吝.

안내자도 없이 사슴을 뒤쫓아 숲속으로 들어가려 한다. 군자는 기미를 알아채고 그만두는 것이 낫다고 생각한다. 쫓아가면 어려움이 있다.

4. 乘馬班如, 求婚媾, 往吉, 无不利.

말을 탄 무리들이 청혼한다. 오래 기다린 뒤여서 길하고 어렵지 않다.

求而往, 明也.

청혼하러 간다는 것은 현명하게 문제를 풀었다는 뜻이다.

5. 屯其膏. 小貞吉, 大貞凶. 施未光也.

혜택을 베풀기가 어렵다. 작은 일은 괜찮지만 큰일은 흉하다. 베풀고자 하지만 빛이 나지 않기 때문이다.

(은혜를 베풀고 싶어도 상대가 다 받아들이지 않는다. 받을 수 있는 만큼만 줘
야 한다.)

6. 乘馬班如, 泣血漣如.

말을 타고 머뭇거린다. 피눈물이 흘러내린다.

(심한 어려움 속에 의지할 곳 없이 눈물만 흘러내린다.)

불가능한 조건에서 성공하는 사람들이 있습니다. 노무현 대통령이 대표적
인 경우입니다.

그러나 아무리 성공했다 하더라도, 불가능한 조건은 그렇게 쉽게 바뀌지
않습니다. 어렵게 어렵게 성공하거나, 가능성을 여는 데까지는 할 수 있지
만 그가 가진 기반이 너무 취약해서 성공하는 그 순간이 바로 그가 가진
에너지를 다 써버린 때인 경우가 있습니다.

노무현 대통령이 집권 기간 동안 그렇게 무기력했던 이유는 그가 준괘(屯
卦)와 같은 조건이었기 때문입니다.

준괘(屯卦)에는 두 가지 길이 있습니다. 하나의 길은 머뭇거리고 주춤거
리며 책임을 분산하고 가능한 한 문제를 회피하며 시간을 보내는 길입
니다(磐桓, 利居貞, 利建侯). 두 번째는 언 땅을 뚫고 올라오는 새싹의 힘
과 가능성을 사용하는 길입니다(屯, 剛柔始交而難生, 雷雨之動滿盈, 天造
草昧, 宜建侯而不寧).

준괘(屯卦)에 들어간 사람은 누구나 자기 처지가 얼마나 허약한지 알고 있

습니다. 밖에서 보기에 아무리 강해 보여도 자기가 어디에 있는지 알고 있습니다. 가능한 한 권한을 위임하고 직접 책임지는 걸 피하려고 합니다. 그리고 자신의 취약한 조건을 극복하기 위해 여러 가지 시도를 합니다.

준괘(屯卦)의 청혼 상징은 취약한 조건을 극복하기 위해 그가 얼마나 자기를 낮추고 참고 또 참는지 보여주는 이야기입니다. 10년을 도둑놈, 사기꾼으로 오해받으면서 기다리는 청혼이 어디 있겠습니까(屯如邅如. 乘馬班如, 匪寇婚媾, 女子貞不字, 十年乃字).

이렇게 조심하는데도 운명이 그를 그냥 놔두지 않습니다. 그의 인내가 한계에 부딪치는 경우는 그의 눈앞에 지금 자신의 상황을 단시간에 극복할 수 있는 가능성이 열릴 때입니다. 사슴을 뒤쫓아 숲으로 들어가고 싶어지는 때, 즉 눈앞에 있는 기회를 붙잡고 싶은 열망이 일어날 때입니다(卽鹿无虞, 惟入于林中).

준괘(屯卦)는 기본적으로 언 땅을 뚫고 올라온 새싹 같은, 불굴의 의지로 어려움을 극복해온 강한 내면의 의지가 있습니다.

그는 오랜 시간 인내했고, 기다리는 데 한계를 느꼈을 수 있습니다. 하지만 안내자 없이 사슴을 쫓아 숲으로 들어간 그는 결국 길을 잃고, 말을 타고 피눈물을 흘리며 떠나갑니다(乘馬班如, 泣血漣如). 성공했기 때문에 오히려 비극적 운명을 맞은 사람들 대부분이 준괘(屯卦)의 장벽을 넘지 못한 경우입니다.

신화가 인간의 무의식을 상징으로 다루듯이 주역의 괘도 인간의 무의식을 상징으로 이야기합니다. 준괘의 새싹과 말을 탄 사람, 청혼, 사슴 등이 모두 상징입니다.

인간의 무의식 속에는 영웅심리가 있습니다. 어려운 조건에도 불구하고 성공하고 싶은 마음이 있습니다. 하지만 영웅심리는 아직 미성숙한 상태의 의식입니다. 영웅심리 상태에서 문제를 푸는 것이 얼마나 어려운지, 얼마나 많은 영웅들이 사소한 일 때문에 몰락해 가는지를 보여주는 것이 신화의 중요한 기능 중 하나입니다.

준괘는 가능한 한 섣부르게 판단하지 말고 성숙한 의식을 가진 이들의 자문을 구하고 판단을 맡기도록 권합니다(屯, 元亨, 利貞, 勿用有攸往, 利建侯). 오랫동안 이런 시간을 견뎌야 오해가 풀리고, 청혼이 받아들여져 결혼에 성공합니다(乘馬班如, 求婚媾, 往吉, 无不利).

그러나, 어디 영웅들이 이런 길을 걷던가요? 그래서 언 땅을 뚫고 올라오는 힘을 가진 영웅을 만나는 것은 기쁨인 동시에 피눈물을 흘려야 하는 슬픔이기도 합니다. 그래도 그런 영웅이 있던 날들이 그립습니다.

주역의 준괘는 마지막 구절에서 피눈물을 흘리며 말을 타고 먼 길을 떠나가는 모습으로 그렸습니다. 내면에서 피눈물을 흘리더라도 강인한 의지를 가진 준괘의 주인공이 눈물을 쉽게 보일 것 같지는 않습니다. 준괘의 피눈물보다는 이형기 시인의 〈낙화〉에서 보이는 눈물이 훨씬 더 잘 어울립니다.

가야 할 때가 언제인가를 분명히 알고 가는 이의 뒷모습은 얼마나 아름다운가./ 나의 사랑, 나의 결별 샘터에 물 고이듯 성숙하는 내 영혼의 슬픈 눈. (이형기, 〈낙화〉중에서)

준쾌의 주인공은 자기 안에서 올라오는 슬픔이 샘터에 물 고이듯 고였다 흘러내릴 겁니다. 그렇게 눈물짓지만, 그 눈물은 영혼의 성숙으로 이어지는 눈물이지 피눈물은 아닐 겁니다.

주역 제4괘

▓ 몽(蒙) – 싹수가 노란 아이를 가르친다

천명(天命)을 받은 교사

내가 싹수가 노란 아이를 돕는 것이 아니다.
싹수가 노란 그 아이가 나를
성장시키는 것이다(匪我求童蒙, 童蒙求我).

이 깨달음을 얻으면 천명(天命)을 받는다.

그는 국기기 임명(任命)한 교사가 아니기에
학교에 머물 수 없다.

蒙, 亨. 匪我求童蒙, 童蒙求我, 初筮告, 再三瀆, 瀆則不告. 利貞.

형통하다. 내가 싹수가 노란 아이를 돕는 게 아니라 그 아이를 통해 내가 구원받는다. 점을 칠 때 처음은 알려주지만 믿음이 없이 두 번 세 번 하는 것은 모욕을 하는 것이다. 모욕하면 알려주지 않는다. 바름을 지켜 이롭다.

(교육은 배우는 사람이 중심이다. 가르치는 사람은 내가 아이를 가르치는 것이 아니라 아이에게서 배운다는 마음을 가져야 한다. 점을 칠 때 신중하게 질문하듯이 배우는 사람은 깊이 생각하고 질문해야 한다. 한 번 가르친 걸 두 번 세 번 묻는 것은 배우는 사람의 자세가 아니다.)

山下出泉, 蒙, 君子以果行育德.

산 아래에서 샘물이 끊임없이 흘러나오는 것처럼 몽의 군자는 인격 성장을 위해 끊임없이 공부하고 실천한다.

–

1. 發蒙, 利用刑人, 用說桎梏, 以往吝. 以正法也.

교육이 시작될 때는 회초리가 필요하다. 손발을 묶어두는 질곡을 풀게 하면 후회할 일이 생긴다. 처음에는 법과 규율이 필요하기 때문이다.

2. 包蒙, 吉. 納婦, 吉, 子克家.

품어 안는 부드러운 사랑으로 가르치니 길하다. 부인을 용납하니 길하다. 아이들이 집안(세상)을 살려낸다.

(자애로운 가정에서 자라는 아이들이 가정과 사회를 살려낸다.)

3. 勿用取女, 見金夫, 不有躬, 无攸利.

여자를 사귀지 말라. 돈 많은 남자만 보면 쫓아가니 이로울 게 없다.

(마음이 병들어 성과 돈에 대한 집착을 보이는 청소년들도 있다.)

4. 困蒙, 吝. 獨遠實也.

자기 안에 갇혀서 배우기가 힘들다. 홀로 멀리 떨어져 있다.

(자폐증 같은 마음의 감옥에 갇힌 아이들은 교실에서 공부할 수 없다. 자연 속에

서 배워야 한다.)

5. 童蒙, 吉. 順以巽也.

맑고 밝고 순수한 아이들을 가르친다. 훈훈한 바람처럼 가르침을 받아들인다.

6. 擊蒙, 不利爲寇, 利禦寇.

도둑질하지 말라, 살인하지 말라, 성폭행하지 말라 같은 기본적인 시민질서는 때

려서라도 가르쳐야 하지만, 그가 도둑이 되는 건 막아야 한다.

(때려서라도 가르쳐야 할 건 가르쳐야 하지만, 그걸로 인해 심성이 비틀어져 완

전히 빗나가 버린다면 무슨 이익이 있겠는가. 엄하게 가르치더라도 선을 넘어선

안 된다.)

주역의 몽괘(蒙卦)를 읽으면 이게 3,000년 전의 생각이라기보다는 지금 현대의 생각, 오히려 아직 다가오지 않은 미래의 생각이라는 느낌이 듭니다. 주역의 힘은 시대를 관통하는 인간성에 대한 통찰에 있습니다. 몽괘

는 성실한 삶을 사는 교사라면 누구나 인생에서 한 번은 다 만나는 괘입니다.

좋은 교사들은 결정적인 순간에 몽괘를 찾아냅니다. 아이들을 가르치면서 어느 날 '내가 아이들에게서 배우고 있구나' 하는 자각이 일어나면 그는 완전히 다른 교사가 됩니다(匪我求童蒙, 童蒙求我). 이 자각이 일어나면서 교사는 싹수가 노란 아이가 본래 싹수가 노란 것이 아니라 자기를 치유하기 위해 노력하고 애쓰다 보니 싹이 노래진 것이라는 게 보이게 됩니다. 그나마 자기를 죽이지 않기 위해 담배도 피우고, 술도 마시고, 연애도 하고, 싸움질도 하는 겁니다. 이런 자각이 일어난 교사는 자신과 주위를 어렵게 하는 경우가 많습니다. 보통 사람의 눈으로는 그가 하는 교육을 이해할 수 없기 때문입니다.
아이를 통해 자기가 성장하는 길을 걷는 교사도 무조건 아이를 다 품으려고 해서는 안 됩니다. 주역의 여러 효사는 자각한 교사가 주의할 점에 대한 경계를 담고 있습니다. 술 먹고 담배 피우는 것은 이해할 수 있지만 어느 정도의 경계는 필요합니다.
따끔하게 혼내는 것도 할 수 있어야 합니다(發蒙, 利用刑人, 用說桎梏, 以往吝. 以正法也).

최근에는 학생들의 성적 집착이 한도를 넘는 경우가 많습니다. 여자친구, 남자친구라는 말 속에는 '성관계를 가지는 관계'라는 의미가 담겨 있기도 합니다(勿用取女, 見金夫, 不有躬, 无攸利). 폭력도 단순히 젊은 혈기에 어쩌다 한 번 싸우는 게 아닙니다. 조직적이고 잔인하고 지속적입니다. 왕따는 우리가 상상할 수 있는 단순한 폭력이 아닙니다(擊蒙, 不利爲寇, 利禦寇).
대상이 죽거나 떠나야 끝납니다.

인류 역사의 시작과 함께 모든 아이들은 싹수가 노랬고, 그들은 문제를 일
으키며 어른 세대와 대립했지만, 지금 우리가 만나야 하는 아이들은 그런
정도가 아닙니다. 싹수가 노란 아이들이 자기를 죽이는 게 아니라, 이제는
분노를 공공연하게 그것도 오랫동안 왕따놀이를 통해 익힌 방식으로 자기
보다 약한 대상을 공격하기 시작했습니다. 스스로 자기를 죽이는 싹수가
노란 아이들은 연민의 마음으로 함께할 수 있지만, 독기를 품은 싹을 가진
아이들은 어떻게 만나야 할지 쉽지 않습니다.
산수몽(山水蒙). 앞은 산으로 막히고 뒤에는 물이 있어 나아갈 수도 물러
설 수도 없는 진퇴양난이 우리 교육의 현실입니다. 자각한 교사들이 공교
육에서 길을 찾지 못하는 이유입니다.

몽괘는 산수몽(山水蒙)이라고 읽습니다. 산 아래에서 솟아나는 샘물(山下
出泉)의 모습을 통해 공부는 내 속에서 배우고자 하는 의지가 샘솟아날
때 할 수 있다는 의미를 담고 있습니다(山下出泉, 蒙, 君子以果行育德). 즉
자발성의 교육입니다. 한 가지 모습 속에 교육 불가능성과 자발성의 교육
두 가지 의미를 다 가지고 있습니다.

교사가 학생을 대할 때 '내가 아이에게서 배운다'는 마음을 가져야 하는 것
과 마찬가지로 학생도 교사를 대하는 마음이 필요합니다.
점을 치는 건 하늘을 향해 또 내 안의 무의식을 바라보며 질문을 하는 것

입니다. 점을 구할 내의 질문은 신중할 수밖에 없고, 오랫동안 스스로 답을 찾기 위해 노력한 다음에 비로소 점을 쳐서 답을 구합니다. 이때 내가 이해할 수 없는 점괘를 얻었다고 해서 두 번 세 번 하지는 않습니다(初筮告, 再三瀆, 瀆則不告).

공부하는 학생의 마음에도 이런 게 필요합니다. 교사에게 무조건 배움을 청하는 것이 아니라 스스로 공부한 다음 선생님께 질문을 하는 것입니다. 그리고 한 번 가르침을 받았는데 그 문제를 가지고 또 물어보아서는 안 됩니다. 그건 답을 줄 때 제대로 듣지 않은 것으로, 교사에 대한 모독일 수도 있고 자기 스스로 노력하지 않고 교사에게만 의지하겠다는 것과 마찬가지입니다(初筮告, 再三瀆, 瀆則不告).

곤몽(困蒙)은 자기 안에 갇힌 아이들을 만나는 교육입니다. 곤(困)이라는 글자는 나무가 울타리 안에 갇힌 모습입니다. 오늘날 자기 안에 갇힌 아이들이 점점 늘어가고 있습니다. 자폐, ADHD, 은둔형 외톨이 같은 부조리 현상에 대응하기가 쉽지 않습니다. 예전에 만났던 유전적 장애나 정신지체 장애 아동과는 차원이 다른 문제입니다.

하지만 이런 현상은 현대 사회의 경쟁체제, 물질만능주의, 자본주의의 폭력성 등으로 인한 부조리이므로 개인에게 책임이 있는 것이 아닙니다. 사회 문제를 아이들이 대신 앓고 있는 것입니다. '국가 교육'이 바로 이 문제의 원인이므로 국가는 이 아이들을 보호하거나 교육할 수 없습니다.

곤몽의 아이들은 공부가 아니라 치유가 필요한, 아픈 아이들입니다. 이 아이들은 농촌과 마을에서 돌볼 수 있습니다. 농촌에 있는 대안학교는 곤몽에 빠진 아이들에게 최고의 학교이고 마을입니다.

이런 눈으로 보나 저런 눈으로 보나 지금 우리는 교육 불가능의 시대에 살고 있습니다. 산 아래에서 솟아난 샘물이 강이나 바다 근처에도 가보지 못하고 계곡에서 말라버렸습니다. 교육이 실패했기에 우리는 결국 메마르고 차가운 사회에서 살게 될 것입니다.

▦ 수(需) – 가뭄에 비를 기다린다

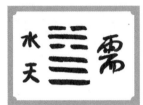

논에 메밀을 심었다

겨울부터 시작해서 봄 내내 비 한 방울 내리지 않았다.
산골 다랑이 논에만 계곡물 받아 모를 심고,
너른 들판에는 먼지만 날리고 있었다.
먹는 물 아껴 못자리는 만들었지만
6월 22일 하지 때까지도 비가 오지 않았다.
못자리 모도 말라버렸다.

7월 하순 중복까지도 스쳐지나가는 비만 한두 번.
한 번도 제대로 땅을 적시질 못했다.

이제 서숙 심기도 만만찮다.
이쯤 되면 한숨과 비탄, 원망이 끊이지 않는다.

모두가 하늘을 원망할 때
변하지 않는 마음(恒心)을 지키는 사람이 있었다(利用恒).
그는 자기를 지키며 이 고통의 시간을
견디고 있었다(有孚, 光亨, 貞吉, 利涉大川).
굶주림 속에서
죽은 아이를 삶아 먹어야 할 정도가 되면
인간은 이성을 잃게 된다.
이러면 정신 차린 사람이 이상해진다(需于血, 出自穴).
그는 고통 속에서도 서로를 위로하며
인간이 가져야 할 존엄을
잃지 않는다(需于酒食, 安貧樂道).

고통 속에서 맑은 정신을 지켜낸 그에게
하늘에 기도할 기회가 주어진다.
세 사람의 제주(祭主)가 정성스런 예물을 준비하여
높은 산에 올라 기도드리니
사흘 밤낮을 장대 같은
비가 내렸다(有不速之客三人來, 敬之, 終吉).

논에 메밀을 심었다.

需, 有孚, 光亨, 貞吉, 利涉大川.

믿음이 있어 빛나고 형통한다. 바름을 지켜 길하다. 큰 강을 건너는 것이 이롭다.

需, 須也, 險在前也, 剛健而不陷, 其義不困窮矣.

수는 기다리는 것. 위험한 일 앞에서 강한 힘으로 자기를 지켜 위험에 빠지지 않는다. 그의 의로움으로 인해 곤궁에 처하지 않을 것이다.

雲上于天, 需, 君子以飮食宴樂.

하늘 위에 구름이 있지만 비가 내리지 않는다. 수의 군자는 비가 내린다는 것을 믿고 아무리 힘들어도 마을 사람들과 함께 음식을 나누어 먹고 서로 기쁨을 나누며 즐겁게 기다린다(安貧樂道).

—

1. 需于郊, 利用恒, 无咎.

교외에서 기다린다. 변함없는 마음, 항심을 가지니 이롭다. 허물이 없다.

需于郊, 不犯難行也, 利用恒无咎, 未失常也.

교외에서 기다린다는 건 어렵고 위험한 일을 함부로 하지 않는다는 뜻이다. 항심을 가져 허물이 없는 것은 자기가 지켜야 할 자리, 일상적인 상태를 잃지 않았기 때문이다.

(경거망동하지 말고 자기 자리를 지키자.)

2. 需于沙, 小有言, 終吉.

모래밭에서 기다리니 약간 구설수가 있지만 끝내 길하다.

3. 需于泥, 致寇至. 災在外也, 白我致寇, 敬愼不敗也.

개펄에서 기다리니 도적을 불러들인다. 재앙이 밖에 있다. 내가 도적을 불러들였으니 부드럽고 신중하게 처리하면 패하지 않는다.

(험난함 속에 스스로 빠졌다. 도적을 불러온 꼴이니 앞으로 신중하게 처리해야 어려움을 극복할 수 있다.)

4. 需于血, 出自穴.

피비린내 나는 곳에서 기다리다 스스로 사지를 빠져나온다.

5. 需于酒食, 貞吉.

음식을 차려놓고 기다린다. 바름을 지켜 길하다.

(마음 편하게 즐기면서 기다린다.)

6. 入于穴, 有不速之客三人來, 敬之, 終吉.

기다리지 못하고 어려움 속으로 들어간다. 부르지 않은 손님 세 사람이 찾아와 공손하게 모신다. 끝내 길하다.

(기다리지 않고 조급하게 하다가 어려움에 빠졌지만 지혜로운 사람들의 도움을 받게 된다.)

이제 '논에 메밀을 심는다'는 것이 무엇을 뜻하는지 알 수 있는 사람이 없습니다. 아주 나이 많으신 어머니들 중에 이 말을 들으면 몸서리를 치는 분들이 있습니다. 실제 그 경험을 하신 분들에게 이 말은 '마지막 생명줄을 잡았다'는 의미를 가집니다.

지독한 가뭄 뒤에 제일 마지막 선택이 논에 메밀을 심는 일이고, 메밀도 못 심게 되면 먹고 살 게 없는 상황이 됩니다.

우리는 기다림이라는 의미에서 비를 기다리는 걸 상상할 필요가 없는 시대에 살고 있습니다. 수천 년 동안 가장 간절한 기다림의 상징이 긴 가뭄 중에 기다리는 비였습니다. 우리 속담에 '제일 보기 좋은 게 자식 입에 밥 들어가는 것하고, 마른 논에 물 들어가는 것이다' 라는 것도 있습니다.

마을 어른들과 이야기를 나누다 보면 가뭄 때 비를 기다렸던 경험이 자주 나옵니다. 가뭄으로 7월 하순, 중복 때까지 비가 안 오면 기우제를 지냅니다. 기우제의 의미는 비를 달라는 기원의 의미와 함께 비가 올 때까지 기다린다는 의미도 있습니다. 결국 간절한 믿음과 달관하는 마음이 만나는 지점에서 비가 옵니다(需, 有孚, 光亨, 貞吉, 利涉大川).

하늘에서 비가 오기를 기다리는 마음은 오래된 농민들에게는 몸에 체득된 삶입니다. 그런데, 이게 단순히 절망적인 상황에서 마음을 다스리는 달관이 아닙니다. 대부분의 마을 지도자들은 오랫동안 비가 안 오면 그들이 사용할 수 있는 모든 예지력을 총동원합니다. 그래서 마을의 지도자가 되기 위해서는 예지력 훈련을 반드시 받습니다. 그런 예지력 훈련은 이야기가 되어 전해옵니다.

제비가 낮게 날면 비가 온다. 칠월 칠석에 비가 내려야 농사가 잘 된다. 거미가 줄을 치면 날씨가 좋다. 밤하늘이 유난히 맑으면 큰 서리가 온다……
등등.

예지력, 달관하는 마음, 서로 함께 어려움을 건디는 사람들에 대한 신뢰 등이 모이고 모이면 비가 옵니다. 이 어려운 시기를 마음이 흐트러지지 않게, 서로에 대한 믿음 잃지 않고 격려하면서 이끌어야 하는 마을 지도자의 고통은 말로 할 수 없습니다(需于血, 出自穴).
누구보다 고통스럽지만 그 고통 속에서도 밝은 미소 지으며 힘을 복돋는 것이 그의 역할입니다(需于酒食, 貞吉).

농민들이 자연을 바라보며 비를 기다린다면, 자본주의 사회를 살아가는 보통 사람들은 삶의 기회를 기다립니다. 가난한 사람들도 사랑하는 가족과 함께 안빈낙도의 마음으로 작은 행복을 소중하게 대하며 서로 의지하고 기다릴 수 있습니다(需于郊, 利用恒, 无咎). 그러나 이건 반드시 해가 뜬다는 혹은 비가 내린다는 흔들리지 않는 믿음이 있을 때만 가능합니다.
역사 속에는 5년씩 7년씩 이어지는 대기근 이야기가 나옵니다. 이 시기에 사람들은 초근목피로 연명하고, 죽은 사람을 삶아 먹고, 전쟁과 폭동이 일어납니다. 광기가 사회를 지배하게 됩니다(需于泥, 致寇至). 수많은 사람들이 기다리지 못하고 집을 떠나 거리를 헤매고, 노예 거래가 횡행하고, 사회는 붕괴합니다.

자본주의 이전 단계의 대기근은 오늘날의 장기공황으로 해석해도 됩니다.

2008년 금융위기 이후 세계는 장기공황 상태에 들어갔습니다. 이는 7년 동안 이어지는 기근과 비슷합니다. 외환위기 이후 경제가 회복되는 것처럼 보이지만 고용 없는 성장은 실제 삶을 회복시킬 수 없습니다. 기다림의 한계에 부딪칠 수 있습니다.

'초대하지 않은 세 사람의 손님'은 기다림의 한계에 부딪쳤을 때 우리를 찾아옵니다(入于穴, 有不速之客三人來, 敬之, 終吉).

이들은 자본주의 위기를 극복할 수 있는 진보적 입장을 가진 정치·경제·사회·종교 이론가와 지도자들일지도 모릅니다. 그들을 존중하고 정책과 비전을 실현할 수 있는 기회를 주면 마침내 비가 내릴 것입니다.

지금 전 세계에서 그동안 주목하지 않았던 좌파 경제이론과 좌파 정치인들이 급부상하고 있습니다. 프란치스코 교황은 지금껏 우리가 한 번도 경험할 수 없었던 가톨릭 지도자입니다. 가난하고 고통받는 사람들에 대한 교황의 관심은 세계를 각성시키고 있습니다.

오랫동안 수많은 사람들의 삶에 비 한 방울 내리지 않았습니다. 이제 곧 비가 내릴 것입니다.

■ 송(訟) – 소송, 억울한 일을 당할 때

숨 막히고 두렵다

법이 정의의 기준이 아니다.

돈 없으면 죄다.

가난하면 이길 수 없다.

숨 막히고 두렵다(訟, 有孚窒惕).

訟, 有孚窒惕, 中吉, 終凶, 利見大人, 不利涉大川.

소송을 할 때 내가 이긴다는 믿음이 있으나 서로 대립하는 것은 숨 막히고 두렵다. 중간에 그만두면 길하나 끝까지 가면 흉하다. 대인을 만나는 것이 이롭다.

큰 강을 건너지 말라.

(소송은 내가 이길 것 같지만 결과를 알 수 없다. 훌륭한 사람의 중재를 받으며

적당한 지점에서 그쳐라.)

天與水違行, 訟, 君子以作事謀始.

하늘과 물이 서로 어긋나서 가는구나! 송의 군자는 일이 어긋나서 소송이 생기지

않도록 일을 시작할 때부터 깊이 생각한다.

—

1. 不永所事, 小有言, 終吉. 其辯明也.

송사를 오래 끌지 않는다. 조금 말썽이 있지만 끝내 길하다. 지혜롭고 밝게 분별

하기 때문이다.

2. 不克訟, 歸而逋, 其邑人三百戶, 无眚.

소송에 이기지 못할 듯해 돌아가 잠적해버린다. 자기의 마을 300호에 재앙이

없어진다.

不克訟, 歸逋竄也, 自下訟上, 患至掇也.

이기지 못할 것 같은 소송을 피해 쥐구멍에 숨듯이 숨어버리는 것은 권력자에 대

항해 소송하는 것이 재앙을 불러들이는 일이기 때문이다.

3. 食舊德, 貞厲, 終吉, 或從王事, 无成.

옛 은덕을 먹고 살며, 곧아도 위태롭지만 끝내 길하다. 혹 기회가 생겨 왕을 따라

일하기도 하나, 이루는 것은 없다.

(가능한 한 부딪치지 않고 부모로부터 받은 것을 가지고 조용히 산다. 문제가 있

더라도 부딪치고 나서는 것을 싫어하고 주어진 대로 사는 삶이므로 공적인 일을

하더라도 큰 성과를 내진 못한다.)

4. 不克訟, 復卽命, 渝, 安貞吉.

소송에 이기지 못하고 자기 삶으로 돌아간다. 자신을 반성하고 돌아가 편안해

진다.

(소송에 졌지만, 자기 삶을 반성하는 기회로 삼는다.)

5. 訟, 元吉.

소송을 잘 처리하니 크게 길하다.

6. 或錫之鞶帶, 終朝三褫之. 以訟受服, 亦不足敬也.

혹 허리띠를 하사받기도 하지만 아침이 되기도 전에 세 번이나 빼앗긴다. 송사로

서 관복을 받게 되더라도 공경받지는 못한다.

(끝까지 소송해서 이기고 잘못된 일을 바로잡아 상을 받는 일이 있을 수도 있지만

소송을 통해 얻은 것은 존경받지 못하고, 그 결과가 뒤집힐 수도 있다.)

송괘(訟卦)는 억울한 일을 겪거나 갈등이 생겼을 때, 그 문제를 어떻게 다

뤄야 하는지에 대한 이야기입니다.

61

전통적으로 법의 중요한 기능은 질서 유지보다는 약자 보호였습니다. 국회는 법을 통해 사회의 질서와 약자를 보호하기 위한 토론과 논쟁이 일어나는 곳입니다. 문제는 정치세력과 법률 제정이 긴밀하게 이어지고, 법이 만들어지는 과정에서 기득권 집단의 로비가 큰 영향을 미치기 시작하면서 국회 제정 입법의 상당수가 '기득권 보호' 쪽으로 흐르기 시작했습니다. 의회에서 다루는 많은 법의 초안이 관련 이익단체에서 만든 것입니다. 법치사회와 운명처럼 맞닿아 있는 법과 기득권 유지의 사슬을 끊는 게 쉬운 일이 아닙니다.

중국 주나라는 동아시아 최초의 법률 중 하나인 '홍범구주'를 만들어 법치 개념을 도입한 나라입니다. 주나라에서도 이미 외형적으로는 법이 민중을 보호하는 것처럼 치장되어 있지만 실제로는 민중의 삶을 보호하지 못한다는 것을 알고 있었습니다.

법률 소송의 개념을 다룬 송괘의 주된 관점은 가능한 한 권력자와 소송을 하는 건 피하는 게 좋다는 입장입니다(訟, 有孚窒惕, 中吉, 終凶, 利見大人, 不利涉大川).

법은 시작 단계에서부터 공평하지 않았습니다. 인간은 선하지 않고 인간의 내부에는 근원적인 악마성이 있습니다.(성악설)
법으로 다스리지 않으면 사회를 유지하는 것이 불가능한 것도 사실입니다. 그러나 법만으로 사람을 다스릴 수 없기에 법 없이도 사회를 구성할 수 있는 도덕과 윤리성에 대한 교육은 동아시아 정치와 교육의 오래된 주제입니다.

오랫동안 교육을 통해 인간의 악마성을 순화하고 예의와 질서를 지키고 공동체적 가치를 지키기 위해 노력해왔지만, 법치라는 이름의 관료주의가 미치는 해악은 인간의 악마성 못지않은 구조적 악입니다. 인류는 이런 딜레마 앞에 서 있습니다. 송괘는 이런 딜레마로 인해 고통받는 동시에 적당히 적응하기도 하는 민중의 기회주의적 무의식을 보여줍니다.

'혹 허리띠를 하사받기도 하지만 아침이 되기도 전에 세 번이나 빼앗긴다'(或錫之鞶帶, 終朝三褫之). 이 역시 법을 이해하는 상징적인 부분 중 하나입니다.

법을 이용하여 민중의 고통을 구원하고 정의를 실현하고자 하는 사람들은 어느 시대에든 있습니다. 훌륭한 법률가인 포청천은 신앙의 대상이 될 정도입니다. 이처럼 법 정의를 실천하는 사람들은 사회적 인정을 받고 민중의 신뢰를 얻지만, 사회가 이들을 그냥 두지 않습니다. 권력자를 심판한 재판관은 어떤 형태로든 보복을 받습니다. 아침이 되기도 전에 그들은 세 번이나 위기의식을 느껴야 합니다. 법대로 사는 정의로운 삶은 그렇게 만만하지 않습니다.

수괘(需卦)와 송괘(訟卦)는 한 짝입니다.

수괘에서는 오래 기다린 뒤에 하늘에서 비가 내리고, 힘든 시간을 마을 사람들과 가족들이 서로 의지하면서 견뎌나가는 힘이 있지만, 송괘는 억울한 일을 겪고 있는 사람을 지지하고 보호할 경우 마을 전체가 큰 위기에 빠집니다(不克訟, 歸而逋, 其邑人三百戶, 无眚).

오랫동안 국가는 국가권력에 저항하는 개인뿐만 아니라 집단 전체를 몰살시키다시피 한 경우가 많습니다. 그 과정에도 역시 법을 이용합니다.

억울한 사람들이 자기 문제를 풀기는 정말 쉽지 않았습니다. 과거의 '연좌제'는 법으로는 이미 극복되었지만 오늘날 다시 '종북' 등의 다양한 집단혐오로 되살아났습니다. 법의 범주를 넘어, 사람과 사람을 갈라놓는 것을 개선하는 일은, 법만으로 할 수 있는 게 아닙니다(天與水違行, 訟, 君子以作事謀始).

인류는 법을 뛰어넘는 새로운 공동체의 질서를 찾아내야 합니다.

주역 제7괘
■ 사(師) – 저항

무기가 될 때까지

짐승 같은 것들이 권력을 가지더라도
우리는 싸우지 않는다.

땅 아래로
땅 아래로
소리 없이 흐른다.

우리의 언어가
우리의 신앙이

우리의 꿈이

무기가 될 때까지

(地中有水, 師, 君子以容民畜衆).

師, 貞, 丈人吉, 无咎.

바름으로 저항하므로노련한 지도자가 지휘한다면 길하고 허물이 없다.

地中有水, 師, 君子以容民畜衆.

땅속으로도 물이 흐르는 것처럼 사(師)의 군자는 민중을 포용하여 조직된 집단

으로 길러낸다.

(밖으로 드러나지 않는 저항운동을 조직한다.)

–

1. 師出以律, 否臧凶.

군대는 군율을 지키며 나아간다. 군율을 지키지 않으면 흉하다.

2. 在師中, 吉, 无咎, 王三錫命.

저항 지도자가 민중 가운데서 함께하니 길하고 허물이 없다. 세 번의 명령으로 저

항 과정에서 공로가 있는 이들에게 합리적 지위를 맡긴다.

(민중과 고락을 함께하고, 조직을 합리적으로 운영한다.)

3. 師或輿尸, 凶.

전쟁에 나갔다가 수레에 시체를 싣고 온다. 흉하다.

4. 師左次, 无咎.

군대가 임금을 보좌할 수 있다면 허물이 없다.

(그렇지 않다면 위험하다.)

5. 田有禽, 利執言, 无咎, 長子帥師, 弟子輿尸, 貞凶.

밭에 짐승이 있으니 붙잡는 것이 이로우며, 허물이 없다. 장자는 군대를 이끌고

제자는 수레에 시체를 싣고 오니, 곧음을 지켜 흉함에 대처해야 한다.

(짐승 같은 것들이 권력을 장악했다가 무너졌다. 저항 지도자들은 군대를 이끌고

들어오고, 부패한 권력을 옹호하던 무리들은 패배한다.)

6. 大君有命, 開國承家, 小人勿用.

대군의 명령으로 새로운 나라를 열고 집안을 이어간다. 소인은 쓰지 않는다.

大君有命, 以正功也, 小人勿用, 必亂邦也.

대군의 명령은 공로를 바르게 평가하는 것이고, 소인을 쓰지 않는 건 반드시 나

라를 어지럽히기 때문이다.

(전쟁이 끝난 뒤에는 논공행상을 거쳐 포상을 한다. 공이 있더라도 사사로운 욕심

이 있는 사람을 써서는 안 된다. 전쟁은 전쟁이고, 정치는 정치다.)

사(師)라는 말은 흔히 스승이라는 의미로 읽습니다. 그런데 주역의 사괘(師

卦)에서는 스승은 스승이되, 군사전략가입니다. 사(師) 앞에 군(軍)이라는 말이 붙으면 조금 더 의미가 명확해집니다. 그래서 사괘(師卦)는 군사전략가, 저항 지도자, 저항, 군대, 전쟁 등 다양한 의미를 적용할 수 있습니다.

사괘(師卦)의 저항 지도자는 단순한 군대 지휘자가 아닙니다. 동학혁명의 전봉준, 쿠바혁명의 체 게바라, 멕시코 사파티스타 저항군의 마르코스 부사령관, 중국 태평천국운동의 홍슈치안처럼 부패한 국가 권력에 저항해서 군사적 전쟁을 일으키는 지도자, 특히 그중에서도 인문적 자기 성찰이 깊은 지도자입니다(師, 貞, 丈人吉, 无咎).

이들이 단순한 민중 봉기와 다른 한 차원 높은 저항을 이끌 수 있었던 것은 동학이나 사회주의, 아나키즘, 태평천국의 이상세계처럼 자신의 혁명을 합리적으로 설명할 수 있는 이론과 이상을 가졌기 때문입니다.

동학혁명의 지도자 전봉준 장군은 아버지가 권력자의 부당함에 항의하다 맞아 죽은 일을 겪으며 권력의 짐승 같은 속성을 체감하게 됩니다. 농민과 동학을 기반으로 한 그의 저항은 전형적인 사괘의 저항입니다.

사괘(師卦)는 땅 아래로 흐르는 물의 모습을 상징으로 가지고 있습니다(地中有水, 師). 땅 아래로 흐르는 물은 밖으로 드러나지 않지만 내면에는 강한 움직임을 가지고 있습니다. 저항 지도자들은 언제나 민중 속에서 자신의 진정성을 인정받는 과정을 거치게 됩니다(在師中, 吉,). 땅은 민중의 삶을 상징하고, 물은 민중의 마음을 집단적인 힘으로 조직하여 일으키는 저항운동입니다. 드러나지 않다가 거대한 물결처럼 일어나는 저항입니다. 사괘(師卦)의 저항 지도자는 이런 거대한 물결의 흐름을 잡는 사람입니다(

君子以容民畜衆). 그는 이 흐름을 일으키고 방향을 잡기 위해 민중과 함께 호흡하고, 조직합니다. 인문적 성찰 능력을 가지고, 시대를 읽고 기다리지만 결정적인 순간이 오면 자기를 내어놓는 용기와 전략을 동시에 가진 사람입니다. 주역은 이런 사람을 노련한 지도자라는 의미에서 장인(丈人)이라고 불렀습니다.

권력에 대한 폭력적 저항인 무장투쟁은 워낙 위험해서 결과를 예측하기가 쉽지 않습니다. 사괘(師卦)의 저항 지도자가 맞선 국가권력은 운이 좋을 경우 임금 하나 보호할 능력이 없이 사실상 무너지는 권력이어서 무리 없이 새로운 질서를 만들어내고, 훌륭한 사람들이 새 나라를 건설해가지만, 그렇게 운이 좋기만 한 것은 아닙니다(師左次, 无咎). 어떤 때는 무너지는 권력이 외세의 힘에 의해 유지되기도 하고, 무장투쟁 세력보다 몇 배나 강한 국가권력의 군사력 앞에서 무너지기도 합니다.

내부 관리 문제도 중요한 실패의 원인이 됩니다. 사괘의 가장 중요한 행동 지침이 '군율 준수'인 이유도 민중을 기반으로 한 저항운동은 내부 관리에 실패하면 한순간에 무너질 수 있기 때문입니다(師出以律, 否臧凶).

사괘(師卦)에는 이런 다양한 변수 앞에 서야 하는 저항 지도자의 고뇌가 보입니다.

인도의 간디가 이끈 인도 독립운동은 오래된 저항운동 방식인 무장투쟁을 재해석하는 과정에서 비폭력 저항운동의 길을 찾아냅니다.

사괘(師卦)의 저항운동이 실패하면 시체를 수레에 싣고 와야 할 정도로 많은 사람들이 희생을 당하게 됩니다(師或輿尸, 凶). 따라서 비폭력 저항은 희

생을 죄소화하는 사괘(師卦)의 진화(업그레이드)입니다. 전통적으로 사괘
(師卦)의 지도자들은 저항 현장에서 죽거나, 암살당합니다. 폭력적 방법이
든, 영성이든 어떤 방법을 써도 저항 지도자가 살아남기는 쉽지 않습니다.
저항 지도자가 무장투쟁의 길을 걷는 건 결국 희생의 밀알이 되겠다는 의
지를 포함합니다. 그 숭고함과 의지를 존중하고 의미를 인정할 수 있지만,
그 역시 언젠가는 넘어야 할 길이기도 합니다.

▩ 비(比) – 순응

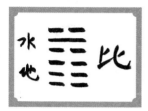

내 잘못이 아니잖아

오랜 대립과 갈등, 힘든 삶의 여정을 지나
평화로운 질서와 행복이 왔을 때,
이런 평화를 지켜가는 두 가지 길이 있다네.

하나의 길은 밝고 사심 없고 관용의 품성을 가진
지도자를 따르는 길(元永貞, 顯比).
그를 따르지만 내 길을 잃지 않아도 되는,
그의 길이 곧 나의 길이어서
그와 내가 함께 성장하는 길(比之自內).

그런데, 삶이 이렇던가?

덜 나쁜 놈과 함께 가야 하는,
사기꾼 도둑놈인 줄 알면서도
그와 함께 갈 수 밖에 없는(比之匪人),
그 길에 저항하면 평화가 깨지고
그 길을 따르기엔 고통스러운 길(比之無首).

이 평화, 이 삶의 행복을 어떻게 얻었는데,
다른 사람도 다 이렇게 사는데, 어쩔 수 없잖아?
나만 손해보지 않으면 받아들여야 하는 거 아냐?

악의 평범성.
내 잘못이 아니잖아?

比, 吉. 原筮, 元永貞, 无咎. 不寧方來, 後夫凶.
길하다. 처음 점에 이르기를 좋은 자질을 가진 사람을 오랫동안 변함없이 따르
니 허물이 없다. 불순한 사람, 불만을 가진 사람이 찾아온다. 뒤늦게 오는 사람
은 흉하다.
(좋은 지도자와 함께 질서를 세워간다. 새로 만드는 질서에 불만을 가졌던 사람
이 뒤늦게 합류한다.)

72

地上有水, 比, 先王以建萬國, 親諸侯.

땅 위로 물이 흘러가는 것처럼, 비(比)의 선왕은 여러 나라를 세우고 제후들과 연대했다.

(각 지방을 지방 제후가 책임지고 운영하는 봉건제 지배질서와 연방국가가 만들어졌다.)

—

1. 有孚比之, 无咎, 有孚盈缶, 終來有它, 吉.

믿음으로 따르니 허물이 없다. 믿음으로 항아리가 가득 찬다. 기대치 않았던 일들이 있어서 길하다.

(상황이 좋지 않더라도 믿음을 가지고 따라간다. 묵묵한 실천 덕분에 항아리에 물이 가득 차는 것처럼 신뢰가 생긴다. 생각지도 못한 도움을 받게 된다.)

2. 比之自內, 貞吉. 不自失也.

내면으로부터 따른다. 바르므로 길하다. 자기를 잃지 않는다.

(내가 정말 좋아서 지도자를 따르기 때문에 자기를 잃지 않는다.)

3. 比之匪人. 不亦傷乎.

따를 만하지 않은 사람, 도둑 같은 놈을 따르니 어찌 상처를 받지 않겠는가?

4. 外比之, 貞吉. 外比於賢, 以從上也.

밖으로 따른다. 바르므로 길하다. 바깥에 있는 현명한 사람을 따라 위로 간다.

(현명한 사람을 찾아가서 따른다.)

5. 顯比, 王用三驅, 失前禽, 邑人不誡, 吉.

밝고, 사심이 없고, 관용으로 어울린다. 왕이 세 방향에서 짐승을 몰아가다 놓쳐

도 마을 사람들을 꾸짖지 않는다. 길하다.

6. 比之无首, 凶

따르지만 머리가 없다. 흉하다.

(지도자를 인정하지 않고 마지못해 따른다. 다들 하는 대로 그저 따라한다.)

사괘(師卦)와 비괘(比卦)는 흔히 '전쟁과 평화'로 읽습니다. 조금 더 깊이 읽
으면 '질서에 순응하는 평화와 기존 질서에 저항'하는 것으로 읽을 수 있
습니다. 운이 좋아서 좋은 지도자를 만나면 이처럼 좋은 시절이 없습니다
(顯比). 중국의 요임금과 순임금, 조선의 세종대왕과 같은 지도자의 시대
일 겁니다.

내 의지를 포기하고 지도자를 따르는 것이 아니라 내 의지와 꿈을 실현
하기 위해 충심으로 따를 수 있는 지도자를 가지는 것은 행복한 일입니
다(比之自內). 충(忠)은 단순히 임금을 따르는 것이 아니라 '내 마음(心)의
중심(中)'을 따라 온 정성을 다하는 삶입니다. 그러나 이런 상호 소통하는
평화는 쉬운 게 아닙니다.

부패한 권력은 피지배 민중을 길들이려고 합니다. 사람을 길들이는 건 쉬
운 일이 아닙니다. 거짓을 사용할 수밖에 없습니다. 애국심이나 종교에서

말하는 천국, 기업가들이 주창하는 자유는 거짓을 포장하는 개념입니다.

권정생 선생의 〈애국자가 없는 세상〉이나 존 레논의 〈imagine〉은 비패(比掛)의 평화가 어떤 거짓으로 우리를 유혹하는지 잘 보여줍니다.

이 세상 그 어느 나라에도 애국애족자가 없다면 세상은 평화로울 것이다
젊은이들은 나라를 위해 동족을 위해 총을 메고 전쟁터로 가지 않을 테고
대포도 안 만들 테고 탱크도 안 만들 테고 핵무기도 안 만들 테고
국방의 의무란 것도 군대훈련소 같은 데도 없을 테고
그래서 어머니들은 자식을 전쟁으로 잃지 않아도 될 테고
(권정생 〈애국자가 없는 세상〉 중에서)

'천국은 없어'라고 해봐요. 해보면 쉬운 일이죠.
국경은 없다고 해봐요. 어렵지도 않아요.
내 것이 없다고 해봐요. 할 수 있을 거예요.
꿈만 꾼다고 하겠지만 혼자만의 꿈은 아니죠.
언젠가 당신도 함께하겠죠.
(존 레논 〈imagine〉 중에서)

원래 평화는 꽃과 연인, 비와 무지개를 사랑하는 자연 속의 삶입니다. 그러나 이 시를 쓰신 권정생 선생의 삶이 그렇듯 자연 속의 평화는 가난과 이어집니다. 자본가들이 이런 평화를 어떻게 받아들일 수 있을까요?
평화는 자본가들에 의해 재해석됩니다. 평화는 외부의 침해로부터 재산과

생명을 보호하는 어떤 상태로 재해석되었습니다. 내 생명과 재산을 지키기 위해 모든 사람이 무기를 가지면 너무나 위험한 사회가 되기 때문에 '폭력의 권리'를 국가에 위임하는 계약을 맺습니다. 그 이후부터 사람들은 평화의 주체가 평화를 누려야 할 개인이 아니라 국가라고 생각하게 됩니다. 폭력을 위임하는 사회계약 아래에 있으면 우리는 어떤 정부가 들어서든, 설사 그 정부가 내가 원했고 선거에서 내가 투표한 사람이 대통령이 되더라도 폭력과 전쟁, 군대에서 자유로울 수 없습니다(比之匪人. 不亦傷乎). 평화를 위해 폭력을 받아들인 사회는 언제나 적당한 시기에 전쟁 또한 받아들여야 합니다. 〈애국자가 없는 세상〉이나 〈imagine〉 같은 혁명적인 눈으로 평화를 받아들여야 할 이유입니다.

주역 제9괘

▓ 소축(小畜) – 미약한 힘을 보탬

주공의 꿈, 미약한 힘이라도
보탤 수 있다면……

주나라 건국에는 네 사람의 영웅이 있었다네.

문왕, 무왕, 주공, 강태공.

문왕은 은나라 주왕(紂王)의 폭정을 견디며 힘을 길렀고,

무왕은 은나라 정복에 성공했다네.

거친 전쟁을 이끌었던 무왕은 수많은 죽음의 원혼을 책임지듯이

새로운 나라를 오래 이끌지 못하고 병들어 죽음을 맞는다네.

죽음을 앞둔 무왕이 신생 왕국인 주나라를 생각해보니,

은나라는 백이와 숙제가 상징하는 도덕성으로 저항하는 세력,
무경으로 대표되는 힘으로 저항하는 세력이 여전히 살아있었다네.
거기다 주나라 건국 공신들 사이의 알력이 보통이 아니었다네.
어린 아들이 왕위를 이으면 무슨 일이 벌어질지 안 봐도 알 수 있는 일.
어린 아들을 살리기 위해서도 그에게 왕위를 물려줄 수 없었다네.
동생인 주공이 왕위를 잇는 것만이 아들과 주나라를 동시에 살리는 길.

주공은 왕이 되고 싶은 생각이 없었다네.
그는 꿈이 있었다네.
주나라가 왕권 중심 국가가 아니라 공동체의 질서인 예(禮)가 살아나고,
예(禮)에 기반을 둔 백성들이 삶의 즐거움을 누리길 원했다네.
제례작락(制禮作樂), 주공이 꿈꾼 동아시아 공동체의 이상이라네.

단지 그 일을 위해 주공은
손과 발이 다 닳는 한이 있어도 자신의 힘을 보태고 싶었다네.
주공은 형인 무왕의 간절한 부탁과 자신의 꿈을 위해
어린 성왕을 대행하는 섭정이 되었다네.
그에게는 사심이 없었지만 누가 그의 진심을 알 수 있었겠나?

수레의 바퀴살이 빠져나가듯(輿說輻)
건국의 공신들, 백성들은 그에게 반목하고(夫妻反目)
여기저기에서 반란이 일어났다네.
주공이 보호했던 성왕조차도 주공을 믿지 않았다네.

주공은 형인 무왕이 병들었을 때 하늘을 원망했다네.

무왕이 죽게 되면 주나라의 미래는

한치 앞을 볼 수 없는 혼돈이 올 게 뻔한 일.

주공은 차라리 자신을 하늘이 데려가길 기원하는 기도를 올리고,

그 기도문을 금등(金縢)에 보관했다네.

예정된 운명처럼, 아니면 무왕의 영혼이

어린 아들 성왕을 이끌듯

성왕은 우연히 금등을 열어 주공의 기도문을 보게 된다네.

성왕은 하염없이 눈물을 흘리며

진심을 받아들이지 못하고, 혼란을 부채질한

자신의 어리석음을 바라보게 된다네.

성왕과 주공 사이에 믿음이 생겨났고,

근심과 두려움이 사라졌다네(有孚, 血去惕出).

성왕은 주공을 스승으로 받아들이면서

주나라 천년의 기반을 다진다네(有孚攣如, 富以其鄰).

대립했던 세력들은 대립과 갈등을 풀고

자기의 길로 되돌아갔고(復自道),

주공의 진심을 이해하고 존경하게 된 지식인들의

헌신적인 참여가 이루어진다네(牽復).

성왕을 대신한 섭정 7년.

이제 성왕도 스무 살 청년이 되어
더 이상 섭정으로 권력을 대행할 필요가 없었다네.
주공은 자신에게 맡겨진 하늘의 일을 다 했다네(尙德載).
구름 가득했던 하늘에서 비가 내리고,
만물은 자기 생명을 꽃피우기 시작했다네(密雲不雨, 旣雨旣處).

내일이면 보름. 달이 차면 기우는 법.
내 인생에서 가장 빛나기 직전,
그때 멈춰야 한다네(月幾望, 君子征凶).

小畜, 亨, 密雲不雨, 自我西郊.
형통하다. 구름이 잔뜩 끼어 있지만 비가 오지 않는다. 내 서쪽 변방에서 생겨
났다.
(구름이 잔뜩 끼어 곧 비가 올 것 같지만 결국 오지 않는 것처럼, 일이 될 것 같은
데 힘이 조금 부족하다. 내 작은 힘이라도 보태고 싶다.)

風行天上, 小畜, 君子以懿文德.
하늘 위로 바람이 불어 올라가는 것처럼 소축의 군자는 공부해서 인문적 삶의
힘을 기른다.

-

1. 復自道, 何其咎. 吉. 其義吉也.

의심을 풀고 돌아와 자기 길을 걷는다. 어찌 허물이 있겠는가. 길하다. 그 뜻과 의지가 길하다.

2. 牽復, 吉. 牽復在中, 亦不自失也.

끌려서 돌아가지만 길하다. 끌려서라도 돌아가는 건 합리적인 지점이 어딘지 알 뿐 아니라 자신이 설 자리를 잃지 않았기 때문이다.

(소축 군자에게 설득당해 돌아간다. 설득을 통해 자신이 어떤 자리에 있어야 하는지 이해하게 되었다.)

3. 輿說輻, 夫妻反目. 不能正室也.

수레의 바퀴살이 빠져나가듯 서로 의심하고 분열한다. 남편과 아내가 서로 반목한다. 집을 바로 세울 수 없게 된다.

(부부나 수레바퀴의 바퀴살처럼 서로 의지하는 한 몸인 사람들이 분열한다.)

4. 有孚, 血去惕出, 无咎. 上合志也.

믿음을 가지고 두려움을 넘어 피 흘리며 간다. 하늘의 뜻을 따라간다.

5. 有孚攣如, 富以其鄰. 不獨富也.

서로를 믿고 손잡는다. 이웃과 함께 부유해진다. 혼자서 부를 독차지할 마음이 없다.

(서로 믿음으로 하나가 되어 경제적, 사회적 기반을 다진다.)

6. 旣雨旣處, 尙德載, 婦貞厲, 月幾望, 君子征凶.

(미약한 힘이라도 보탠 덕에 구름은 가득하건만 비는 내리지 않던 상황이 지나고)

이제 비가 내렸다. 하늘에 공덕을 쌓기 위해 노력한 덕분에 경제적 기초와 도덕적

기반도 갖췄다. 남성이든 여성이든 더 나가는 건 위험하다. 달이 보름에 가까우면

하루 이틀 새에 기울어지듯, (자신의 역할을 줄이고 물러나야 한다).

동아시아 유교에서 주나라 초기의 주공은 초기 기독교의 모세와 같은 사람입니다. 아브라함과 이삭, 야곱, 모세의 유대교는 기독교의 원형이었고, 예수는 모세의 율법 종교를 넘어 사랑의 종교로 유대교를 재해석합니다. 동아시아에서 유교의 원형을 만든 사람은 '주공'입니다. 공자는 평생 주공을 재해석하고 싶어 했고, 스스로 주공처럼 되어 정치적 역량을 발휘하고 싶어 했습니다. 주공이 주나라를 건설하고 율법체계와 국가구조를 만든 반면 공자의 역할은 건설이 아니라 재해석이었습니다. 예수가 모세의 율법을 사랑으로 재해석했듯이, 공자도 주공이 만든 '주례'(주나라의 문화질서)를 '인'(仁)이라는 사랑으로 재해석했습니다.

모세가 이스라엘 민족을 이끌고 이집트를 탈출한 다음 40년 동안 광야에서 거친 삶을 살며 유대교의 율법 질서를 만들었듯이 주공도 만만치 않은 고통을 견디며 주나라의 국가 질서인 '주례'(周禮)를 만들었습니다.

주례의 기본구조는 '봉건제와 종법'입니다. 봉건제는 국왕을 중심에 두고 봉건 영주들이 자신의 영역 안에서 자치권을 갖는 제도입니다. 흔히 '봉건 지배질서' 그러면 오래되고 보수적인 제도처럼 생각하지만, 우리 시대의 언

어로 봉건제를 재해석하면 '지방자치제'입니다. 다만 차이가 있다면 봉건
영주가 지역 주민의 지지를 기반으로 선거를 통해 정당성을 인정받는 것
이 아니라 세습한다는 점입니다.

메이지 유신 이전까지 중앙집권국가를 이루지 못하고 봉건제를 유지했던
일본은 지금도 그 의식이 남아서 그런지 국회의원 선거구를 아버지가 아
들에게 이양하는 경우도 있습니다. 하지만 이런 한계에도 불구하고 일본
처럼 지방자치 능력이 뛰어난 나라도 많지 않습니다. 봉건제가 자리 잡았
던 일본이나 독일과 같은 나라는 이와 같은 지방자치 능력을 기반으로 성
장했습니다.

종법은 '장자 세습, 가부장 질서'입니다. 오늘날에는 척결해야 할 대표적인
구시대 유물이자 의식입니다. 하지만 본래 주공이 기획한 종법은 '지배 질
서'라는 의미보다는 '명예직'의 성격이 강했습니다. 가부장인 남성이 중심
이 되어 가족을 지배하는 것이 아니라 남녀를 포함하여 가족을 보호하고
가족 공동체를 위한 도덕적 권위를 가지는 것이 가부장제의 본질입니다.
세습 왕조의 장자 세습에 따르면 국왕이 무기력하고 우둔한 사람이 될 가
능성이 높다는 것은 누구나 조금만 생각해보면 알 수 있습니다. 그렇다고
왕을 선출하게 되면 어떻게 될까요? 지금처럼 여론을 조직하기가 쉽지 않
은 상태에서 중국처럼 큰 나라에서 자유선출제가 실행된다면 국가의 분열
은 불을 보듯 뻔한 일입니다. 심지어 중국은 21세기인 현재에도 선거에 의
한 자유선출을 두려워합니다.

주공이 기획한 종법 질서는 왕을 명예직으로 두고, 정치 엘리트인 군신
(君臣)들이 자신의 이상을 실현하는 나라입니다(復自道, 何其咎. 吉. 其義

吉也).

주공은 은나라를 정복하는 과정에서 '절굿공이가 핏물에 떠내려가는, 핏물이 강처럼 흐르는 살육'을 지켜보아야 했고, 새로운 나라에서 이런 일이 반복되지 않길 바랐습니다. 주공이 이런 개혁을 진행하는 과정에서 얼마나 힘든 시간을 보냈는지 《시경》에 기록된 〈부엉이〉라는 시에 잘 드러나 있습니다.

부엉아 부엉아! 내 자식 이미 잡아갔으니 내 둥주리까지 부수지는 마라.
알뜰살뜰 가꿔온 터라 어린 자식이 가엾단다.
내 날개 무지러지고 내 꼬리 닳아빠졌건만 내 둥주리는 아직도 위태롭게
비바람에 흔들리니 나는 오직 쨱쨱 두려움에 우네.

부엉이의 공격을 받아 이미 여러 새끼를 잃었고, 남아있는 새끼라도 보살피기 위해 죽을 힘을 다하는 참새의 마음에 자신의 마음을 담은 것입니다 (有孚, 血去惕出, 无咎. 上合志也).

동아시아 역사를 해석하는 방법 가운데 '군왕의 나라, 군신의 나라'라는 해석방법이 있습니다.

동아시아에는 카리스마를 가진 국왕이 지도력을 가지고 유능한 인재를 등용하여 이끌던 시기와 훌륭한 신하들이 부드러운 국왕의 보호 속에서 자신의 역량을 마음껏 펼쳐가는 두 가지 성공 모델이 있습니다. 조선을 건국한 정도전은 '군신의 나라'를 만들고 싶어 했고, 이방원은 국왕이 중심이 된 나라를 염원했습니다.

이 두 가지 흐름이 서로 존중할 때는 태평성대이고(有孚攣如, 富以其鄰. 不獨富也), 대립할 때는 피비린내 나는 권력투쟁이 일어납니다(輿說輻, 夫妻反目. 不能正室也).

주공은 '입헌군주제 국가'를 기획했는데, 이게 가능하기 위해서는 국왕이든 군신이든 서로 멈춰야 하는 지점을 알아야 합니다.

그러나 내일이 보름인데, 내 삶이 이렇게 찬란히 빛나고 있는데, 누가 멈출 수 있겠습니까(旣雨旣處, 尙德載, 婦貞厲, 月幾望, 君子征凶).

인간의 어리석음은 권력과 돈 앞에서 언제나 갈 데까지 가게 되고, 권력의 정점에서 멈추지 못한 이들의 슬픈 이야기가 바로 역사입니다.

■ 리(履) – 민중을 따라 걷는다

호랑이를 따라 걷는다

예전에는 부모님 돌아가시면
무덤가에 초막 짓고 3년을 제사 모시며 살았다네.
깊은 산 속 호랑이는 사납지만 신령스런 동물이어서
슬픔의 냄새를 안다네.

깊은 슬픔에 빠진 사람은
호랑이의 눈동자를 바라볼 수 있다네.
눈빛과 눈빛 사이 밝은 빛이 스며들면
그는 호랑이의 보호를 받는다네.

호랑이 뒤를 따라 걸을 수 있다네(履虎尾, 不咥人).

민중은 호랑이를 닮았다네.
거칠고 제어할 수 없고 사납다네.
민중의 눈길을 마주 보기 위해서는
자기 안에 깊은 슬픔이 있어야 한다네.

호랑이를 만나도 흐트러지지 않는 발걸음처럼
일상의 단순 소박한 삶 속에
자기 생각이 들어 있어야 한다네(素履).
호랑이를 만나도 삶과 죽음에 연연하지 않는 마음처럼
가난함과 부유함, 성공과 실패, 나아감과 물러섬을
하나로 바라보는 눈을 얻으면
길이 열린다네(履道坦坦, 幽人貞吉).

그러나 민중의 눈길을 마주보며
그 사나움 속에서 하늘마음(천심, 天心)을 읽는 것이
쉬운 일은 아니라네.
내면의 두려움을 어느 누가 완전히
잠재울 수 있을까(履虎尾, 愬愬).
근시안적인 안목, 부족한 실천력, 무모한 의지로
눈빛이 흐려지면
호랑이에게 물린다네(眇能視, 跛能履, 履虎尾咥人, 凶).

이걸 알면서도 호랑이 뒤를 따라 걷는 사람의

마음 안에서 새 세상이 열린다네.

호랑이가 달려와도 팔 벌려

품안에 안을 수 있다네(夬履, 貞厲).

꼭 꿈같은 이야기 아닌가?

이 삶을 산 사람이 뒤돌아보면

삶이 꼭 영화처럼 보이지 않겠는가(視履考祥, 其旋元吉)?

履虎尾, 不咥人, 亨.

호랑이 뒤를 따라가도 물리지 않는다. 형통하다.

(호랑이한테 물려가도 정신만 차리면 산다.)

上天下澤, 履, 君子以辯上下, 定民志.

위에는 하늘, 아래에는 연못. 리(履)의 군자는 위와 아래, 지식인과 민중, 부자와

가난한 이들을 변호하여 민중의 뜻과 마음이 안정되게 한다.

(민중과 함께 살아가는 지식인의 삶.)

–

1. 素履, 往无咎. 獨行願也.

늘 단순 소박한 삶을 살아가니 허물이 없다. 홀로 원하는 삶을 산다.

(누가 알아주지 않아도 단순 소박하게 산다.)

2. 履道坦坦, 幽人貞吉. 中不自亂也.

가는 길이 탄탄하다. 은자의 마음처럼 내 삶을 세상이 알아주지 않아도 마음
이 흐트러지지 않으니 길하다. 중심을 가지고 스스로 무너지지 않기 때문이다.

3. 眇能視, 跛能履, 履虎尾咥人, 凶, 武人爲于大君.

애꾸눈으로 볼 수 있다 하고, 발을 절면서도 쫓을 수 있다 하며 호랑이를 따르다
물리니 흉하다. 무인으로서 대군의 명에 따른다.

(짧은 안목, 미숙한 실력, 무모한 의지로 어려운 과제에 부딪치면 안 된다. 군인
같은 성격의 이런 사람은 지도자의 지시를 따라야 한다.)

4. 履虎尾, 愬愬, 終吉. 志行也.

호랑이 뒤를 벌벌 떨며 따라간다. 끝내 길하다. 뜻을 따라가기 때문이다.

(호랑이 같은 민중의 뒤를 따르는 건 누구나 두렵다. 그러나 그 마음이 결국은 이
해받게 된다.)

5. 夬履, 貞厲.

과감하고 명쾌하게 따라간다. 바르게 행동하지만 위험하다.

(바른 마음으로 소신껏 행동하는 것은 용기 있는 행동이지만, 한편으로는 적을
만드는 위험한 일이다.)

6. 視履考祥, 其旋元吉

지난 길을 되돌아보며 의미를 생각한다. 그런 반성과 성찰이 크게 길하다.

(호랑이 뒤를 따르듯이 조심조심 살아왔던 지난 시간들이 꼭 영화 같구나.)

청소년 시기에 심훈의 《상록수》를 밤을 새워 읽은 적이 있습니다. 우리 세대는 농촌에 대한 기본적인 정서를 가지고 있어서 농촌 계몽소설이라도 요즘 학생들이 읽는 판타지소설처럼 영웅적 삶을 느낄 수 있었습니다.

《상록수》의 주인공 채영신이 지식인을 받아들이기 힘든 농촌에서 다양한 갈등과 위기를 극복하며 마을을 계몽해가는 과정은 어린 소년의 꿈으로 자리 잡았습니다. 제가 농촌에서 평생을 살아야겠다고 생각한 것은 그런 농촌 계몽소설의 영향이 컸습니다.

리괘(履卦)는 열악하고 거친 곳에 자기 기반도 없이 꿈을 가지고 뛰어든 사람들이 조건의 열악함과 부족한 실력을 극복해가며 성취를 이루지만 말할 수 없는 속앓이를 하는 이야기입니다.

리괘(履卦)는 다른 누구의 삶이 아니라 제가 살아온 삶입니다. 아내는 우리의 삶을 뒤돌아보면 꼭 영화를 보는 것처럼 긴장되고 조심조심 살았다는 이야기를 하곤 합니다(視履考祥, 其旋元吉).

대부분의 사람들은 긴장과 스트레스를 밖에서 받습니다. 하지만 우리 가족은 긴장을 우리 안에서 만들어냈습니다. 누가 하라고 해서 한 것이 아니라 그렇게 살아야 한다는 내면의 소리를 따랐던 겁니다(素履, 往无咎. 獨行願也).

리괘(履卦)의 실천은, 누가 하라고 하면 할 수 없습니다. 호랑이를 따르는 일은, '그 일을 할 수밖에 없다'는 생각이 자기 안에서 나오지 않으면 발걸음 자체를 뗄 수 없습니다.

저는 말하는 것보다 듣는 걸 훨씬 더 좋아합니다. 이건 두 가지 의미인데,

하나는 말 그대로 좋아하는 것이고 또 하나는 리괘(履卦)의 삶에 들어간 사람들은 취약한 자기 기반을 극복하는 방법으로 상대가 무엇을 원하는지 잘 듣고 싶어 한다는 것입니다.

저는 제가 사는 마을을 유토피아처럼 만들고 싶었습니다. 유토피아 같은 농촌 마을에서 행복한 삶을 살고 싶었기에 같이 사는 분들의 이야기를 집중해서 들었습니다. 이런 연습을 통해 '채록시'라는 문학 장르를 만들 수 있었습니다.

농민들의 이야기를 듣고 채록해서 시를 쓰는 채록시 작업을 처음 시작했을 때는 집중해서 듣다가 입술이 부르트고 몸살이 난 일도 있을 정도니 이해가 잘 안 될 겁니다. 그런 경험을 하고 나면 어떤 때는 내가 무당이 된 듯한 느낌을 받을 때도 있었습니다.

왜 아무도 시키지 않는 이런 삶을 살까요?

농민 운동가 중에는 지역 토박이로 대를 이어 살면서 땅과 기반이 튼튼한 가운데 농협이나 여러 형태의 농민조직운동을 이끌어가는 분들이 있습니다. 이런 분들은 강한 힘을 가지고 있어서 문제가 생겨도 해결하기가 그렇게 어렵지 않습니다. 반면에 땅과 지역 기반도 없이 귀농을 한 저는 단지 농촌 계몽 의지만을 가지고 농민운동을 했기 때문에 어느 한순간 마음 편할 날이 없었습니다.

호랑이는 여러 가지 상징적인 의미를 가집니다. 착하고, 신령스럽고, 싸움 잘하고, 슬기롭고, 장난기가 있고, 잔인하고, 포악하고, 잘 속아 넘어가고……. 옛날이야기 속의 호랑이는 거의 이웃집 아저씨처럼 친근합니다. 이런 호랑이는 위험해 보이지만 견딜 만합니다.

리괘의 '호랑이를 따른다'는 말은 '호랑이의 성질을 가진 민중을 조직하기 위해서는 받아들일 수밖에 없는 위험'입니다. 많은 조직운동가들이 호랑이를 제대로 다루지 못하고, 민중을 위하는 마음을 가졌지만 오히려 민중에 의해 제거당하는 불운을 겪었습니다.

짧은 안목, 미숙한 실력, 무모한 의지로 해결하지 못할 과제에 부딪치면, 대부분 호랑이에게 물리게 됩니다(眇能視, 跛能履, 履虎尾咥人, 凶, 武人爲于大君).

몇 번을 더 생각해야 겨우 아주 작은 가능성 하나가 생기기도 합니다. 조건이 좋은 기회는 지역의 유지, 개발업자, 종교인, 대규모 농장 경영인들에게 돌아갑니다. 그런 좋은 기회를 사용할 수 있을 거라는 생각 자체를 안 해야 합니다. 그 대신 나에게 온 작은 기회를 최대한 활용해야 합니다.

누구도 생각하지 못할 탁월한 기획을 하고, '호랑이'의 동의를 얻으면 과감하게 실천해야 합니다(夬履, 貞厲). 그러나 이런 과감함이 언젠가는 부메랑이 되어 돌아올 수 있다는 것도 알고 있어야 합니다.

호랑이를 따르는 사람은 자기가 얼마나 위험한 길에 들어서 있는지 알고, 조직활동에 실패할 경우에도 대비해야 합니다. 보통 조직활동에 실패하면 자기의 운동과제를 잃어버리는 경우가 많습니다. 리괘는 그 점에 대해서도 이야기합니다.

운동은 조직활동만 있는 것이 아니라 자기 삶도 스스로 운동과제로 만들 수 있습니다. 우리 시대의 폭력은 여전히 권력과 자본에 의한 경우가 많지만, 깊이 들여다보면 우리가 사는 것 어느 하나도 폭력에 기반을 두지 않은 게 없습니다.

일상적으로 쓰는 전기는 누군가의 눈물을 타고 내게 왔습니다. 고기 반찬 하나가 우리의 식탁에 오르기까지 얼마나 많은 고통이 바탕에 깔려 있는 지 모릅니다. 내 아이 공부 잘하기를 바라는 마음도 어느 아이에게는 자살 을 생각하게 만드는 위협입니다. 사는 게 죄 짓지 않는 게 없습니다.

이런 자각과 실천은 조직적으로 할 수도 있지만 자기 스스로의 의지가 더 중요합니다. 생활이 곧 운동입니다(素履, 往无咎. 獨行願也).

우리 시대의 운동은 성자의 삶과 운동가의 실천 사이를 줄타기처럼 왔다 갔다 해야 합니다. 홀로 있을 때는 자기를 돌아보고, 가능한 한 소박하고 단순하게 자기 스스로 자기 욕망을 억제하며 살아야 하고(履道坦坦, 幽人 貞吉. 中不自亂也), 대중과 함께 호흡하고 조직할 기회가 오면 과감하게 헌 신해야 합니다(共履, 貞厲).

이런 시간을 20대부터 지금까지 살았습니다. 뒤돌아보면 제가 얻었던 모든 좋은 것들은 호랑이를 따라 걸으며 얻은 것들입니다. 많은 운동가들이 저 항과 조직활동의 긴장에 시달리다 일상을 놓치거나, 긴장을 포기하고 거칠 게 대들다 호랑이 밥이 되었지만 저는 호랑이를 따라 걸으며 그나마 정신 줄을 놓지 않았습니다(履虎尾, 愬愬, 終吉. 志行也).

■ 태(泰) – 대동태평세를 꿈꾸며

대동태평 세상이 되면……

대동태평세상이 되면
여성, 노인, 장애인, 어린이, 이주노동자와 같은
노약자와 차별받는 사람들이 존중받고
동성애, 이성애가 구별 없이 성 정체성을 인정받으며,
동물 복지가 실현된다네.
노동자의 권리가 침해받지 않고,
농민이 농사지으며 사는 게 보장되고,
작은 나라가 큰 나라로부터 위협받지 않으며
대륙과 지구 규모의 연방제가 실현된다네.

(泰, 小往大來, 吉, 亨. 則是天地交而萬物通也, 上下交而其志同也).

거칠고 더럽다고 무시하던 노숙자, 부랑자, 동네 건달들도

품어 안아 일할 기회를 주고,

재난이나 사고의 위험이 일어나면

공무원이나 지역 유지들이 맨몸으로 강물에 뛰어들어

위험에 빠진 사람을 구해낼 정도로

지도자들이 솔선수범하는 용기와 모범을 보인다네.

지역 차별도 없어지고,

부정비리와 사적인 이익을 위한 패거리 정치는

발붙일 공간이

없어진다네.(包荒, 用馮河, 不遐遺, 朋亡, 得尚于中行).

대동태평세상이 되면

마음이 넉넉해져서 집착하는 마음을 내려놓게 된다네.

협동조합이 생산과 서비스의 중심 역할을 하고,

이웃을 신뢰하고 사랑하며

함께 살아가는 우정과 환대의 문화가

일어난다네(翩翩, 不富, 以其鄰不戒以孚).

각 지역과 마을마다 마음 모아 공부하고 일하는

자발적인 마을 만들기 운동이 일어나면

중앙 정부는 지방의 자발적인 운동을

지원하는 일들만 하게 된다네(帝乙歸妹, 以祉元吉).

서로가 서로의 꿈이 이루어지길 바라며
자신의 삶을 헌신한다네.

泰, 小往大來, 吉, 亨.
작은 것은 올라가고 큰 것은 내려와서 서로 어울린다.
(음-작고 부드러운 것, 억압받던 것들이 위로 올라가고, 양-강하고 지배하던 것
들이 아래로 내려온다.)

泰, 小往大來, 吉, 亨. 則是天地交而萬物通也, 上下交而其志同也.
작은 것이 올라가고 큰 것이 내려와 서로 어울려 형통한다는 것은 하늘과 땅이
서로 어우러져 만물이 소통하고, 아래와 위가 어우러져 마음이 하나가 되는 것
이다.

天地交, 泰, 后以財成天地之道, 輔相天地之宜, 以左右民.
하늘과 땅이 어우러지듯이 태(泰)의 지도자는 이상적인 사회를 기획하고 하늘과
땅이 서로 보완하듯이 좌우의 민주주의, 좌파와 우파, 중앙과 지방을 위한 정책
을 조화시킨다.

─

1. 拔茅茹, 以其彙, 征吉. 志在外也.
억새풀을 뽑으니 뿌리가 뒤엉켜 한 덩어리를 이루고 있다. 정벌하러 나가면 길하

다. 안에서 바깥으로 뻗어 나가고자 한다.

(이상사회를 이루기 위해 서로 힘을 합쳐 나아간다.)

2. 包荒, 用馮河, 不遐遺, 朋亡, 得尙于中行.

지배세력이 부드러움과 강함을 겸비하여 합리적인 지배를 할 때는 거칠고 더러운 것도 품어 안고, 맨몸으로 강을 건널 정도로 솔선수범하는 용기가 있고, 지역 차별을 하지 않고, 패거리 정치를 하지 않는다. 올바른 정치를 하기에 하늘과 민중의 마음을 얻는다.

3. 无平不陂, 无往不復, 艱貞无咎, 勿恤其孚, 于食有福.

비탈 없는 평지는 없다. 부정적인 힘, 편협한 연줄 정치, 포용성 없는 세력은 다시 돌아온다. 말할 수 없는 어려움이 시작되지만 믿음을 가지고 자기를 성찰하는 사람들은 위험하지 않다. 먹을 복이 있다.

(좋은 시절이 있으면 어려운 시절도 있게 마련이다. 부정적인 힘이 다시 돌아온다는 것을 알고 자기 역할을 찾아내면 살아남을 근거지를 확보할 수 있다.)

4. 翩翩, 不富, 以其鄰不戒以孚.

새들이 평화롭게 떼 지어 날듯, 부유하지 않더라도 이웃과 서로 믿고 경계심 없이 산다.

翩翩不富, 皆失實也, 不戒以孚, 中心願也.

새들이 평화롭게 나는 것 같다는 것은 마음의 욕망을 모두 비웠다는 것이고, 서로 믿고 경계하지 않는다는 것은 마음 깊은 곳에서 원하는 것이다.

(이상세계는 물질로만 이루어지지 않는다. 무엇을 먹을지 걱정하지 않으며 하늘

을 나는 새처럼 마음의 부유함과 이웃에 대한 사랑이 필요하다.)

5. 帝乙歸妹, 以祉元吉. 中以行願也.
제을 임금이 누이동생을 시집보내니 하늘의 큰 복을 받는다. 중도를 실천하고
자 했기 때문이다.
(높은 신분의 사람이 낮은 신분의 사람과 결혼한다. 아래와 위를 서로 소통하게
하고, 좌와 우를 만나게 하기 위해 노력한다.)

6. 城復于隍, 勿用師, 自邑告命, 貞吝.
성이 무너져 내렸다. 군대를 쓰지 말라. 내 고향 마을에 도움을 요청한다. 바르
더라도 어렵다.
(이상사회를 위한 꿈이 실패했다. 저항은 오히려 희생만 늘어난다. 지지기반인
고향에 도움을 요청하지만 도움을 받을 수 없다. 이상사회를 꿈꾼 사람들은 어
려움을 피하기 힘들다.)

제가 즐겨 읽는 책 중에 청나라 말기 중국 근대 사상가인 캉유웨이(康有
爲)의 《대동서》가 있습니다. 캉유웨이의 이름은 중국사 가운데 '변법자강
운동, 무술변법, 백일천하' 이런 내용을 공부할 때 알게 됩니다.
19세기 말, 청나라 말기는 아편전쟁, 청일전쟁, 태평천국내전 등 나라 안팎
에서 전쟁과 폭력이 끊이지 않았고, 권력의 정점에 서 있던 서태후와 집권
세력의 부정부패와 무능으로 상황을 개선할 수 있는 가능성이 없었습니
다. 이런 상황에서 청나라 지식인과 정치인들은 다양한 제안과 실험을 통

해 청나라의 현실을 극복하고자 노력합니다.

그 과정에서 일어난 혁신적인 민주주의 개혁운동이 '변법자강운동'(變法自强運動)이었습니다. '변법'이라는 말은 '민주주의 개혁'이라는 의미이고, 변법자강파의 개혁 목표는 입헌군주제 민주주의였습니다. 영국과 일본 같은 나라가 모델이었습니다.

서태후의 섭정으로 인해 정치적 실권이 없었던 광서제는 자신이 실권을 가질 때를 대비해 혁신 개혁운동을 주도하던 캉유웨이(康有爲)와 량치차오(梁啓超), 탄쓰퉁(譚嗣同) 등의 젊은 지식인들과 연대하게 됩니다. 그리고 '청일전쟁'에서 패한 이후 안팎의 정치적 위기에 몰린 서태후가 광서제의 개혁제안을 승인하면서 변법자강파가 주도하는 개혁이 시작됩니다. 그러나 중국의 관료들은 황제인 광서제가 아니라 서태후가 여전히 권력을 쥐고 있다는 사실을 잘 알고 있었습니다. 따라서 서태후의 승인이 없으면 개혁은 실행되지 않게 됩니다.

실제로 개혁의 성과는 부진했고, 마음만 앞선 변법자강파는 연이은 실책으로 위기에 몰립니다. 이런 위기를 한 번에 뒤엎기 위해 변법자강파는 군사력으로 서태후를 제압하려 했지만 군부를 완전히 장악한 서태후에게 오히려 역공을 당하게 됩니다. 캉유웨이와 량치차오는 간신히 목숨만 건져 일본으로 망명을 했고, 탄쓰퉁은 동지들과 함께 교수형을 당했습니다. 변법자강파가 주도한 국가개혁운동을 무술변법이라고 하고, 그들이 단 100일 동안 권력을 잡았다고 해서 100일 천하라고도 합니다.

광서제의 깊은 신임을 받았던 캉유웨이는 당시 중국 사회에서 가장 논쟁적인 책인 《공자제세고》(孔子制世考)를 쓰고, 청나라 말기의 진보적 지식인을 대표하게 됩니다. 그는 공자를 사회 질서를 옹호하는 유교 지식인이 아니라 사회의 변화를 기획한 사회혁명가로 이해했고, 공자의 진면목을 되살려 유교의 혁신과 중흥을 이루고자 했습니다.

중국에서는 유교를 재해석하는 데 성공한 혁신적인 사상가들이 많이 있습니다. '성악설'을 주장해 유교 내 이단으로 취급받았던 순자, 한비자, 성리학을 이끌어낸 주자, 실천 유학의 길을 연 왕양명, 유학에서 민주주의를 구상한 황종희 등입니다. 캉유웨이 역시 이런 사상적 천재들의 반열에 충분히 들 수 있습니다. 캉유웨이는 근대 혁명 사상인 공산주의와 아나키즘의 눈을 통해 공자의 인(仁)을 '차별 없는 평등 세상'으로 읽었습니다.

동아시아에서는 유토피아를 '태평성대 대동세상'이라고 합니다. 캉유웨이는 이 개념에서 '대동태평세'(大同泰平世)를 그려나갑니다.

대동태평세의 사회변화를 국가와 민족, 가족, 산업, 신분, 인종, 남녀관계, 동물과 인간의 관계, 의식의 진화라는 9가지 방향으로 제시하고, 과학적 사회 분석과 공상을 더해 《대동서》를 썼습니다. 놀라운 것은 캉유웨이의 예언과 같은 이 책의 내용이 100여 년이 지나면서 80~90퍼센트 정도 현실이 된 것입니다.

캉유웨이는 지금 우리가 느끼는 가족 해체 현상을 정확히 예측했고, 결혼 개념도 결국 사라질 것이라고 생각했습니다. 평생 계약인 결혼이 아니라 기간을 정한 계약이 보편적인 결합이 되고, 혈연 가족 대신 보편적 인류애를 기반으로 살게 된다고 했습니다. 이런 내용은 지금 읽어도 논쟁적입니다.

태괘는 하늘 위에 땅이 있는 모습을 상징합니다. 이 상징은 하늘과 땅이 자리가 뒤바뀌듯이 차별받고 소외받던 힘이 위로 가고, 지배하던 힘이 아래로 내려와 약하고 소외된 것을 지지하고 보호하는 모습입니다.

사람과의 관계에서도 '내 꿈을 실현하는 것이 아니라 너의 꿈이 실현되도록 내 삶을 헌신하겠다는 마음'입니다. 동아시아인들이 오랫동안 생각한 유토피아의 이상입니다. 자기 꿈을 실현하기 위해 서로 경쟁하는 것이 지옥이고, 너의 꿈이 실현되도록 나를 바치겠다는 마음을 서로서로 가지는 것이 천국입니다(泰, 小往大來, 吉, 亨. 則是天地交而萬物通也, 上下交而其志同也).

그러나 사회적 우위에 있는 세력의 자발적인 개혁 노력은 언제든 보수 기득권 세력의 역공을 받을 수 있습니다. 동아시아의 개혁가들은 누구나 '대동태평세 건설의 주인공'이 되고 싶어 하지만, 위로부터 개혁은 언제나 기득권 세력의 반동을 불러옵니다. 태괘는 이런 반동을 최소화하고 막아내기 위해 개혁이 진행되는 과정에 좌파와 우파의 정책과 민주주의를 조화롭게 쓰라고 권고합니다(天地交, 泰, 后以財成天地之道, 輔相天地之宜, 以左右民).

이런 지혜를 적절하게 사용하지 못하면 평화를 위한 꿈은 무너지기 시작합니다. 짧은 시간이지만 개혁이 실현되는 과정에서 우정과 환대의 공동체가 재건되고 민중은 대동태평세의 기쁨을 누렸지만 스스로 얻은 성취가 아니었으므로 오래가지 못했습니다.

반동 세력이 다시 돌아올 경우, 개혁을 주도한 사람들은 두 가지 모습을 보입니다. 그 모습은 캉유웨이의 두 제자 량치차오와 탄쓰퉁의 삶을 통해 확연하게 비교될 수 있습니다.

첫 번째는 자기 한계를 인정하는 사람입니다.

량치차오는 아래로부터의 기반 없이 위에서 이루어진 개혁이 오래 가지 않는다는 것을 알게 되었고, 그 상황에서 자기가 할 과제를 찾습니다. 그는 아래로부터 민주주의 역량을 키우기 위해 언론과 출판을 통한 민중의식 개혁에 주력했고, 중국 건국 이후 언론인 및 저술가로서 자기 역할을 다합니다. 대동태평세를 꿈꾼 개혁가로서 언젠가 그 꿈이 실현된다는 의지를 가지고 자기 역할과 근거지를 만들어낸 경우입니다(无平不陂, 无往不復, 艱貞无咎, 勿恤其孚, 于食有福).

두 번째는 개혁 과정에서 자신을 보호했던 권력 실세가 무너진 걸 인정하지 않고 개혁정신을 올곧게 지키며 저항하는 경우입니다. 탄쓰퉁은 무술변법개혁이 실패하고 서태후 세력과 군사적 대결에서도 밀린 상태에서 캉유웨이와 량치차오가 피신할 시간을 벌어주고자 했습니다. 또한 그는 누군가는 변법운동의 정당성에 대해 책임을 져야 한다고 생각했고, 자신을 내어 놓기로 결심했습니다. 체포된 이후 죽음을 앞두고 그가 한 이야기는 탄쓰퉁을 민주주의의 순교자로 만들었습니다.

"여러 나라의 변법(민주주의 혁명)은 피 흘리지 않고 이루어진 경우가 없다. 그러나 오늘날 중국에서 변법 때문에 피를 흘렸다는 이야기를 아직 들어보지 못했다. 이 때문에 우리가 크게 일어나지 못하는 것이다. 있어야 한다면 나부터 시작하고 싶다(城復于隍, 勿用師, 自邑告命, 貞吝)."

태괘는 주역의 상징적 괘 중의 하나이고 동아시아인들이 꿈꾼 유토피아였습니다. 태괘는 그 유토피아가 위로부터 주어진다고 생각한 의식의 한계를 담고 있을 뿐만 아니라 그 한계로 인해 어떤 일이 일어나는지도 정확하게 읽었습니다. 3,000년 전 지식인이 '아래로부터'라는 기반 없이 조급하게 성취하고자 하는 무수한 혁명가들에게 미리 보여준 '기반 없는 혁명'의 종말입니다.

■■ 비(否) – 독재와 억압을 뚫고

견디고, 협력하지 말자

동아시아인이 꿈꾼 평화의 상징,

태괘(泰卦)는 땅이 하늘 위에 있다.

강한 것이 아래로 내려가 약하고 부드러운 것을 떠받든다.

나의 꿈이 아니라 너의 꿈이 이루어지길,

민중이 주인 되길 바라며

내 삶을 바치겠다는 염원이다.

비괘는 태괘와 짝이다.

하늘은 하늘 위에서, 땅은 땅 아래에서.

하늘의 강함과 권력이 땅을 억압하고 지배한다
(天地不交而萬物不通也, 上下不交而天下无邦也).

식민제국주의, 군부독재, 자본독재의 시대.
이걸 단시간에 무너뜨릴 수는 없다.
무엇을 해야 할까?

참고 견디고 협력하지 말자.
농사지어 자급하며 살자.
아이들과 함께 학교가 아니라 집에서 공부하자.
많이 걷고, 멀리 가지 말자
(天地不交, 否, 君子以儉德辟難, 不可榮以祿).

否之匪人, 不利, 君子貞, 大往小來.
사람이 사람답게 살 수 없는 막힌 때가 되면, 군자가 바름을 지킬수록 이롭지 않
다. 크고 밝은 기운이 떠나가고, 부정적인 기운이 돌아온다.
(계절이 자연스럽게 바뀌듯, 유토피아와 디스토피아는 서로 이어져 있다. 디스
토피아에서는 좋은 사람들이 심한 고통을 겪는다. 디스토피아의 억압을 견딜 수
없기 때문이다.)

天地不交而萬物不通也, 上下不交而天下无邦也.
비의 시대는 하늘과 땅이 서로 만나지 못해 만물이 서로 어우러질 수 없다. 아래

와 위가 만나지 못하고 이 세상에 나를 보호해줄 나라가 없어진다.

(식민지배, 독재, 자본독점의 시대가 되면 사람과 자연은 보호받지 못한다.)

天地不交, 否, 君子以儉德辟難, 不可榮以祿.

하늘은 하늘대로, 땅은 땅대로 서로 만나지 못하는 것을 보며 비(否)의 군자
는 어려움을 피해 최소한의 생활만 하면서 버티고, 억압지배체제에서 돈을 받
지 않는다.

(식민제국주의, 군부독재, 자본독점에 협력하지 말라.)

–

1. 拔茅茹, 以其彙, 貞吉, 亨.

억새풀을 뽑으니 뿌리가 뒤엉켜 한 덩어리를 이루고 있다. 바름을 지켜 길하고
형통하다.

(억새풀의 뿌리처럼 뒤엉켜 한 무리가 되어야 억압 상태에서 살아남을 수 있다.)

2. 包承, 小人吉, 大人否, 亨. 大人否, 亨, 不亂群也.

승복하고 받아들인다. 소인은 좋지만, 대인은 막힌다. 형통하다. 대인이 막혀야
형통한 이유는 무리에 섞여들지 않기 때문이다.

(식민지배에 순응하며 산다. 식민지배에 협력하는 사람들은 이 상황에서 잘 먹고
잘살게 되지만, 자주적인 사람들은 길이 막힌다. 하지만 길이 막힘으로써 오히
려 악의 무리와 섞이지 않기에 좋은 일이다.)

3. 包羞.

받아들여지지만 수치스럽다.

(피지배 민족을 협력 파트너로 받아들이지만 차별과 모욕을 중단하지는 않는다.
모욕을 받으며 사는 삶은 사람의 삶이 아니다.)

4. 有命无咎, 疇離祉. 志行也.

천명, 하늘에서 선물처럼 주어지는 변화가 시작된다. 무리와 함께 복을 받는다.
마음에 가진 뜻을 실천하기 때문이다.

(생각지도 못한 일들이 선물처럼 주어지고, 함께 힘을 모아 억압과 지배를 극복
한다.)

5. 休否, 大人吉, 其亡其亡, 繫于苞桑.

불의한 세력의 지배가 끝났다. 대인은 길하다. (상황이 변했지만 새로운 세력의
기반이 없어) 망할 듯 망할 듯한다. 결국은 뽕나무 뿌리처럼 견고한 변화의 흐름
이 만들어진다.

(억압에서 해방되었지만 불안한 조건을 지혜롭게 잘 풀어야 한다.)

6. 傾否, 先否後喜. 否終則傾, 何可長也!

불의한 세력을 무너뜨렸다. 처음엔 고통스러웠지만 결국 기쁨을 얻는다. 억압이
라는 건 결국 무너지게 되어 있다. 그것이 어떻게 오래 갈 수 있겠나!

비(否)괘는 불의한 세력의 지배, 제국주의의 식민지배, 군사독재의 지배, 시

장녹점 지배 등 사회 전체가 구조적 폭력에 갇힌 조건에 사는 사람들의 의식과 무의식의 세계입니다. 비괘의 상황에서 인간은 의외로 자기를 억압하고 노예화하는 사람이나 대상을 위해 봉사하는 의식을 가지고 있습니다(拔茅茹, 以其彙, 貞吉, 亨).

특히 폭력 상태를 내 노력으로 해결할 수 없다는 생각이 들면 지배권력이 조금만 호의를 베풀어도 피지배 억압 대상은 빠른 시간 안에 지배세력에 협력하게 됩니다. 이런 형태의 무의식을 '스톡홀름 증후군'이라고 합니다.

1919년 삼일독립혁명 과정에서 무수한 사람들이 죽고 다쳤지만 일본의 지배가 무너질 가능성이 없다고 판단한 조선 민중은 일본의 식민지배 전략이 문화통치로 바뀌자 빠른 시간 안에 자기를 바꿉니다. 독립을 간절히 원하던 조선 민중들이 조선총독부의 공무원과 경찰이 되는 걸 '성공'으로 받아들이게 되었습니다. 독립이 불가능하다면 현 상태에 참여하는 게 차라리 낫다고 생각하게 되었습니다. 좋은 사람과 나쁜 사람, 민족의식이 있는 사람과 없는 사람의 구별이 없어졌습니다(包承, 小人吉, 大人否, 亨. 大人否, 亨, 不亂群也).

조국 해방의 희망을 잃은 그들에게는 선택의 여지가 없었고, 단지 최선을 다해 버틸 수밖에 없었습니다. 수모를 참으며 버틴 이들을 '친일'의 혐의로 비판하기가 쉽지 않은 이유입니다(包羞).

비괘의 상황에 빠지면 자생적인 힘이 자랄 수 없기 때문에 변화는 어느 날 갑자기 옵니다(有命无咎, 疇離祉. 志行也). 비괘는 변화의 기초가 약한 상태에서 선물처럼 주어진 이런 변화를 하늘의 선물로 받아들이고, 망할 듯 망할 듯 불안한 가운데서도 서로 힘을 합쳐 뽕나무 뿌리처럼 견고한 새로운 사회를 건설하길 기원합니다(休否, 大人吉, 其亡其亡, 繫于苞桑).

그러나 선물도 진정 고마워해야 선물입니다. 지배세력들은 해방된 조선, 조국의 독립을 해방이 아니라 자신들이 가진 기득권의 해체라고 생각했기 때문에 선물이 아니라 재앙으로 받아들였습니다. 이처럼 자기반성을 하지 못한 그들은 결국 조선을 남북한으로 분열시킵니다.

비괘는 비괘의 억압을 끝내기 위해 노력한 사람들이 고통스러운 삶을 겪은 뒤에 기쁨을 누리길 기원합니다(傾否, 先否後喜). 그러나, 남북한 양쪽에서 중요한 지도자들은 암살되고 제거되어 나갑니다. 비괘의 폭력적인 억압으로 인해 무의식 중에 '스톡홀름 증후군'을 겪은 개인이나 사회는 상처가 치유되지 않으면 동일한 모순을 계속 반복합니다.
해방 이후 지금까지 독재와 자본의 지배, 미국의 지배 등이 계속되는 이유는 우리 사회가 해방 이후 식민지의 상처와 범죄를 제대로 해결하지 못했기 때문입니다.

■ 동인(同人) – 마음 모아 생태공동체를 만들자

생태 공동체에 사는 이유

독일의 사상가 슈타이너는 지구에 있는 모든 생명체는 우주와 이어져 있다는 생각을 했다. 그는 이 생각을 구체적인 현실에서 설명하기 위해 농업, 건축, 예술, 교육 등 다양한 관점으로 우주와 인간의 삶을 연결했다.

인간의 존재는 불가사의한 부분이 많다. 이성을 넘어선 영역에서 인간을 이해하기 위해서는 우주의 변화를 읽을 수 있어야 한다.

수많은 신비주의 영성가들이 21세기 인류는 물고기자리에서 물병자리로 변화되는 우주 순환 속에 들어간다는 이야기를 하고 있다. 이런 변화 과정에 우주의 거대한 에너지장을 통과하게 되고, 인류가 몇 차례 겪었던 대홍

수, 빙하기와 같은 극심한 기후 변화가 일어날 가능성도 있다.

선애마을은 인류가 진화하는 과정에 지구 규모의 거대한 변화에 휩싸이게
된다는 종말론적 예언과 함께 시작한다.
종말론적 예언을 인용하지 않더라도, 시장 지배 사회에서 인간의 삶이 억
압되고, 산과 강이 파헤쳐지고, 함께 살아가는 무수한 생명들의 신음소리
가 하늘을 찌를 정도가 되면 어디서라도 '이렇게 살아선 안 되지' 하는 자
성(自省)과 함께 사람들은 뭐라도 하게 되어 있다. 마음을 모아 새로운 삶
의 문을 여는 데(同人于門) 종말론이 도움을 준 것이지 종말론으로 인해 공
동체가 만들어지지는 않는다.

그러나 우린 너무 오랫동안 사적 욕망을 포기한 공동체의 삶을 살아보지
못했다. 신애마을 가족들도 생태공동체에 대한 의지는 강했지만, 또 그만
큼 오랜 삶의 관성이 있었다.
내 가족을 먼저 챙길 수밖에 없고(同人于宗, 吝), 우주적 존재로서 내 삶의
현실을 살아가는 일, '마음은 넉넉하게, 물질은 소박하게' 살아가는 일이 쉽
지는 않았다.

오래 지나지 않아 끼리끼리 마음 맞는 사람들끼리 모여서 지도자들에 대
한 불만과 뒷담화가 시작되었고, 공동체를 해석하는 눈들도 달랐다(伏戎于
莽, 升其高陵, 三歲不興). 서로가 서로에게 공격적이었고, 말 한 마디 한 마
디가 비수처럼 날아다녔다(乘其墉, 弗克攻).

그런 속에서 시간이 지나면서 한 사람, 한 사람, 우주적 존재로서 자신의 실존을 찾아내는 사람들이 생겨났다. 동인(同人)의 마음, 동심(同心)이 시작된 것이다(同人, 先號咷, 而後笑, 大師克相遇).

마음을 모은 그들은 단단한 쇠도 자를 정도로 예리하게 집중하는 힘을 가졌고, 그들이 입을 열면 난향(蘭香)이 은은하게 풍겨나 분열된 마음을 모을 수 있었다(二人同心, 其利斷金, 同心之言, 其臭如蘭).

선애마을 공동체 속에서 마을 가족들은 한 발 한 발 진화하여 우주적 가치인 맑고 밝고 따뜻함이 세상으로 퍼져가기 시작했다(天火 同人).

天火 同人.

우주적 근원(天)을 향해 합리적 이성(火)으로 마음을 모아간다.

同人于野, 亨, 利涉大川, 利君子貞. 唯君子爲能通天下之志.

넓은 들판에서 빈 마음으로 사람을 모은다. 형통하다. 큰 강을 건너는 것이 이롭다. 군자가 곧음을 지키니 이롭다. 군자가 가진 것은 하늘의 뜻과 통하는 것밖에 없다.

(아무것도 없는 곳에서 마음 하나 가지고 공동체를 만들어간다.)

天與火, 同人, 君子以類族辨物.

하늘의 기운이 위로 가고 불의 기운도 위로 가듯이, 동인의 군자는 같은 사람과 사물을 분별하여 모아들인다.

(공동체를 이루기 위해서는 같은 가치에 동의할 수 있어야 한다.)

‒

1. 同人于門, 无咎.

문 앞에서 사람을 모은다. 허물이 없다. 동문(同門)의 어원.

(가까운 사람들끼리 공동체를 시작한다.)

2. 同人于宗, 吝.

같은 무리나 종족, 혈연 집단 속에서 사람을 모은다. 옹색하다.

3. 伏戎于莽, 升其高陵, 三歲不興.

야심을 가진 사람들이 끼리끼리 모여 복병을 가시덤불 속에 숨겨놓고 높은 언덕

에 올라 정세를 살피며, 3년이 지나도록 군대를 움직이지 않는다.

(공동체의 분열과 뒷담화, 비협조 상태)

4. 乘其墉, 弗克攻, 吉.

성벽을 타고 앉아 공격하지 못한다. 길하다.

(승산 없는 싸움을 포기한다.)

5. 同人, 先號咷, 而後笑, 大師克相遇.

마음을 하나로 모은 사람들이 처음에는 울부짖다 나중에 웃는다. 큰 전쟁을 겪

고 서로 만난다.

(오랜 갈등이 지난 뒤에 서로를 이해한다.)

6. 同人于郊, 无悔. 志未得也.

동인에 참여하지 못하고 외곽에서 마음 맞는 이들과 지낸다. 후회할 것은 없다.

동인의 뜻을 이루지 못했다.

二人同心, 其利斷金, 同心之言, 其臭如蘭

사람이 동인의 마음을 모으면 그 날카로움이 쇠(金)를 자를 수 있고, 동심으로 하

는 말은 그 향기가 난향(蘭香)처럼 퍼져간다.

1년 정도 생태공동체 선애마을에서 마을 가족들과 생활을 함께했습니다. 《위기의 지구, 희망을 말하다》(이종민, 수선재출판사)라는 책이 선애마을에 대해 알게 된 첫 경험입니다. 이 책은 우주인과 채널링(영혼의 대화)을 통해 지구 위기와 인류가 살아갈 삶의 방향을 이야기하고 있습니다. 이와 더불어 인류는 진화 과정에서 우주의 변화 파장 속으로 들어가고, 그 과정이 지난 뒤에 새로운 지구와 신인류가 시작된다는 내용입니다.

이런 책은 대부분 종말론을 다루기에 별로 주목을 받지 못합니다. 그러나 저자인 이종민 선생은 오랫동안 시민사회운동에 참여한 시민활동가이자 지성인이었고, 무엇보다 선애마을 공동체 건설의 동기가 담겨 있었기에 꼼꼼히 읽었고, 그 내용에 동의할 수 있었습니다.

보는 사람의 시선에 따라 다르게 느껴지겠지만, 사실상 저는 종말론의 삶을 오랫동안 살았습니다. 전기 없이, 아이들을 공교육 학교에 보내지 않고, 스스로 농사를 지으며, 할 수 있는 한 조금만 쓰면서 살아온 이유는 세상이 망한다고 생각했기 때문입니다.

작은아이 본이가 태어나던 시기를 전후로 삶을 근원적으로 성찰하고 명

상을 시작했습니다. 둘째아이가 태어나는 걸 기다리며 아내와 함께 몸과 마음을 맑게 정화하는 노력을 했고, 그 시기에 저는 생각의 큰 변화를 경험했습니다.

이런 변화를 통해 세상을 보면 상상하기 힘든 것이 보이고, 세상 모든 슬픔에 공감하는 힘을 얻게 됩니다. 저는 30대 초반에 인류가 겪게 될 위기의 대부분을 보게 되었습니다. 하지만 이런 것은 아주 특별한 사람들이 겪는 일이 아닙니다. 생태주의 잡지인 《녹색평론》에서는 일상적으로 하는 이야기입니다.

'우리에게 과연 내일이 있는가?' 라는 말로 시작하는 녹색평론 창간사는 거의 종말론을 기조로 하고 있다고 봐도 크게 틀리지 않습니다. 종말론은 지구 생명과 공감능력을 갖게 되면 누구나 가지는 생각입니다.

동인괘는 '천화 동인'(天火 同人)의 형상을 가지고 있습니다. '하늘'(天)은 우주의 기운을 상징하고, '불'(火)은 합리적 이성과 문명을 상징합니다. '합리적 이성의 힘으로 우주적 근원을 찾아 마음을 모아가는 노력'이 동인(同人)입니다.

대부분의 생태공동체는 인간과 우주의 근원적 가치를 현실에서 실현하는 걸 목표로 합니다. '사랑, 자비, 빛, 영성, 무소유, 생명평화, 여성성, 모든 생명의 하나 됨, 위계 없는 평등' 이런 이상은 이 땅의 현실이 아니라 우주적 가치입니다.

우주의 에너지가 결집된 인간의 영혼은 이런 우주적 가치를 찾고 경험하기 위해 이 땅에 태어납니다(同人于野, 亨, 利涉大川, 利君子貞. 唯君子爲能通天下之志).

선애마을은 '밝게, 밝게, 따뜻하게' '마음은 넉넉하게, 물질은 소박하게'를 이상으로 합니다. 조금씩 언어 차이는 있지만 모든 생태공동체는 같은 꿈을 가집니다. 이렇게 하늘 꿈을 가진 사람들이 모인 공동체만큼 힘든 곳이 없습니다.

동인괘는 공동체에서 일어나는 일을 다 담고 있습니다.

처음 시작할 때 즉 '동문'(同門)에 들어갈 때는 좋습니다(同人于門). 같은 마음을 가진 친구들과 함께 살면서 우주 가치를 함께 경험한다는 건 설레는 일입니다. 그러나 하늘 뜻을 실현하자는 곳에도 여전히 가족 이기주의가 살아있고(同人于宗), 공동체 지도자들을 무너뜨리기 위해 별별 짓들을 다합니다.

공동체 운동과 관련된 여러 책과 자료를 보면, 공동체 지도자들이 내부 구성원들에게 어떤 공격을 당하는지, 분파가 나뉘어 어떻게 고통을 주고받는지 하는 내용들이 많습니다. 대부분의 공동체는 이 과정을 못 이기고 사라집니다. 동인괘는 그런 모습을 '가시덤불 속에 군대를 숨겨두고 공격할 기회를 기다린다(伏戎于莽, 升其高陵, 三歲不興)' '담장 위에 올라서서 공격하려다 기회를 잡지 못하고 마음을 되돌린다(乘其墉, 弗克攻,)'라고 표현했습니다.

지금은 조금 거리를 두고 선애마을을 바라보는 입장이지만, 선애마을에 있으면서 동인괘를 읽을 때는 정말 뒷골이 서늘했습니다.

동인의 마음은 보통 마음이 아니어서, 일반적인 상황에서는 일어나지 않습니다. 사회가 꽉 막히고 희망이 없을 때 일어납니다.

동인괘는 주역의 13번째 괘인데, 12번째 괘는 모든 곳이 꽉 막힌 사회를 상징하는 비괘(否卦)입니다. 모든 곳이 꽉 막히고 나면 사람들은 마음을 모아 새로운 가능성을 찾습니다(天與火, 同人, 君子以類族辨物).

일제 식민지배로 꽉 막힌 조선에서 만주로 떠난 많은 조선인들은 마을 공동체 단위로 독립운동을 했습니다. 군사독재 시대에는 뜻을 같이 하는 사람들이 농촌공동체 운동과 빈민공동체 운동을 일으켰습니다. 허병섭, 김진홍, 제정구 이런 분들이 1970년대와 1980년대를 대표하는 공동체 운동가들입니다. 우리 시대의 공동체 운동은 시장만능사회의 인간성 파괴를 고발하고, 자연과 생명의 소중함을 자각하는 생태공동체 성격을 가지는 경우가 많습니다.

각 시대마다 성격과 지향은 다르지만, 공동체 운동이 힘을 얻는 공통된 배경은 사회적 억압입니다. 일정 한계 이상의 억압 상태를 벗어나 새로운 희망을 일구기 위해 힘을 집약하고 예리하게 단련할 때 공동체가 생겨납니다(二人同心, 其利斷金). 공동체를 읽으면 그 시대를 읽을 수 있습니다.

■ 대유(大有) – 선물을 나누는 사회

순천휴명(順天休命), 큰 부자의 마음

어느 시대든 그 시대를 상징하는 부자가 있다(大有, 元亨).
그냥 돈이 많은 게 아니라 시대적 상징이 되기 위해서는
돈에 마음을 담을 수 있어야 한다(與人同者, 物必歸焉).

큰 부자는 내 것이라는 게 없다.
하늘을 따르기 위해
재산을 선물처럼 관리한다고 생각한다(順天休命).
조선 최고의 부자였던 우당 이회영 선생이
모든 재산을 팔아 만주에 신흥무관학교를 세우고

독립운동을 하다 굶주려 죽은 것은
그가 큰 부자였기에 가능했던 일이다.

큰 부자는 중심에 있지만
중심을 비운다(大有, 柔得尊位大中, 而上下應之, 曰大有).
큰 부자의 경영전략은 허브 플랫폼 구성이다.
허브 플랫폼은 중심을 비워야 성공할 수 있다.
누구나 자유롭게 꿈꾸고 소통하는 허브 플랫폼은
대유(大有)가 아니면 불가능하다.
세습 경영을 하는 한국의 재벌은 대유가 될 수 없다.

큰 부자는 거짓이 없다(自天祐之, 吉无不利).
큰 부자는 스스로 자신을 속이지 않는다.
'또 하나의 가족, 삼성'. 이 말을 누가 믿겠는가.

큰 부자는 하늘이 낸다.
큰 부자가 있으면 세상이 밝아진다(火在天上, 大有).

大有, 元亨.

큰 부자의 마음을 가지면 두루 두루 형통한다.

大有, 柔得尊位大中, 而上下應之, 曰大有. 其德剛健而文明, 應乎天而時行, 是以元亨.

큰 부자는 중심에 서서 부드럽게 자기 역할을 하므로 아래 위 없이 서로 소통하는 플랫폼 역할을 한다. 강하면서도(天) 밝고(火) 매력적이어서 세상이 변화하는 적절한 시점을 알고 일을 벌이기에 크게 형통한다.

火在天上, 大有, 君子以遏惡揚善, 順天休命.

대유의 군자는 하늘에 높게 뜬 태양처럼 밝아서 나쁜 일에 손대지 않고, 좋은 일을 사업으로 키워간다. 하늘에 순응하고 누구나 삶의 즐거움을 선물처럼 누리는 사회를 위해 노력한다.

–

1. 无交害, 匪咎, 艱則无咎.

사귀는 것이 해롭지 않다. 허물이 아니다. 어려움을 견디면 허물이 없다.

(돈이 있다고 해서 아무나 사귀지 말고, 젊을 때는 고생하는 게 좋다.)

2. 大車以載, 有攸往, 无咎. 積中不敗也.

큰 수레에 싣고 멀리 가니 허물이 없다. 적절하게 실었기에 실패하지 않는다.

(규모가 있는 큰 사업을 벌이지만 미래 전망과 현실전략, 윤리성을 두루 갖추었으므로 성공한다.)

3. 公用亨于天子, 小人弗克. 小人害也.

공(제후)이 향연을 베풀어 천자를 모신다. 소인은 감당할 수 없고 해롭다.

(국가적 규모의 사업이나 영향력 있는 사람과 만나 일을 벌인다. 이기적인 욕심

을 가진 사람은 공공을 위한 국가 규모 사업을 할 수 없다.)

4. 匪其彭, 无咎. 明辯晢也.

더 이상 확대하지 않는다. 허물이 없다. 지혜롭고 밝게 분별하기 때문이다.

(사업을 확대하지 않고 지혜롭게 조정한다.)

5. 厥孚交如, 威如, 吉. 信以發志也, 易而无備也.

믿음으로 만나고, 위엄을 가진다. 길하다. 신뢰는 공동 가치와 비전에서 생겨난

나. 그래서 특별한 대비가 없어도 쉽게 권위를 가질 수 있다.

(경영의 목표를 이익이 아니라 공동 가치와 비전에 두므로 각자가 최선을 다한다

는 믿음이 있다. 경영자가 권위를 가지기 위해 특별한 걸 할 필요가 없다. 기업 비

전이 곧 기업의 가치다.)

6. 自天祐之, 吉无不利.

하늘은 스스로 돕는 자를 도우니, 조금도 불리할 것이 없고 길하다.

대유괘는 '진정한 의미의 부유함은 무엇인가?'를 성찰하는 내용을 담고 있

습니다. 13번째 동인괘에서 '이상적 가치를 향해 함께 마음을 모아가는 노

력'을 다룬 뒤에 물질적 풍요를 다루는 의미는 마음과 물질이 만나 서로 짝

을 이룬다는 생각 때문입니다(與人同者, 物必歸焉).

주역은 늘 대립되거나 이어지는 내용이 두 개씩 짝을 이루어 하나의 흐름

을 만듭니다. 하늘(乾)과 땅(坤), 물(坎)과 불(離), 전쟁(師)과 평화(比), 마음(同人)과 물질(大有) 이런 식의 짝입니다.

동인과 대유의 흐름을 통해 부자들은 부자가 되기 위해 서로 협력하는 것이 얼마나 중요한지 알고 있습니다. 부자들이 국제고나 과학고처럼 가난한 아이들과 분리되는 그들만의 교육구조를 만드는 이유는 그들끼리의 협동구조를 만들기 위해서입니다. 이뿐만 아니라 부자들은 각종 혈연과 지연, 학연으로 끈끈하게 이어져 서로 돕고 있습니다.

가난한 사람들이 가난한 이유는 자기를 넘어 이웃과 함께 미래를 구상할 힘과 능력이 약하기 때문입니다. 제가 농민운동의 과제로 농민도서관을 만들고 끊임없이 공부 프로그램을 만든 이유도 협동을 하기 위한 '기초체력'을 키우고 싶었기 때문입니다.

그러나 부자들이 모르는 게 있습니다. 서로 협동하는 마음은 외부에서 만들어줄 수 있는 게 아닙니다. 협동하는 마음은 내면에서 올라와야 하므로 특목고 같은 곳에서 쉽게 동심(同心)을 찾아내지 못합니다. 혈연과 지연, 학연으로 맺어지면서 각종 이권과 투기를 통해 함께 잘살게 될지는 모르지만, 대유괘가 상징하는 '진정한 의미의 부유함'에 다다를 수는 없습니다. 대유(大有)는 그렇게 작은 구조에서는 만들어지지 않습니다. 대유가 되기 위해서는 삶의 고통과 어려움을 내면화하고 있어야 합니다(艱難). 진정한 명문가에서 어린 자녀들에게 돈 쓰는 걸 어렵게 하고, 힘든 과제와 봉사활동을 꾸준히 시키는 이유는 돈과 마음을 잇기 위한 기본 훈련을 시키기 위해서입니다(无交害, 匪咎, 艱則无咎).

대유는 큰 기획을 가지고 있습니다.

'누구나 삶의 즐거움을 선물처럼 누리는 사회'(順天休命)와 같은 것이 대유의 비전입니다(火在天上, 大有, 君子以遏惡揚善, 順天休命). 대유의 사업은 이익을 목표로 하지 않습니다. 이익은 부수적으로 따르는 것일 뿐입니다. 대유의 사업은 누구나 자기 사업을 통해 꿈을 실현할 수 있도록 기반을 만드는 것입니다. 페이스북처럼 허브 플랫폼 역할을 하는 사업을 상상해보세요(厥孚交如, 威如, 吉. 信以發志也, 易而无備也).

시대마다 각 시대를 상징하는 기업이 있는데, 21세기 초반을 상징하는 기업은 누가 봐도 페이스북입니다. 저크 주커버그는 페이스북을 경영하는 것이 아니라 '더욱 개방되고 연결된 세상을 만든다'는 페이스북의 비전을 경영합니다. 전형적인 대유의 전략인 비전 중심 허브 플랫폼 경영입니다.

▥ 겸(謙) – 겸허하게 낮춘다

율곡과 퇴계의 만남

어머니 사임당의 죽음은 16세 청소년 율곡에게 어머니와 스승, 친구 셋을 한꺼번에 잃는 것과 마찬가지였다. 그는 3년간 시묘살이를 하면서 '죽음'이라는 문제를 고민했지만, 답을 찾지 못했다. 한 발짝도 앞으로 나갈 수 없는 벽 앞에 서 있는 것 같았다.

금강산에 들어가 세상 인연을 끊고 불교 공부를 하기도 했다. 그런 깊은 성찰 과정을 통해 율곡은 어머니가 그분이 오셨던 곳, 고향으로 돌아가셨다는 것을 받아들일 수 있었다. 이 벽을 넘고 나자 세상과 마주 설 수 있었다. 율곡이 조선의 지식체계인 성리학을 넘어 자유로운 생각이 가능했던 것은 어머니를 통해 죽음이라는 문제를 깊이 성찰하며 깊어졌기 때문이었다.

율곡은 늘 만나고 싶었던 퇴계 선생을 찾아 안동으로 갔다. 이미 알고 있던 대로 퇴계 선생은 마음이 가난하고 겸손한 분이었다(謙謙君子, 用涉 大川, 吉. 卑以自牧也). 조선 최고의 지식인으로 한양에서 최고 수준의 인재들을 가르쳐도 될 분이었지만 고향 마을에 세 칸 초가집을 짓고 아이들을 가르치고 있었다(鳴謙, 貞吉).

두 사람은 사흘 밤낮을 같이 먹고 자며 한 방에서 지냈다. 50대의 대학자 퇴계는 20대 청년 율곡에게 배운다는 마음을 가졌다. 율곡은 퇴계 선생과 이야기를 나누며 스스로 마음을 내려놓고 따르고 싶은 사람이 어떤 사람인지 느낄 수 있었다(勞謙, 君子有終, 吉. 萬民服也).

퇴계 선생이 집중하는 공부 과제는 지식인들이 나아감과 물러섬을 동시에 쓸 수 있어야 한다는 것이었다. 나갈 줄만 알고 물러설 줄 모르기에 권모술수와 권력 투쟁에 휘말리고, 정치가 폭력이 된다고 생각했던 것이다. 호를 '퇴계'라고 지은 것도 '물러섬'을 화두처럼 잡고 싶었기 때문이었다(无不利, 撝謙. 不違則也).

문제는 물러섰을 때 있을 자리였다.

서당에 아이를 맡기는 부모들의 요구는 오직 과거시험 준비였다. 나아가는 것만 요구했다. 퇴계 선생과 학부모들 사이에는 늘 긴장과 갈등이 맴돌았다(不富以其鄰, 利用侵伐, 无不利).

퇴계 선생은 과거시험을 목표로 하지 않는 공부, 성리학의 본성 공부를 가르치고 싶었다. 채우는 것이 아니라 비우는 공부, 존경받길 원하면 겸손하게 자기를 낮추고 실력을 연마하는 공부, 사람나운 사람으로 성장하는 공부를 가르치고 싶었다(天道下濟而光明, 地道卑而上行. 天道虧盈而益謙, 地道變盈而流謙, 鬼神害盈而福謙, 人道惡盈而好謙. 謙尊而光, 卑而不可踰, 君子之終也).

사흘 밤낮을 율곡과 퇴계 선생은 사랑하는 남녀가 운우지정(雲雨之情)을 나누는 것과 같은 기쁨을 누렸다. 벗이 먼 길을 찾아와서 즐기는 기쁨이었다. 두 사람은 마치 높은 산이 땅 아래로 들어가 함께 솟아나는 것 같은 기분을 즐겼다(地中有山, 謙, 君子以裒多益寡, 稱物平施).
퇴계 선생의 낮추고 받아들이는 겸허한 마음이 율곡을 키웠다(謙, 亨, 君子有終).

謙, 亨, 君子有終.
형통하다. 군자는 끝이 있다.
(끝이 아름답고 여운이 있다.)

天道下濟而光明, 地道卑而上行. 天道虧盈而益謙, 地道變盈而流謙, 鬼神害盈而福謙, 人道惡盈而好謙. 謙尊而光, 卑而不可踰, 君子之終也.
하늘은 아래로 흘러 빛나게 하고, 땅은 스스로를 낮춰 위로 갈 수 있다. 하늘은 가득 찬 것을 덜어내어 겸손함에 더해주고, 땅은 가득 찬 것을 변화시켜 겸손으로 흐르게 한다. 귀신의 조화는 가득 찬 것을 해롭게 해서 겸손에 복을 주고, 사람의 도리는 가득 찬 것을 미워하고 겸손을 좋아한다. 겸손할수록 빛나고 존경받으

126

며, 자기를 낮춘다고 해서 무시당하지 않는다. 겸손한 군자는 그 끝이 아름답다.

地中有山, 謙, 君子以裒多益寡, 稱物平施.
땅 아래에 산이 있는 것처럼 겸의 군자는 많은 것에서 덜어내어 부족한 것을 메움
으로써 평평해지도록 돕는다.

–

1. 謙謙君子, 用涉 大川, 吉. 卑以自牧也.
낮아지고 또 낮아진다. 강을 건너 새로운 세계로 들어간다. 길하다. 낮은 곳에
서 자기를 기른다.
(마음이 가난하고 겸손한 사람은 새로운 세상, 천국을 보게 된다.)

2. 鳴謙, 貞吉.
겸손한 마음이 알려진다. 바름을 지켜 길하다.
(겸손하고 훌륭한 분이라는 소문이 난다.)

3. 勞謙, 君子有終, 吉. 萬民服也.
노력과 정성을 다하고 겸손하다. 그의 끝이 아름답다. 많은 사람이 복종하고 따
른다.
(공로가 많은 지도자이지만 자기 공로를 내세우지 않는다. 사람들은 그 마음을
알기에 스스로 복종하고 따른다.)

4. 无不利, 撝謙. 不違則也.

어느 자리에 있더라도 베풀고 겸손하기에 불리할 게 없다. 사회 규칙에 어긋나지 않는다.

5. 不富以其鄰, 利用侵伐, 无不利.

자신이 많이 가진 것을 이웃과 나누지 않는 이들에게 본때를 보여줘도 불리하지 않다.

6. 鳴謙, 志未得也, 利用行師, 征邑國.

겸손함이 알려지지만 자신을 완전히 조절하지는 못한다. 군대를 이용하여 작은 나라를 정복한다.

(겸손의 자기 조절에 실패하고 폭력적인 방법으로 문제를 풀지만 영향력이 크지 않다.)

겸괘는 자기를 낮추는 겸손한 삶의 의미에 대한 이야기입니다. 겸은 산처럼 높은 것(山)이 땅보다 더 아래로 낮아지는(地) 형상을 가지고 있어서 지산겸(地山謙)이라고 읽습니다.

퇴계 선생은 겸을 상징하는 인물 중 한 사람입니다. 조선 최고의 유학자였지만 고향마을 온계동에 돌아와 시냇가 옆에 계상서당을 열었습니다. 친척과 주민들의 코흘리개 아이들을 모아 당시로서는 가장 혁신적인 주자교육론, 성학(聖學)을 가르치고 싶어 했습니다. 그러나 아이들도 엄마들도 성리학의 그 깊은 철학적 의미와 자기 성찰을 이해할 수 없었습니다.

안동에 가면 퇴계고택 옆 계상서당에 꼭 가보는데, 거기에 서면 생각만 해도 재미있습니다. 퇴계 선생의 대학생 수준 강의를 듣는 어린 학생들은 질문도 제대로 못했을 겁니다. 아! 정말 힘들었겠구나. 서로 서로. 퇴계 선생 같은 훌륭한 분이 농촌 마을에 와서 아이들을 가르친다는 소식을 듣고 아이를 보냈더니 과거시험 준비는 안 하고 엉뚱한 철학적 토론만 한다며 비난하는 모습도 보입니다.

산처럼 높은 마음을 겸허하게 낮춘 겸의 군자를 현실 세계인 땅에 발붙이고 사는 사람들이 받아들이는 건 쉬운 일이 아닙니다. 산(지식인)이 땅(민중) 밑으로 들어가면 땅은 불편합니다(地中有山, 謙). 뒤에 여러 사람이 힘을 모아 도산서당을 크게 열었지만 퇴계 선생이 꿈꾸던 공부의 지향을 실천하는 건 늘 어려웠습니다(不富以其鄰, 利用侵伐, 无不利). 퇴계 선생은 과거시험을 준비하는 수험생이 아니라 자기완성을 추구하는 선비를 키우고 싶었지만, 선생의 뜻을 이해하는 사람이 많지 않았습니다.

그런 중에 만난 20세 청년 율곡은 50대의 퇴계 선생을 놀라게 했고, 그와 며칠 함께 이야기를 나눈 뒤 그 기쁨을 노래한 시가 〈율곡의 방문〉입니다. 50대의 대학자가 갓 20세 청년 율곡의 이야기에 깊이 귀를 기울이고, '그와 이야기하고 나니 새로운 게 보였다'고 말하는 건 겸이 몸에 배어 있기에 가능한 일입니다(无不利, 撝謙. 不違則也).

예로부터 이 공부는 세상이 놀랄 질문을 찾아내는 길. (從來此學世驚疑)
이익을 좇아가는 경서 공부에 길은 더욱 멀어지네. (射利窮經道益難)
고맙구나 그대여. 홀로 뜻을 세워 깊이까지 가겠구나. (感子讀能深致意)
그대와 나눈 대화 속에서 새로운 가능성을 찾았다네. (令人聞語發新知)

이렇게 동네 코흘리개들을 만나면서 어떻게 하면 성리학의 깊은 세계를 쉽게 이해시킬 수 있을까 고민한 결과가 《성학십도》입니다.

10장의 그림만 이해하면 누구나 성리학의 본질을 삶을 통해 실천할 수 있도록 만든 개념도입니다. 《성학십도》를 통해 퇴계 선생은 성리학의 완성자가 됩니다.

《성학십도》는 퇴계 선생이 서울에서 말 잘 듣고 똑똑한 아이들만 가르쳤으면 결코 도달하지 못할 세계였습니다. 이런 작품은 가장 높이 간 사람이 자기를 비워 아이들도 이해하도록 가장 낮은 곳에 마음을 뒀을 때 가능한 작업입니다(勞謙, 君子有終, 吉. 萬民服也).

톨스토이 같은 대문호가 말년에 러시아 민간 설화를 모으고, 동화를 쓴 것과 비슷합니다.

주역 제16괘

▥ 예(豫) – 기쁨을 누리자

행복이란 무엇인가?

고대 그리스에는 세 개의 명문 학교가 있었다. 아카데미아, 리케이온, 더 가든.

아카데미아는 아테네 시민의 자존심이었다.
플라톤은 자유와 민주주의를 삶에서 실현하기 위해 어떤 마음과 자질을 갖추고 있어야 하는지 알았다. 음악과 체육, 철인정치를 실현할 수 있는 이데아의 가치, 무지에 대한 자각, 정치적 토론 능력. 아테네 시민들은 플라톤의 아카데미아에서 그들이 꿈꾼 이상세계의 한 부분을 볼 수 있었다.

마케도니아 출신의 아리스토텔레스는 플라톤의 수제자였고, 동시에 가장 논쟁적인 도전자였다.

플라톤이 꿈꾼 철인들에 의한 이상 정치에 대해 아리스토텔레스는 현실을 읽지 못한 공허함을 느꼈고, 그는 구체적인 현실 관찰, 실험을 중요하게 생각했다.

플라톤은 형이상학의 정치학과 철학을 다루었고, 아리스토텔레스는 형이하학의 실험, 관찰을 통한 논리학을 주장했다. 이런 대립에도 불구하고 이들을 이어주는 가치는 '행복이란 무엇인가?'라는 질문이었다. 그리스 철학의 중심 주제는 행복이었다.

플라톤의 죽음 이후 아카데미아의 학장은 누구나 아리스토텔레스가 될 것이라고 생각했지만, 플라톤의 제자들은 야만인처럼 취급했던 마케도니아 출신의 아리스토텔레스를 지도자로 받아들일 수 없었다. 아카데미아는 아테네 시민의 자존심이었고, 위대한 스승 플라톤에게 끝없이 논쟁적 도전을 일삼던 아리스토텔레스의 현실적 논리학을 그들이 꿈꾼 이상세계의 가치로 받아들이기도 힘들었다.

자유와 민주주의로 포장하고 있었지만, 아카데미아는 노예제와 여성 차별, 지역 차별을 내면화하고 있었고, 새로운 생각에도 열려 있지 못했다.

마케도니아의 필리포스2세는 알렉산더가 정복전쟁을 이끌 내적 자질을 가졌다는 것을 알고 있었다. 그는 알렉산더에게 세계제국을 이끌 힘을 키워주기 위해 존경하는 아리스토텔레스를 왕자의 스승으로 모셨다. 알렉산더는 아리스토텔레스의 지도를 받으며 야수 같은 정복기계의 심성을 넘어 세계제국을 이끌 철학적 판단력을 갖추기 시작했다.

알렉산더는 마케도니아에 대한 반감으로 아카데미아에서 쫓겨난 스승 아리스토텔레스를 위해 '리케이온'을 설립했다. 엄청난 자금이 투입된 리케이온은 철학과 정치학 중심의 아카데미아에 대응해 실험과 관찰이 가능한 자연과학 전문대학을 지향했다.

그리스 청년들은 그들의 자존심인 아카데미아와 최고의 교수진과 시설을 갖춘 리케이온 사이에서 갈등해야 했다. 그러나 그리스 민족주의에 기반한 아카데미아는 이미 시대를 읽는 눈을 잃고 있었고, 알렉산더의 힘과 아리스토텔레스의 지혜가 더해진 리케이온을 당할 수 없었다.

알렉산더가 30세의 나이에 그렇게 일찍 죽지만 않았다면, 리케이온은 알렉산더의 정복 전쟁을 통해 그리스와 페르시아, 중앙아시아 문화가 융합된 헬레니즘의 정신적 기반이 되었을 게 분명했다.

그리스인의 자유 열망과 대립했던 리케이온은 알렉산더의 죽음과 함께 몰락했고, 리케이온에 보관되어 있던 아리스토텔레스의 저작들도 대부분 분실되었다. 아테네인들이 꿈꾼 형이상학적 이데아의 행복도, 형이하학적 실험과 관찰의 논리학과 자연과학의 행복도 그들의 의식을 통합하지 못했다. 그리스는 도시에서 세계로 의식이 전환되는 과정에서 변화에 실패했다(利建侯行師).

아카데미아와 리케이온의 거대한 실험이 끝나자 사람들은 행복은 그런 높은 '철인들의 세계'가 아니라 술 먹고 노래하고 춤추는 것이라고 생각했다(鳴豫).

힘을 가진 권력자들의 의지에 의해 삶이 하루아침에 요동치는 걸 경험하면서 지식인들은 권력에 붙어서 자기를 돌아보는 힘을 잃었다(盱豫悔, 遲有悔). 나아갈 길과 방향을 잃은 그리스인들은 향락에 빠져 아무 생각도 할 수 없었다(冥豫).

그리스 철학자들은 마케도니아의 폭력적 지배 속에서 삶의 활력을 잃고 욕망을 통한 향락에 빠진 그리스인들에게 '다시 한 번' 행복의 의미를 설명해야 할 의무가 생겼다.

에피쿠로스는 이 상황을 주시하고 있었지만 아테네에서 다시 그 일을 할 수 없다는 것을 직감적으로 느꼈다. 그는 지중해의 레스보스 섬과 작은 도시국가 람프사쿠스에서 더 가든(정원)을 열고 아카데미아와 리케이온에서 하지 못했던 교육적 실험을 기획했다. 계급과 차별의식을 가진 아카데미아의 한계를 넘기 위해 여성과 노예, 그리스 밖 제3세계 청년들도 공부할 수 있게 했다.

아카데미아의 시민교육에 대응해 세계시민의식을 교육에 담았다. 차별을 전제로 한 교육으로는 행복해질 수 없고, 행복하지 않은 사람들은 사려 깊고 아름다우며 지혜롭고 정직한 삶을 살 수 없다고 생각했다. 에피쿠로스학파는 여성과 노예를 정식 제자로 받아들인 첫 번째 그리스 지식 공동체가 되었다.

에피쿠로스의 행복과 기쁨에 대한 재해석은 당시의 시대정신인 헬레니즘의 의미와 이어졌다. 지중해 각지에서 청년들이 찾아왔고, 더 가든은 세계

대학으로 성장했다(由豫, 大有得, 勿疑, 朋盍簪).

리케이온의 국가와 자본 중심의 과학적 교육론에 대응해 더 가든은 자율성과 자발성을 지향했다.

빈약한 시설이었지만, 레스보스 섬과 지중해의 자연을 교실로 삼아 자연 속에서 삶을 즐기며 관찰하고 성찰하는 에피쿠로스의 교육은 무력감에 시달리던 그리스 정신세계에 활력을 회복시켰다.

알렉산더의 폭력적 지배에 거칠게 저항하며 권력을 빈껍데기처럼 바라보고 허무의 철학을 실천한 디오게네스에게서 동질감을 느끼지 못하던 그리스인들도 열린 세계의식과 철학적 성찰 능력을 키운 에피쿠로스의 '아타락시아' 사상에는 매료되었다.

길을 찾아 방황하던 그들은 다시 기쁨을 회복하였고, 에피쿠로스의 '아타락시아'(ataraxia)와 제논의 '아파테이아'(apatheia) 사이에서 철학적 균형을 찾아가기 시작했다(介于石, 不終日). 그리스 정신이 로마와 중세, 근대 자유주의와 공리주의, 개인의 행복추구권 사상으로 이어지는 힘을 회복한 것이다(恒不死).

利建侯行師.

제후를 세우고 군대를 움직이는 것이 이롭다.

(전문가에게 역할을 맡기고, 견고한 방어체계를 갖추어야 한다.)

雷出地奮, 豫, 先王以作樂崇德, 殷薦之上帝, 以配祖考.

우레가 땅에서 분출되어 나오는 것처럼 강한 에너지가 솟구칠 때 예의 옛 임금은 이런 에너지를 잘 조절하기 위해 그 에너지를 음악으로 만들어 도덕적 힘으로 전환하고 하늘과 조상에 제사 드리며 감사하는 삶의 계기로 만든다.

(기쁨의 에너지를 방탕하게 쓰지 않고 예술과 음악, 문화로 승화시킨다.)

1. 鳴豫, 凶. 志窮凶也.

떠들썩하게 즐거워하니 흉하다. 생각이 막혔기 때문이다.

(자기 좋은 것밖에 모른다.)

2. 介于石, 不終日, 貞吉.

바위처럼 굳세어 기쁨이 하루에 끝나지 않는다. 곧으면 길하다.

(마음이 들떠서 좋았다 싫었다 하지 않고 기쁨을 바위처럼 오래 이어간다.)

3. 盱豫悔, 遲有悔.

아첨하며 즐거워하니 후회하게 된다. 지체하면 후회한다.

(여기저기 추파를 던지며 기회를 잡아 즐기려고 한다. 자기 분수를 모르는 행동은 그치는 게 좋다.)

4. 由豫, 大有得, 勿疑, 朋盍簪. 志大行也.

기쁨의 근원이 되니 크게 얻음이 있다. 의심하지 않으니 친구들이 비녀에 묶인 머리카락처럼 하나로 합쳐진다. 뜻을 크게 펼칠 수 있다.

(그가 있으면 누구에게나 기쁨을 준다. 친구들이 그와 함께 있고 싶어 하고, 함께 일을 성취하고 싶어 한다.)

5. 貞疾, 恒不死.

꿋꿋이 질병에 대처하니 오랫동안 죽지 않는다.

(지나친 향락으로 생긴 문제에 잘 대처해낸다.)

6. 冥豫成, 有渝无咎.

향락에 빠져 아무 생각이 없게 되었다. 변화가 생겨 허물이 사라진다.

그리스 철학의 핵심 주제어는 행복입니다. 그리스 철학자들이 자연을 관찰하고, 논리학과 기하학을 만들어내고, 그리스 민주주의의 철학적 기반을 만든 이유는 '인간은 어떤 조건에서 행복할 수 있는가?'에 대한 탐구 때문이었습니다.

탈레스와 소크라테스에서 시작하는 그리스 철학의 최종 단계가 에피쿠로스와 제논입니다. 에피쿠로스는 그의 시대정신인 헬레니즘의 의미를 이해했고, 활력을 잃은 그리스 정신에 다시 내면으로부터의 기쁨을 회복시키고 싶어 했습니다.

'아타락시아'는 흔히 '쾌락'(快樂)으로 해석하지만 조금 더 깊이 이해하면 내면에서 올라오는 희열을 포함한 '희락'(喜樂)으로 읽는 것이 좋습니다.

에피쿠로스는 오랫동안 이단적 사유로 억압되다 근대 산업혁명과 함께 회복되었습니다. 벤담의 '최대 다수의 최대 행복'은 에피쿠로스의 화려한 부활이었고, 미국 독립선언문에서도 '개인의 행복추구권'을 권리로 보장합니다.

에피쿠로스의 정신에서 회복시켜야 할 중요한 가치 가운데에는 세계시민의식과 자율적 학습능력도 있습니다. 에피쿠로스의 정원(더 가든)에서 이름을 가져온 인문학공동체 다중지성의 정원은 에피쿠로스의 '자율적 학습능력'을 현대적으로 재해석한 경우입니다.

겸괘(謙卦)는 자신이 가진 내면의 힘을 밖으로 드러내지 않지만 그 힘을 알아보는 사람들이 조금씩 생겨납니다. 예괘(豫卦)는 겸괘의 수동적인 입장이 아니라 적극적으로 누구나 삶의 기쁨을 누릴 수 있도록 자신의 에너지를 밖으로 드러냅니다.

예괘는 삶의 축제입니다(先王以作樂崇德, 殷薦之上帝, 以配祖考). 그런데, 삶의 축제를 대하는 예괘의 마음은 예사롭지 않습니다. 예괘의 괘사인 '제후를 세우고 군대를 움직이는 것이 이롭다'(利建侯行師)를 우리 시대의 언어로 풀어보면 '전문가에게 역할을 맡기고, 견고한 방어체계를 갖추어야 한다'입니다. 즉 기쁨이 가져올 수 있는 방탕과 향락, 탐욕에 대한 경계의 의미를 가집니다.

예괘의 상황이 와서 삶이 축제처럼 되면 들뜨는 경우가 많고, 좋은 게 좋은 거라는 생각이 생겨나기 쉽습니다. 행복하고 즐거우면 좋은 거 아니냐는 거죠(鳴豫, 凶. 志窮凶也). 이런 상황에 제대로 대응하지 못하면 비합리적인 결정들이 횡행합니다.

권력의 탐욕과 부정부패는 비전문가들이 자기 하고 싶은 대로 할 때 생깁니다. 예는 사회기강을 관리하는 일이기도 하지만 근원적으로는 자기를 관리하는 일입니다. 예(豫)라는 말 자체가 '거울에 비친 자기 모습을 보고 미리 알아처리는 것'입니다.

공자님의 주역 에세이인 《계사전》에서는 '예괘'에 대한 이런 내용이 담겨 있습니다.

"문을 겹으로 하고 딱따기를 치며 폭객을 경계하라."(重門擊柝, 以待暴客)

폭객(暴客)이라는 말, 재미있죠? '강도'라는 말조차 없던 그 시절에 강도를 손님처럼 생각한 것입니다. 옛 어른들은 '오지 말아야 할 것'이 왔을 때 '손님'이 왔다고 생각했습니다. 잠시 왔다가 가길 바라는 마음입니다.

■ 수(隨) – 믿음으로 따른다

나와 당신이 따르는 길이 다를 때

내가 따르는 길과 당신이 따르는 길이 다를 때,

정의와 정의가 충돌할 때,

다시 말해 정의라고 이름 지어진 것들이 충돌할 때.

정의를 따르는 그대.

쉬어라.

침묵하고 명상하라(澤中有雷, 隨, 君子以嚮晦入宴息).

隨, 元亨, 利貞, 无咎.

크게 형통하니 곧음을 지켜 허물이 없다.

澤中有雷, 隨, 君子以嚮晦入宴息.

연못 속에서 우레가 진동할 때, 수(隨)의 군자는 어두워지면 들어가 편안히 쉰다.

(자기 안에서 엄청난 회심의 변화를 경험한 사람은 그 충격이 안정될 때까지 재

충전하는 시간이 필요하다.)

—

1. 官有渝, 貞吉, 出門交有功.

(지금까지 살아온 방식에서) 마음의 변화가 시작되니 곧은 마음을 가지면 길하

다. 문을 나가 (넓게 공개된 영역에서) 사귀면 성공하게 된다.

2. 係小子, 失丈夫. 弗兼與也.

아이를 따르면 어른을 잃는다. 둘을 함께 섬길 수는 없다.

(작은 가치를 따르면 새롭고 큰 가치를 잃는다.)

3. 係丈夫, 失小子, 隨有求得, 利居貞.

어른을 따르고 아이를 잃는다. 따르고자 하는 것을 얻고 올바르게 자리 잡으니

이롭다.

(회심한 뒤에 더 성숙하고 새로운 삶을 산다.)

4. 隨有獲, 貞凶, 有孚在道, 以明, 何咎.

믿음을 가지고 따르다 보면 얻어지는 것이 있다. 바르게 행하더라도 흉하다. 사심 없이 밝음의 진리를 믿고 그 자리에 있다면, 무슨 허물이 있겠는가.

(믿음으로 봉사하는 삶을 살다보면 알게 모르게 얻는 것이 생긴다. 오해를 받을 수 있고 흉한 일을 겪을 수도 있지만, 내가 정직하다면 오래지 않아 문제가 풀린다.)

5. 孚于嘉, 吉.

선함과 믿음, 기쁨으로 살아가니 길하다.

6. 拘係之, 乃從, 維之, 王用亨于西山.

내 뜻을 가지고 따르는 것이 아니라 붙잡혀 따라가지만 끝내는 마음으로 따른다. 왕이 서산에서 제사를 지낸다.

(따라오지 않으려는 이들을 설득하고 묶어서 새로운 삶의 믿음을 따르게 한다.)

동아시아인들이 가졌던 인간과 자기완성, 구원에 대한 관점은 기본적으로 스스로 자신을 구원한다는 입장입니다. 동아시아인들은 어떤 극적 체험에 의해 극단적으로 다른 길을 걷는 경험을 쉽게 받아들이지 않습니다. 동아시아인의 의식에 깊은 영향을 미친 유교와 불교, 도교는 모두 구원에 이르기 위해 일정한 수행과 정진, 수련이 필요합니다.

동아시아와 서구 의식의 가장 큰 차이가 바로 구원에 대한 관점입니다. 기독교의 구원은 자기 의지가 아닙니다. 구원은 선택되고 예정되어 있습니다. 동아시아에서는 구원의 과정에 이성과 오랜 시간이 필요하지만, 기독교의 구원은 순간적이고 절대적인 은혜입니다.

성경의 〈사도행전〉에는 사울(바울)의 회심에 대한 이야기가 있습니다. 정통 유대교 신앙인이었던 바울은 유대교에 저항하는 예수교의 확대에 위기의식을 느끼고 예수교 신자들을 죽이고 가두는 일에 앞장섭니다. 그런데 예수교인을 잡아들이기 위해 다마스쿠스로 가는 길에서 바울은 강한 빛의 체험을 합니다. 자기 의지와 전혀 상관없이, 오히려 자기 의지에 반해서 예수를 만난 그는 완전히 다른 새로운 자각에 이르게 됩니다. 구원을 받은 겁니다.
바울의 이 경험은 그의 평생을 좌우했고, 기독교의 구원이 자기 의지가 아니라 하느님의 선물로 주어진다는 예정설은 기독교의 기본 교리가 됩니다.

인간의 삶에는 '어제와 다른 오늘'이라는, 180도 전혀 다른 길을 걷는 '회심'이라는 게 있습니다. 우리 무의식은 지금 내 모습과 완전히 다른 모습을 가지고 있습니다. 신앙은 그런 자기 안의 완전히 다른 자기를 만나게 하는 자극의 기능을 가지고 있습니다. 기독교의 성령 체험 역시 자기 안의 또 다른 자기를 자극합니다.

수괘는 연못 속에 우레가 있는 형상입니다(澤中有雷, 隨). '잔잔한 연못 속에서 강한 우레가 진동하는' 의미이기도 하고, '강한 우레가 내려 꽂혀 연못이 만들어지는 의미'이기도 합니다. 어느 경우든 어제와 다른 오늘을 경험하고 자신 안에서 새로운 연못과 샘물이 만들어집니다. 다마스쿠스로 가는 길 위에서 바울이 경험한 강한 빛은 실제이기도 하고 상징이기도 합니다. 그는 빛의 충격으로 사흘 동안 앞을 보지 못하고 먹지도 못합니다. 그리고 외부에서 온 충격을 자신 안에서 재해석하고 솟아나는 샘물처럼 재충전하는 시간을 가집니다(澤中有雷, 隨, 君子以嚮晦入宴息).

그 경험을 통해 바울은 로마에 굴복해서 이스라엘 민중을 억압하는 역할을 대행하고 있는 유대교를 넘어설 수 있게 되고, 마침내 유대교를 버리고 예수를 따릅니다(係小子, 失丈夫. 弗兼與也). 바울은 예수교회를 이스라엘에 가두지 않고 세계교회가 되는 길을 열어갑니다(官有渝, 貞吉, 出門交有功).

바울은 기독교 역사 속에서 찬란한 성과를 거둔 선교사였고, 선교 과정에서 그가 신앙의 형제들과 나눈 편지는 신약성경의 중요한 내용으로 자리잡습니다. 기독교 교회의 설립자는 바울이라고 해도 크게 틀리지 않습니다(係丈夫, 失小子, 隨有求得, 利居貞).

주역에는 무엇인가를 따라가는 세 개의 이야기가 있습니다.

비괘(比卦)는 '권위와 질서'를 따라갑니다. 자기 의지가 없으며, 이 질서를 따르지 않으면 왕따가 되거나 처벌받게 됩니다. 어쩔 수 없이 따라가지만, 따르기만 하면 손해를 보지 않고 평화가 보장됩니다.

리괘(履卦)는 '호랑이'를 따라가는 이야기입니다. 리괘는 '호랑이처럼 무섭고 두려운 것'을 따라가지만 그 길을 운명처럼 받아들입니다. 진리와 신앙, 민중을 따르는 성자들의 삶입니다.

수괘(隨卦)는 그런 점에서 가장 역동적입니다. '회심'이라는 극적인 자기 안의 변화가 일어나서 과거의 작은 자기를 버리고 더 큰 자기를 따릅니다. 죽

음에 대한 두려움도 없고, 어제와 오늘이 다르고, 극렬한 환희가 삶을 지
배합니다(孚于嘉, 吉). 수많은 순교자들은 대부분 이 상태의 삶을 산 사람
들입니다.

그러나 이런 급격한 변화는 동시에 내면의 기반이 약한 변화이기도 합니
다. 충분한 내적 성숙에 실패할 경우 광기에 휩싸일 수도 있습니다. 기독교
의 역사와 선교의 역사는 이런 광기의 역사입니다. 십자군전쟁, 마녀사냥,
선교를 명분으로 한 제국주의 침략, 예수 천당 불신 지옥 등.

수괘의 변화가 내적 성숙과 성찰의 시간을 잃으면 말할 수 없이 위험해집
니다(澤中有雷, 隨, 君子以嚮晦入宴息). 급격한 변화와 회심은 내 삶에 축복
처럼 선물로 주어진 기회일 뿐 전부는 아닙니다. 믿음과 선함, 인내, 기도
가 합해져야 한 단계 진화하는 삶이 가능합니다(拘係之, 乃從, 維之, 王用
亨于西山).

결국 이 지점에 들어가면 동아시아와 서구의 인간에 대한 생각이 만나게
됩니다. 선물은 있지만 공짜는 없습니다.

■ 고(蠱) – 병든 세상을 고친다

소설 픽션.
자본주의 이후의
미래 기업, 삼성

식물인간 상태에서 생명만 유지하고 있던 삼성의 이건희 회장이 운명했다. 이병철 회장부터 이건희 회장으로 이어진 삼성의 80년 역사는 한국 근현대사와 재벌의 성장 과정이 날줄과 씨줄로 이어지는 하나의 그림이다. 1938년 삼성상회를 설립한 이병철 회장은 한일무역과 농민의 고혈을 짜는 수탈을 통해 막대한 자본을 형성했고, 해방 이후 한국전쟁과 박정희 정권의 산업화 과정에서 정경유착을 통해 재벌가를 일궜다. 이병철 회장을 이은 이건희 회장은 세계 자본주의가 신자유주의시장 사회로 진입하는 과정에 적극 참여하여 삼성을 다국적 기업으로 키워냈다.

그는 노동탄압을 구조화한 삼성문화를 지켜내고, 한국의 중요한 국가정책에 개입했으며 이른바 '삼성장학금'을 통해 정치와 언론, 사법, 교육, 문화 등 중요 권력구조의 핵심 인물들을 장악하는 데 성공했다. 그리하여 국내에서는 그 누구도 삼성과 대립해서 살아남을 수 없는 삼성공화국을 만들었다. 이건희 회장의 죽음은 일개 재벌 회장의 죽음이 아니라 사실상 국가수반의 죽음이었다.

신임 이재용 회장은 기업 경영을 할아버지와 아버지처럼 해서는 미래가 없다는 것을 알았다. 무엇보다 기업 이미지가 경영에 미치는 영향이 너무 커졌다. 페이스북, 구글 같은 기업은 생긴 지 기껏 10여 년 정도에 불과한데다 생산기반조차 없지만 세계적인 영향력을 가지고 있고, 삼성의 주력분야인 반도체, 전자 등에서는 중국의 샤오미를 비롯한 여러 기업들이 바짝 추격하고 있다.

이재용 회장은 자신과 삼성 모두를 위해 삼성의 부정적 이미지를 털기로 마음먹었다. 그리하여 삼성에서 가장 뛰어나고 양심적인 힘을 가진 인재들이 비밀리에 이재용 회장과 삼성의 미래를 새로 기획하는 팀을 구성했다. 비밀리에 구성된 팀이지만 삼성 안에서는 엄청난 변화가 시작될 거라는 흐름이 자연스럽게 감지되었다(利涉大川, 先甲三日, 後甲三日).

이재용 회장은 애플의 스티브 잡스 느낌이 들 정도로 가벼운 티셔츠와 청바지 차림으로 기자회견장에 모습을 드러냈다. 그의 옷차림이 이미 모든 걸 말해주고 있었다.

잘 정리된 프레젠테이션 자료를 중심으로 이재용 회장의 빌표가 시작되었다. 동시에 전 세계 언론의 취재가 시작되었다.

이재용 회장은 이병철 회장 시절부터 시작된 토지매수, 소작농 착취, 일제와의 협력, 박정희 정권에서 재벌로 성장하는 과정의 정경유착, 부정부패와 비리를 공개했고, 이건희 회장 시절 '삼성장학금'의 성격과 그 장학금을 받은 정치인, 관료, 법조인, 언론인, 교육자들의 명단을 공개했다(幹父之蠱, 有子考, 无咎, 厲終吉). 이와 함께 노조 탄압 과정에서 일어난 수많은 억압과 폭력, 회유 전술에 대해서도 공개하고 용서를 빌었고, 손해배상을 약속했다(幹父之蠱, 小有悔, 无大咎).

이재용 회장이 엄청난 일을 벌릴 것이라는 건 어느 정도 예측했지만, 이 정도일 것이라고 내다본 사람은 아무도 없었다. 이재용 회장의 기자회견은 곧바로 세계적인 톱 기사로 떠올랐다.

과거사 반성을 마친 이재용 회장은 '삼성문화'처럼 굳어진 부패와 타락을 쇄신하고, 페이스북이나 구글, 애플에 뒤지지 않는 긍정적인 기업으로 이미지를 쇄신해나갔다. 노조를 인정하고 대화를 시작했으며, 정치인이나 관료들과 손을 끊고 그들이 자연스럽게 일선에서 퇴진하도록 정치자금 지원을 중단했다. 하청 기업과의 관계를 개선했고, 사실상의 부동산 투자 목적인 에버랜드를 비롯한 대부분의 생산목적 이외 부동산을 매각하기 시작했다(山下有風, 蠱, 君子以振民育德).

삼성의 기업 규모는 차츰 줄어들었지만, 부동산 매각 자금을 바탕으로 의욕적으로 투자한 청년 중심 사회적 기업의 성과가 쌓이기 시작했다. 과거

정치인들에게 뇌물로 쓰던 삼성장학금을 청년 경영자, 마을기업 경영자, 제3세계 사회활동가들에게 집중 사용하기 시작했다. 이 과정의 성과가 쌓이면서 삼성은 페이스북과 맞먹는 기업 인지도를 가지게 되었고, 한국 사회의 진보와 혁신에 기여하는 기업으로 존경받게 되었다(幹父之蠱, 用譽. 承以德也).

이재용 회장은 여당과 야당이 모두 원하는 대통령 후보로 평가를 받았지만, 그는 '내가 한 일은 아버지와 할아버지가 한국 사회에 끼친 죄악을 용서받기 위한 것일 뿐 권력에는 아무런 미련이 없다'며 사양했다(不事王侯). 삼성이 주도한 '윤리경영으로 기업 이미지를 높이는' 새로운 모델은 점점 세계적인 추세가 되고 있다(高尙其事).

지금은 2050년이다.

蠱, 元亨, 利涉大川, 先甲三日, 後甲三日.
무너진 질서를 다시 회복하니 크게 형통하다. 앞뒤를 잘 살펴서 멀리 보고 큰 강을 건너는 것이 이롭다.

山下有風, 蠱, 君子以振民育德.
산 아래로 강한 바람이 세차게 불어오는 것처럼, 고(蠱)의 군자는 괴로움 속에 있는 민중을 건져내고 도덕성을 회복한다.

―

1. 幹父之蠱, 有子考, 无咎, 厲終吉.
아버지의 일을 바로 잡은 아들이 있어 선친의 허물이 없다. 위험하지만 끝내 길
하다.

2. 幹母之蠱, 不可貞.
어머니의 잘못을 고친다. 곧음을 견지해서는 안 된다.
(부차적인 잘못이 있는 사람의 잘못을 개선하는 일이므로 바른 것만 주장할 수는
없다. 상황에 맞게 처리해야 한다.)

3. 幹父之蠱, 小有悔, 无大咎.
아버지의 일을 바로 잡으니 조금 후회가 되어도 큰 허물은 없다.

4. 裕父之蠱, 往見吝.
아버지의 일을 방관하니, 후회하게 된다.

5. 幹父之蠱, 用譽. 承以德也.
아버지의 일을 바로 잡아 명예를 얻는다. 덕을 승계한다.
(아버지의 모순을 극복하고 좋은 가치를 이어갈 수 있게 된다.)

6. 不事王侯, 高尚其事.
자신이 한 일로 인해 왕이나 제후가 되려고 하지 않는다. 자신이 한 일이 가지는

뜻과 가치로 만족하고, 더 높은 영성을 추구한다.

좋은 사회는 어떻게 만들어질까요?

좋은 사회를 만드는 방법은 다양한데, 그중 과학 기술 분야의 발전에는 SF(Science Fiction) 소설이 큰 영향을 미쳤습니다. SF 소설을 읽은 청소년들이 과학에 대한 흥미를 가지게 되고, 관련 자료를 꾸준히 공부하면서 성장한 다음 SF 소설의 내용을 현실에서 재현해낸 것이 현대 과학기술의 발전 과정입니다.

과학 분야의 SF 소설에 비교될 수 있는 것이 공상사회 소설인 '소셜 픽션'(Social Fiction)입니다. 일종의 유토피아 소설이라고도 할 수 있는데, 미래의 어떤 사회를 가정하고 그 사회의 사람들이 어떤 생각을 하면서 어떻게 살게 되는지를 그리는 소설입니다.

프랑스혁명, 종교개혁, 아메리카 이주 등 유럽 시민혁명이 일어나는 중요한 계기가 된 토머스 모어의 《유토피아》는 소셜 픽션의 대표작이라 할 수 있습니다.

좋은 사회를 만드는 일을 놀이처럼 할 필요가 있습니다. 소셜 픽션은 10년 이후의 미래를 가정하고 그 사회에서 이루어질 혹은 내가 기원하는 모습을 재미있게 그려 함께 읽고 즐기는 놀이입니다. 소셜 픽션 놀이가 필요한 이유는 우리가 몸담고 있는 이 사회 현실 속에서 답을 찾기가 쉽지 않고, 변화가 짧은 시간에 일어나지 않기 때문입니다. 좋은 사회가 만들어지기 위해서는 시간이 필요합니다.

좋은 사회는 미래 세대와 함께 준비해야 합니다. 미래를 위한 즐거운 상상을 꾸준히 하고 청소년들과 함께 새로운 사회의 가능성을 부분적으로라도 실험하다 보면 어느 날 새로운 사회가 열릴 것입니다.

'삼성의 변화'라는 의제는 한국에서는 매우 중요합니다. 하지만 삼성 체제는 워낙 강고해서 소설 픽션 같은 방식이라야 그나마 변화의 상상이라도 가능합니다.

한국에서의 삼성은 단순한 재벌이 아니라 국가 위의 국가 즉 '삼성공화국' 입니다. 삼성의 변화를 긍정적인 눈으로 바라보는 이유는 단순히 삼성이 의지를 가지느냐 마느냐 하는 문제가 아닙니다.

이건희 회장은 아버지 이병철 회장을 이어받으면서 글로벌 자본주의라는 흐름을 읽었습니다. 기업이 국가를 기준으로 움직이지 않는다는 것을 알아챈 것입니다. 그리고 신자유주의의 흐름 속으로 들어갔습니다. 그 길을 '선택'한 것이 아니라 흐름에 따라갈 수밖에 없었던 것입니다.

오늘날 자본주의는 이건희 회장이 책임을 맡을 때와 비교할 수 없이 달라졌습니다. 페이스북, 구글, 애플 이런 회사들은 우리가 알고 있던 자본주의 회사들과는 완전히 다른 방식으로 움직입니다.

삼성의 비전은 '또 하나의 가족 삼성' 이런 정도인데, 이것은 사실 삼성 그 자신도 믿지 못하는 '포장'입니다. 반면에 페이스북의 직원들은 '더욱 개방되고 연결된 세상을 만든다'라는 기업의 가치를 누구나 받아들이고 있고, 그것을 자기 의제로 실현하고 있습니다. 이런 기업은 경영자가 아니라 비전이 기업을 경영합니다. 자본주의는 이미 자본주의 너머로 넘어갔습니다.

미래를 부정적으로 봐야 할 이유가 없습니다.

2025년이면 전혀 다른 영성을 가진 Z세대와 알파 세대가 사회에 모습을 드러냅니다(不事王侯, 高尙其事). 2025년 이전에 아마 큰 바람이 한 번 산 아래로 불어 닥칠 겁니다(山下有風, 蠱). 새로운 시대는 윤리성과 영성의 가치가 사회를 이끌게 됩니다.

■ 임(臨) – 지도하되 군림하지 않는다

1대 99 사회가 되었는데……

인간의 영혼이 타락하고,

빈익빈 부익부 현상이 한계를 넘어 착취가 일상이 되면

구원자가 세상에 태어난다.

그의 역할은 의식이 깨어난 사람들이 용기를 가지고

고통받는 사람들 속으로,

세상의 낮은 곳으로 내려갈 수 있도록 용기를

주는 일이다(澤上有地, 臨, 君子以敎思无窮, 容保民无疆).

예수가 왔을 때 제자들이 그랬고,

붓다가 왔을 때 제자들이 그랬던 것처럼.
공자와 노자와 묵자의 제자들이 그랬던 것처럼.

1대 99 사회가 되었는데,
구원자가 오지 않으면 이상하지 않겠나!

臨, 元亨, 利貞, 至于八月有凶.
현장에 임한다. (지도하되 군림하지 않으니) 크게 형통하고 바르고 이롭다. 그렇지만 8월에 이르면(군림하게 되면) 흉하다.

澤上有地, 臨, 君子以教思无窮, 容保民无疆.
연못 위에 땅이 있는 것처럼, 임(臨)의 군자는 땅 위에서 연못을 내려다보듯이 시민들을 가르치고 생각한다. 끝없이 시민들을 보호하고 포용한다.
(낮은 곳으로 내려가 민중을 보호하는 삶을 산다.)

-

1. 咸臨, 貞吉.
현장에서 기쁨과 슬픔을 함께하며 마음을 감동시킨다.

2. 咸臨, 吉无不利. 未順命也.
현장에서 몸을 낮춰 지도하니 어려울 게 없다. 그러나 아직 현장을 익히느라 자신이 해야 할 삶의 과제와 소명을 다 따르고 있지는 않다.

(한계가 있는 조건에서 상황에 따라 원칙을 조정하고 있다.)

3. 甘臨, 无攸利, 既憂之, 无咎.

달콤한 말로 이끈다. 이로울 게 없지만, 근심하고 있다면 허물이 없다.

(자기 기반과 실력 없이 모두가 좋아할 말만 번드르르하게 하며 이끄는 상태, 하

지만 이게 오래가지 못한다는 것을 알고 염려하고 있다면 크게 위험하지는 않다.)

4. 至臨, 无咎.

현장으로 내려가서 지도한다. 군림하지 않으니 허물이 없다.

5. 知臨, 大君之宜, 吉.

지혜와 사랑으로 이끈다. 전체를 아우르는 큰 군자의 마음.

(낮은 곳에서 현장을 이해한 지도자가 지혜와 사랑으로 전체를 이끈다.)

6. 敦臨, 吉, 无咎. 志在內也.

두터운 마음으로 이끈다. 길하며 허물이 없다. 자신의 내면에 뜻을 둔다.

(조직을 이끄는 지도자를 넘어 자신의 내면을 바르게 하는 지도자가 되고

자 한다.)

1959년 인도의 사상가 사카르는 '프라우트'(PROgressive Utilization Theory) 경제이론을 창안합니다. 모두를 위해 기본 필수품을 제공하는 것이 가

능하도록 협동조합을 중심에 둔 정치사회이론입니다. 프라우트는 말 그대로 번역하면 '진보적 활용' 이론입니다.

사카르는 자본주의 사회가 효율성과 생산성이 높다고 주장하지만, 실제로는 인간과 사회가 가진 능력의 10퍼센트도 활용하지 못한다고 생각했습니다. 자본주의는 인간의 이윤 동기, 개인의 사적인 이익을 보호하고 개발하는 것을 중심에 두는데, 인간은 그렇게 낮은 의식을 가진 존재가 아닙니다. 인간의 내면에는 고급스러운 에너지가 가득한데, 그것을 활용할 수 있는 사회구조를 만들어내면 적은 노력만으로도 모두를 위한 기본 필수품을 제공해주는 사회를 만들 수 있다고 생각한 것입니다.

예를 들어 부정부패는 개인의 사적 이익을 높이지만 사회 전체가 나눌 수 있는 몫은 줄어들게 합니다. 자본주의 사회는 개인의 이익을 위해 부정부패가 구조화되는 모순을 가지고 있습니다.

인간은 이런 모순을 알고 있고 그것을 벗어나길 원하지만 사회구조가 부정부패 없이 유지되기 힘든 조건에서는 누구도 그 그물에서 빠져나올 수 없습니다. 이 조건에서 인간은 낮은 의식만 사용하고, 사회의 효율은 낮아집니다.

사카르의 프라우트 운동은 1960년대 인도에서 급속히 확산되었습니다. 프라우트 운동가들 중에는 공무원들도 많았는데, 그들은 인도 정부의 부정부패와 계급제도를 반대하며 혁신을 시도하고, 스스로 부정부패에 손을 대지 않았습니다.

그런데 공무원들이 인간의 더 높은 에너지인 '양심과 청렴'을 쓰려고 하자 정부는 프라우트 운동을 정치적 반국가 운동으로 규정하고, 1971년에 지도지인 시키르를 살인공모 혐의를 씌워 구속했습니다. 그러나 1977년 인디라 간디의 선거 패배와 함께 7년 동안 구속되었던 사카르는 석방되었고, 오히려 그가 구속되었던 기간 동안 프라우트는 아난다 마르가 조직과 함께 인도를 넘어 전 세계로 퍼져나갔습니다.

사카르는 프라우트 사회가 어느 날 오는 것이 아니라 프라우트를 유지할 '사드비프라'라는 지도자들이 먼저 준비되어야 한다고 생각했습니다. '사드'는 여러 개라는 뜻이고, '비프라'는 마음입니다. 사드비프라는 자신이 가진 육체와 정신, 영혼의 에너지를 모두 사용하여 노동자, 지식인, 경영자, 혁명가의 마음을 다 함께 개발한 사람입니다. 즉 어떤 사람이 수드라의 노동, 크샤트리아의 용기와 혁명적 변화 의지, 비프라의 지성, 바이샤의 경영능력을 동시에 계발해서 조화롭게 쓸 수 있을 때, 그는 사드비프라가 됩니다.

오늘날의 인간은 수만 년 동안 개발해온 자신의 뇌를 일부분도 제대로 활용하지 못합니다. 사회 구조가 '이윤'이라는 아주 낮고 동물적인 수준을 자극하도록 설계되었기 때문입니다. 더 높은 에너지인 지혜와 사랑을 자극하도록 사회를 설계하면 인간은 누구나 자신이 가진 더 높은 에너지를 활용할 수 있습니다. 인간은 지혜와 사랑, 자율, 평화와 같은 더 높은 에너지를 쓸 때 행복해집니다. 아무리 돈이 많고 하고 싶은 걸 다해도 행복하지 않은 이유는 낮은 의식을 활용하기 때문입니다.

3,000년 전의 주역 저자들은 인간의 이런 의식구조를 이미 알고 있었습니다. 인간은 행복해지기 위해, 훌륭한 인격을 가진 인간으로 성숙하기

위해 낮은 곳에서, 노동하는 삶의 현장에서 힘과 용기를 단련시켜야 합니다(至臨, 수드라의 노동, 크샤트리아의 용기). 그곳에서 삶의 기쁨과 슬픔을 이해하고 멀리 보는 안목을 키워야 합니다(咸臨, 비프라의 지성, 바이샤의 경영능력). 그렇게 현실에 안주하지 않고(甘臨) 실력을 키워나가면 그는 결국 사드비프라(知臨)가 됩니다. 사드비프라는 특별한 사람이 아니라 누구나 자기 안에 가지고 있는 에너지를 계발하고 활용하면 가능합니다(敦臨, 志在內也).

사드비프라(知臨)가 준비되면 프라우트 사회가 시작됩니다. 최저생계가 보장된 상태에서 사회 전체를 위한 의식주와 교육, 의료 등의 기본 필수품을 제공하기 위해 인간의 더 높은 의식과 에너지를 활용하는 예술, 문화, 생태, 영성이 꽃피는 사회가 프라우트 사회입니다.

▦ 관(觀) – 보여주되 지도하지 않는다

변화는 자기 의지에서 나온다

조선 중기, 조일전쟁(임진왜란)이 일어나기 직전 율곡 이이와 퇴계 이황, 남명 조식은 조선의 지식세계를 삼등분하는 사상과 삶의 모델을 만들었다.

천재 율곡은 뛰어난 예지력을 가지고 있었고, 20세 때 스스로 마음에 정한 〈자경문〉(自警文)을 평생 실천했다. 율곡의 꿈은 성인이 되는 것이었다. 율곡은 생각과 실천에 걸림이 없었다. 당연히 정적이 많았고, 여러 차례 정치 현장에 들어갔다 물러났다를 반복했다. 정치적 실권이 있을 때는 기획하고 실천했고, 실권을 잃었을 때는 농민들 속에서 삶의 길을 찾았다.

성인의 꿈을 가진 그에게 현실은 경험하고 성장하고 진화하는 기회일 뿐
이었다.

퇴계 이황은 기본적으로 교사였다. 그는 정치현장에 있는 것이 늘 불편했
다. 나아감보다 물러남이 더 중요한 의미를 가진다고 생각했다. 스승인 조
광조의 개혁정치를 옆에서 지켜본 그는 물러남의 기술을 익히지 못한 나
아감이 얼마나 위험한 상황을 만드는가 하는 걸 체감했다. 그는 물러남을
중심에 두지만 적절한 자기 관리가 필요하다고 생각했다. 나아감과 물러
남을 같은 눈으로 보고 어떤 상황에 처하든 자기 관리와 수련을 늘 마음
에 두고 있었다(愼獨).
퇴계의 편지 모음집인 《자성록》(自省錄)은 자기 관리의 중요성에 대한 절
절한 권유였다.

퇴계와 율곡이 현실을 이해하고 바라보는 눈은 어느 부분은 비슷하고 어
느 부분은 차이가 있었다. 남명 조식은 율곡학파와 퇴계학파를 잇는 남명
학파를 성립시킨 대표적인 지식인으로서 율곡, 퇴계와는 비교가 안 되는
지점을 찾아내고 실천했다.
정치적 역할도 맡지 않고 민중도 지도하지 않는다는 그의 관점은 도교의
오랜 전통이었다. 남명은 유학자였지만 유교와 도교의 관점을 자유롭게
활용했다.
그는 평생 한 번도 국가 관료가 되지 않았다. 조선 최고의 지식인으로 존경
받던 그에게 국왕은 여러 번 관직을 내렸지만 그는 거들떠보지도 않았다.

남명은 자신의 정치적 역할이 무엇인지 알고 있었다. 그는 경상도 산청을 기반으로 민중 속에서 살며 민중의 삶을 관찰하고 적절한 실천의 방향을 찾고자 했다. 대부분의 조선 지식인들이 국왕을 통해 선정(善政)을 펼치고 자 했지만 그는 진정한 의미의 인(仁)은 누가 누구에게 줄 수 있는 게 아니라고 생각했다.

남명은 기본적으로 바라보고자 했다. 지식인이 제대로 보고 말할 수 있다면 세상은 변화한다고 생각했다(大觀在上, 順而巽, 中正以觀天下. 觀天之神道, 而四時不忒, 聖人以神道設教, 而天下服矣).

자신을 맑은 상태로 만들고 하늘과 민중의 의지를 자기 속에서 맑게 투영할 수만 있다면 자신이 정치권력을 가지고 직접 풀지 않아도 된다고 생각했다(觀, 盥而不薦, 有孚顒若).

남명은 변화가 체제 권력에서 나오는 것이 아니라 개개인의 독립, 자립, 자존의 의지에서 나온다고 생각했고, 이런 마음을 키우기 위해 몸과 마음의 수련을 강조했다. 조선의 유교학파 중에서 칼을 가지고 다니며 무도(武道) 수련을 익힌 경우는 남명학파가 유일했다. 조일전쟁의 의병장 대부분이 남명학파 소속이었던 것은 너무나 당연한 결과이기도 하다.

그의 제자들은, 자신과 공동체를 지키는 것은 국가가 아니라 자신들의 일이라고 생각했다.

남명은 관찰을 통해 사물과 현실의 실상을 정확히 보는 것을 세상을 변화시키는 기준으로 삼았기 때문에 낮은 의식에 기반한 편협한 관점을 가장 경계했다. 어린아이처럼 유치하고 자기중심적인 관점(童觀, 小人无咎, 君子

吝), 본질이 아니라 도그마에 빠져서 사물과 현실을 바라보는 관점(闚觀女 貞, 亦可醜也), 이런 낮은 의식을 넘어서 사물과 현실을 있는 그대로 보는 눈을 키우고자 했다.

이런 노력으로 그는 인간의 심성을 정확하게 볼 수 있었고, 인간의 무의 식적 충동과 의지를 활용하는 법을 찾아낼 수 있었다(觀我生進退, 未失 道也).

그의 제자들은 삶과 죽음을 넘어 조일전쟁의 전장으로 기꺼이 나아갔다 곽재우, 정인홍, 김면을 비롯한 여러 의병 지도자들이 뛰어난 게릴라 전술 과 심리전을 사용한 것은 그런 훈련을 통한 성과였다.

1566년, 조선의 정치적 실권을 가지고 있던 명종의 어머니 문정왕후가 죽 고 윤형원 세력이 실각하면서 정치적 권력을 회복한 명종은 남명에게 중요 한 정치적 역할을 맡기고 싶어 했다. 명종의 권유로 상경한 남명은 단 한 번 명종을 위한 강의를 하고 돌아왔다. 대신 그는 민중 속에서 체득한 변 화의 흐름(여론)을 상소문이라는 형식으로 꾸준히 발표했다(觀國之光, 尙 賓也. 利用賓于王. / 觀我生, 觀民也).

남명의 학문과 수련 관점은 이후 남명의 사상적 후계자였고 광해군의 '왕 의 남자'였던 정인홍이 정치개혁운동 과정에서 반대파에 의해 몰락한 이 후 조선에서는 소수파로 전락했다. 역설적이게도 조일전쟁 당시 가장 강력 한 저항세력이었던 남명의 학문 전통은 일본의 사무라이 지식인들에게 넘 어갔다. 일본의 사무라이 지식인과 남명학파는 동일한 지식 전통을 가지 고 있었고 서로가 서로를 통해 배웠다. 동아시아 지식인들은 기본적으로 서로 이어져 있었다.

觀, 盥而不薦, 有孚顒若.

하늘의 뜻, 민중의 여론이 정확히 보이고 흐트러지지만 않으면 믿고 신뢰할 수 있다. (꼭 내가 책임을 맡아야 하는 건 아니다.)

大觀在上, 順而巽, 中正以觀天下. 觀天之神道, 而四時不忒, 聖人以神道設敎, 而天下服矣.

높은 곳에서 넓고 큰 관점을 가지고 세상의 흐름과 여론을 읽는다. 우주의 법칙을 관찰해서 계절의 순환을 설명할 수 있듯이, 지혜로운 사람은 드러난 것뿐 아니라 인간의 무의식까지 이해하고 가르칠 수 있어서 자연스럽게 마음을 모을 수 있다.

風行地上, 觀, 先王以省方觀民設敎.

바람이 땅 위를 지나가듯이, 관(觀)의 옛 임금은 지역을 두루두루 둘러보고 백성을 위해 그 지역에 합당한 이야기를 한다.

–

1. 童觀, 小人无咎, 君子吝.

어린아이처럼 본다. 평범한 사람들이 이렇게 사는 건 봐줄 수 있지만 지도자에게는 부끄러운 일이다.

(지도자는 이렇게 유치하고 자기중심적이고 이기적인 관점으로 생각하면 안

된다.)

2. 闚觀, 利女貞. 亦可醜也.

좁은 문구멍을 통해 본다. 편협한 관점을 통해 이익을 보는 이들도 있지만 이 또한 부끄러운 일이다.

(본질이 아니라 도그마에 빠져서 사물을 본다.)

3. 觀我生, 進退. 未失道也.

내가 처해 있는 상황을 깊게 살펴 나아가고 물러남을 정한다. 인간의 도리와 의리를 잃지 않는다.

4. 觀國之光, 尙賓也. 利用賓于王.

나라의 빛을 본다. 손님으로 존중받는 정도에서 왕의 자문에 응하는 것이 이롭다.

(국가의 미래 비전에 대한 안목을 가지고 있지만 국가 관료가 되거나 직접 정치를 하는 것보다는 손님처럼 자문 역할과 여론 전달자로 멈추는 것이 좋다.)

5. 觀我生, 君子无咎. 觀民也.

내 삶이 크게 허물이 없는 것은 민중의 여론을 살펴 민의를 현실에 반영하기 때문이다.

6. 觀其生, 君子无咎. 志未平也.

내가 살아왔던 삶이 관찰당한다. 군자라면 크게 허물이 없지만 마음이 평화롭지 않고 긴장하게 된다.

(조언자의 자리에서 직접 정치 현장에 나가려고 할 때의 마음과 인사 청문회에

임하는 마음.)

'사(士)'는 한국에서는 선비라고 읽지만 일본에서는 '사무라이'라고 읽습니다. 갑골문 어원을 보면 사(士)는 칼을 들고 있는 남자이고, 왕(王)은 양손에 칼을 들고 있습니다. 따라서 사(士)는 문무를 겸비한 지식인을 말합니다. 동아시아에는 오랫동안 문무를 겸비한 지식인의 전통이 있었습니다. 조일전쟁에서 가까스로 살아남은 조선은 내부의 치열한 정치 투쟁 끝에 광해군 정권이 탄생했습니다. 광해군은 조일전쟁에서 의병 투쟁을 이끌었던 남명학파를 신뢰했고, 남명학파는 남명의 수제자인 정인홍을 중심으로 광해군과 함께 북인 정권을 수립했습니다.

북인 정치인들은 명과 금 사이에서 자주·실리·균형 외교 정책을 펼칩니다. 일찍이 조선 외교사에 없었던 새로운 실험이었습니다. 이 때문에 북인 중심의 광해군 정권은 늘 성리학적 명분론에 기반한 비판에 시달려야 했습니다. 명·청 교체기의 급변하는 동아시아 질서를 읽고 자주적으로 대응하고자 했던 광해군과 북인의 노력은 정치적 반대파인 서인 주도의 인조반정과 함께 무너지고 말았습니다.

남명 조식과 정인홍은 조선에서 금기어가 되었고, 인조반정은 문무를 겸비한 지식인 유형이 중앙 정치무대에서 사라지는 계기가 되었습니다.

현대 정치는 여론이 중요합니다. 정치인의 여론조사 결과가 곧 그의 정

치적 능력이 됩니다. 다양한 첨단 과학도구와 분석기법, 빅데이터 자료들을 활용한 여론조사는 사회 속에 잠재된 무의식의 흐름을 수치로 변환하고, 그 수치를 기반으로 권력을 분배하고, 정치적 의사결정을 하게 됩니다. 우리는 빅데이터 분석과 같은 과학적 방법이 다양한 사람들 사이에 내재된 무의식을 알 수 있는 가장 좋은 도구라고 생각하곤 합니다. 그러나 인간의 뇌 속에는 빅 데이터 분석을 넘어서는 정보 분석력이 내재되어 있습니다. 뇌 과학자들 대부분이 동의하는 내용이고, 인류는 오래 전부터 이런 능력을 사용하기 위해 다양한 노력을 해왔습니다. 그중 가장 대표적이고 대중적인 방법이 '명상과 수련'입니다.

관괘의 모델인 남명 조식은 지식의 도그마에 빠지는 일 없이 유교와 도교를 자유롭게 사용했습니다(闚觀, 利女貞. 亦可醜也). 그는 정치권력에 대한 욕망뿐만 아니라 삶의 안일함에 대한 욕망을 스스로 제한했고, 몸과 마음의 명상과 수련을 통해 심신을 맑은 상태로 유지하기 위해 최선을 다했습니다.

그렇게 거울처럼 맑아진 내면 의식 속에 하늘과 민중의 의지가 비칠 때 그 모습을 바라보고자 했습니다(盥而不薦). 어떤 의미에서는 빅데이터 분석보다 더 깊은 의미를 읽을 수 있는 인류의 오래된 기법인지도 모릅니다. 예를 들어 빅데이터 분석을 통해 일본의 조선 침공을 확인했다하더라도 의병을 일으키지는 못합니다. 이건 자료를 가지고 있느냐 마느냐의 문제가 아니기 때문입니다. 실제로 율곡 역시 일본의 조선 침공을 예측했지만 그 제자들이 의병을 일으키지는 않았습니다. 남명은 빅데이터 분석보다 훨씬 더 깊은 분석 방법을 사용했고, 그런 깊은 마음이 제자들을 움직인 것입니다.

남명의 제자들이 시대를 정확하게 읽고, 현실적인 정세 판단을 한 이유도 성리학 질서의 도그마에 빠지지 않도록 연습하고 수련한 덕분입니다. 결국 자신의 실력이 있어야 관괘의 지혜를 쓸 수 있지, 스승이 지도해준다고 되는 게 아닙니다.

주역 제21괘

▤ 서합(噬嗑) - 법치

전설

한 번 물면 놓지 않는다.

이빨이 부러지고, 코뼈가 상했다(噬膚, 滅鼻).

그는 검사다.

噬嗑, 亨, 利用獄.

법을 이용하면 형통하다. 감옥과 형벌을 잘 활용하라.

(인간은 쉽게 변하지 않고 믿을 수 없다. 두려움이 인간을 견제할 수 있다.)

頤中有物, 曰噬嗑.

입안에 음식물이 있어 씹어 삼킨다.

雷電 噬嗑, 先王以明罰勑法.

마른하늘에 번갯불이 번쩍이고 벼락이 내리꽂히는 것처럼, 서합의 옛 임금은 법

을 명확히 정하고 반드시 처벌한다.

―

1. 屨校滅趾, 无咎. 不行也.

나무족쇄를 발에 채우고 발뒤꿈치를 자른다. 이 정도 처벌을 받고 더 이상 범죄

에 손대지 않는다면 나쁜 일은 아니다.

(감옥에 가두어둔다.)

2. 噬膚, 滅鼻, 无咎.

허벅다리 살을 물어뜯다 코를 다친다. 허물이 없다.

(일단 범죄 집단에 대한 수사를 시작하면 상당한 위험에도 불구하고 끝까지 물고

늘어져 끝장을 낸다. 범죄와의 전쟁.)

3. 噬腊肉, 遇毒, 小吝, 无咎.

말린 고기를 물어뜯다가 상한 것이 있어 식중독에 걸리기도 한다. 조금 후회스런

일이 있지만 해야 할 일을 하므로 허물이 없다.

(범죄수사 도중 음해와 권력층의 로비에 시달린다.)

4. 噬乾胏, 得金矢, 利艱貞, 吉.

뼈가 있는 마른 고기를 조심조심 물어뜯는다. 그 속에서 금화살을 찾아낸다. 상당히 어렵지만 바른 마음으로 끝까지 찾아내면 길하다.

(난이도 높은 범죄 사건의 수사 도중 생각지도 못한 중요한 단서를 찾아낸다. 어렵더라도 끝까지 밝혀내면 길하다.)

5. 噬乾肉, 得黃金, 貞厲, 无咎.

마른 고기를 물어뜯다 황금을 얻는다. 바른 마음을 가지고 그것이 내 것이 아님을 알고 두려워하면 허물이 없다.

(범죄수사의 결과로 생각지도 못한 사회적 명예와 지위를 가지게 된다. 국민의 사랑과 지지를 두려워하고 바른 마음을 가진다면 허물이 없다.)

6. 何校滅耳, 凶. 聰不明也.

나무족쇄를 목에 채우니 귀가 보이지 않는다. 그는 듣는 힘을 잃어 들어도 무슨 말인지 모르고 개선의 여지가 없으므로 흉하다.

(귀를 자른다. 사형을 시킨다.)

전설 같은 이야기를 하나 하고 싶습니다.

20대의 젊은 H검사는 K시의 조직폭력 강력계 검사로 첫 발령을 받았다. 그는 젊고, 검사라는 자의식과 법치주의 이상에 대한 확신을 가지고 있었다. 사회악을 발본색원해서 엄벌에 처하는 것이 사회의 안정과 질서를 유지하는 기본 가치라고 믿었으며, 검사는 사적 감정에 영향을 받아서는 안 된다고 생각했다(雷電噬嗑, 明罰勅法). 그는 앳된 초임 검사였지만, 의지는 이미 검사장급이었다.

K시의 폭력 조직은 대부분 룸살롱, 카바레, 성매매 사업을 나누어 가지고 있었고, 여느 도시와 마찬가지로 지역 검찰과도 누이 좋고 매부 좋은 사이였다. H검사는 K시의 강력계 검사로 있는 동안 한 잔의 술도 마시지 않았다. 그의 수사는 사법연수원에서 익힌 기본원칙에서 한 발도 벗어나지 않았으며, 무엇보다 처벌 의지가 명확했다(利用獄, 雷電噬嗑, 明罰勅法).

K시의 폭력 조직으로서는 어떤 회유에도 넘어오지 않는 대한민국 검사를 상대하는 것이 벅찬 일이 되고 말았다. 그는 폭력 조직의 상층부를 정확하게 겨냥했고 빠져나갈 수 없는 증거를 확보해서 구속시키곤 했다(屨校 滅趾, 无咎. 不行也).

H검사는 오래지 않아 대검 중앙수사부 특수팀 검사로 발탁되었다. 특수팀 검사들은 누구나 검찰총장 후보로 성장할 가능성을 가진 검찰 내 최고 엘리트들이었다. 이런 특수팀에서도 H검사의 능력은 두드러졌다. 특히 수사의지는 누구도 H를 따라올 수 없었다.

A재벌의 비자금과 정치 커넥션을 수사하던 중 그는 그의 운명을 바꿀 인물에 대한 증거를 확보하게 되었다(噬乾胏, 得金矢, 利艱貞, 吉). 6공화국 노태우 정부는 '비자금 조성 정부'라는 오명을 뒤집어쓸 정도로 돈에 대한 집착이 도를 넘었고, 대통령은 이미 정치에 마음을 두지 않은 상태였다. 6공화국의 정치적 결정은 대통령이 아니라 대통령의 처남인 P정무장

관이 하고 있었다.

H검사는 비자금 커넥션에서 P장관을 확인했고, 검찰 조직 내 연결세력도 확인했다. 검사가 검사를 소환 수사하는, 상상하지도 못했던 일이 벌어졌다. 마지막 순간까지 A재벌의 로비와 언론을 통한 모함, 정치적 압력이 가해졌지만 그는 무너지지 않고 살아남았다(噬腊肉, 遇毒, 小吝, 无咎). 그는 마침내 사실상 대통령이나 다름없던 P장관을 구속하는 데 성공했다. 이는 검찰이 이뤄낸 가장 찬란하고 자랑스러운 승리 중 하나로 국민들 기억 속에 남게 되었고, H검사는 '모래시계 검사'라고 불리며 국민의 존경과 사랑을 받았다(噬乾肉, 得黃金).

이 이야기의 주인공 H검사와 P정무장관은 홍준표 경남도지사와 6공 실세였던 박철언 씨입니다. 20년 전, 전설적인 검사들이 남아있던 시절의 이야기입니다.

지금은 이런 전설 같은 일이 불가능합니다. 검사 개인의 역량 차이가 워낙 커졌습니다. 사법연수원 연수생 대부분이 공부도 잘하고 집도 잘사는 상위 5퍼센트 출신이기 때문에 '한 번 물면 이빨이 부러지더라도 놓지 않는 강인한 수사 의지'를 가진 검사가 나오기 어렵습니다(噬膚, 滅鼻, 无咎).

서합괘는 죄형법정주의와 법치국가, 검찰 등의 개념을 가진 가장 오래된 원형의 이야기입니다.

3,000년 전의 주역 저자는 한 국가가 안정과 질서를 찾는 과정에서 반드시 거쳐야 할 지점이 서합이라고 생각했습니다. 서합이라는 말은 지금은 없어진 말이어서 의미를 이해하기 힘든데, 말 그대로의 의미는 '딱딱한 음식을

잘 씹어서 삼킨다'입니다(頤中有物, 曰噬嗑).

서합괘는 따라서 '사회의 안정과 질서를 방해하는 세력을 발본색원해서 정해진 법 기준에 따라 반드시 처벌한다'는 의미로 읽을 수 있습니다(雷電 噬嗑, 先王以明罰勅法).

중국인들은 오랫동안 '인간은 쉽게 믿어선 안 된다'는 의식을 내면에 깔고 살아왔습니다. 드넓은 영토를 지배해야 했던 군주들은 특별한 신뢰관계를 맺기 전까지는 신하는 물론 왕비와 아들도 믿지 않았습니다.

춘추전국시대의 사상가 한비자는 이런 인간의 악마성을 내면까지 읽어내는 데 성공했습니다. 그래서 그의 인간관과 정치관을 담은 《한비자》는 모든 군주들의 필독서였습니다.

이런 악마성을 순화시키기 위해 '순자'는 '교육'을 강조했지만, 순자의 문하에서 공부했던 한비자는 '법'을 강조했습니다. 법이 명확하게 자리 잡아야 그나마 남아있는 선한 마음도 자리 잡을 공간이 생기고 사회의 안정과 질서가 가능하다고 생각한 것입니다.

춘추전국시대 정치와 사상의 최종 승자가 '진시황과 법가'가 된 이유는 한비자의 인간 이해가 춘추전국시대의 인간 현실에 가장 적합했고, 실제로 국가와 국민을 통합하는 데 성공했기 때문입니다.

중국을 여행하는 사람이라면 누구나 느끼는 일이지만 일상적인 생활공간 어디에서나 '공안'(경찰)을 만나게 됩니다. 중국의 공안은 사회에 조금만 긴장감이 생겨도 바로 무장해서 국민을 감시할 수 있습니다. 중국은 어딜 가나 이처럼 '법가 통치'의 흔적을 느낄 수 있습니다.

중국의 오랜 통치 전략은 '외유내법'(外儒內法), 즉 밖으로는 유교적 이상사회를 지향하지만 안으로는 철저하고 명확한 법 집행에 기반한 통치입니다. 그러나 법치사회의 진정한 전위는 밖으로 보이는 경찰이 아니라 '검찰'입니다. 검찰의 수준이 그 국가의 법치 수준입니다.

서합괘의 눈으로 보면 홍준표, 남기춘, 심재륜, 안대희 이런 전설적인 검사들이 활동하던 시대에는 한국의 법치가 최소한 체면 유지가 가능했습니다. 그러나 검찰의 전설로 존경받던 이들이 결국은 사회적 비리에 휩쓸리거나 비윤리적이고 최소한의 상식까지 잃어버리는 게 한국의 현실입니다. 개인의 불행이기도 하지만 한국 법치주의의 불행이자 모범으로 삼아야 할 선배를 잃어버린 검찰 조직의 불행입니다.

이런 조건이 되면 검찰은 타락합니다. 급기야 시민들이 경찰과 검찰에 '개 사료'를 보내고 뿌리는 퍼포먼스를 하기에 이르렀습니다.
검찰이 예전과 같은 엘리트 조직이라면 이런 상황에서 당연히 내부 정화가 시작되겠지만, 이미 검찰은 자기 정화를 주도할 수 있는 청년 세대가 내부에 존재하지 않습니다. 법치주의가 가능한 검사 선발 시스템이 무너졌기 때문입니다.
이런 일이 올 수밖에 없는 이유는 이미 21세기 인류의 의식과 법치주의가 맞지 않기 때문입니다. 법치주의는 기원전 5세기 춘추전국시대처럼 인간 의식과 물질 수준이 낮을 때 '두려움과 법'을 연결시켜 성공할 수 있었던 사회의식입니다. 그런 기준을 21세기 인류에게 적용할 수는 없습니다. 21세기 인류는 훨씬 더 높은 의식 기준으로 움직이니까요.

■ 비(賁) - 소박하고 자연스럽게

실사구시(實事求是)

정조 임금에게는 두 명의 천재가 있었다. 한 사람은 정약용, 또 한 사람은 서유구였다. 그들은 지식 군주였던 정조의 좌우 날개가 되어 지식과 정책을 공유하고 토론했다.

정조의 갑작스런 죽음 이후 그들도 몰락해갔다. 정약용은 간신히 목숨만 건진 채 강진에서 18년 동안 유배살이를 했다. 고통스러운 시간이었지만, 천재 정약용은 언제나 넘치는 후원과 지지 속에 살 수 있었다. 그의 실력을 알고 있었던 사람들은 그가 다시 정계에 복귀할 것이라고 믿었다.

서유구는 집안 대대로 이어지는 권문세가에서 태어났다. 부족한 것 없이 자랐고, 원하는 것은 다 얻을 수 있었다. 거기다 천재였고, 정조의 신임을 받는 최측근 지식인 중 하나였다. 그는 평생 부족한 것을 모르고 살았다. 그런 그가 자기 안에서 들려오는 소리에 귀를 기울이는 시간이 왔다.

"금초로 장식한 관과 좋은 수레와 말, 종정의 진귀함은 모두 집안에서 실컷 보았습니다. 하지만 이런 것들은 외물이라. 나의 즐거움이 되지 못합니다. 농사짓는 일은 삶의 근본이요 국가의 재원이라. 나는 장차 실질에 힘써 업으로 삼을 것입니다. 서광계의 《농정전서》를 구입해서 백성을 고르게 기르는 농사기술을 연구하고, 고향인 파주 장단의 재실에서 농사지으며 밭을 갈아 벼를 재배하고, 닭 치고 돼지 길러 세금을 내어 마을이 번창하게 할 것입니다. 그 나머지 시간에 시골에서의 오락을 실컷 즐기면 득실과 영욕이 모두 아득히 잊혀 편안히 세상을 마칠 수 있을 것이니 또한 즐길 만하지 않겠습니까?"

그는 오래된 정치 투쟁의 모순을 더 이상 견디기 힘들었고, 순조 초기의 벽파와 시파의 정치투쟁에서 몰락했다. 그는 고향인 파주 장단으로 오래전부터 돌아가고 싶어 했고, 또한 돌아갈 수밖에 없었다. 정약용이 18년의 유배 기간 동안 후원자들의 힘에 의지해 공부하는 데 집중했다면, 서유구는 하루하루 먹고 사는 데 온 힘을 다 쏟아야 했다(賁其趾, 舍車而徒. 義弗乘也).
꿈은 꿈이었고, 현실은 현실이었다.

하루 종일 농사일에 파묻혀 생계를 유지하기도 벅찼던 서유구는 차츰 삶에서 실제가 아닌 허구를 버리게 되었고(賁其須, 賁如濡如), 새로운 몸과 마음을 얻게 되었다. 삶의 아름다움과 실용적 기술의 소중함을 알게 되었고, 40년을 이어간 그의 평생의 역작 《임원경제지》(林園經濟志) 편집이 시작되었다(賁于丘園, 束帛戔戔, 吝, 終吉. 有喜也).

그는 지식인의 길이 국가 관료가 되는 길만 있는 것이 아니라는 이야기를 하고 싶었다. 조선의 선비들은 과거를 통한 관료의 길 외에는 미래를 보는 눈을 가지고 있지 않았다. 세상에서 뜻을 이루지 못했거나, 뜻을 접기로 마음먹은 지식인들이 농촌을 중심으로 사회 변화를 준비할 때 실제 경영에 참고하고 적용할 수 있는 책을 만들고 싶었다. 이 책은 서유구 자신을 위한 책이기도 했다(賁如, 皤如, 白馬翰如, 婚媾).

그는 산 아래 빛나는 작은 불빛처럼 살았다(山下有火, 賁).

賁, 亨, 小利有攸往.
형통하다. 나아가면 조금은 이롭다.
(인문적 변화가 쉽진 않지만 손해는 아니다.)

觀乎天文, 以察時變, 觀乎人文, 以化成天下.
천문을 관찰해서 계절의 변화를 통찰하듯이, 인문을 관찰해서 세상의 조화를 이룬다.

山下有火, 賁, 君子以明庶政, 无敢折獄.

산 아래 가난한 마을을 밝히는 불빛처럼, 비(賁)의 군자는 서민을 위한 밝은 정치를 하지만 감옥을 없애지는 않는다.

(산 아래 가난한 마을의 밤 풍경처럼 소박하게 살아가는 사람들에게도 어느 정도 규율은 필요하다.)

–

1. 賁其趾, 舍車而徒. 義弗乘也.

발을 꾸민다. 수레를 사양하고 걷는다. 의리상 그것을 탈 수 없다.

(가난한 민중들이 걸어다니는데, 그들과 고락을 함께하기로 한 사람이 자기 혼자 편하려고 차를 탈 수는 없다.)

2. 賁其須.

수염을 꾸민다.

(얼굴에서 눈 코 귀 입은 다 자기 역할이 있지만 수염은 딱히 할 일이 없다. 그래도 수염이 잘 자란 사람은 멋있게 보인다. 아무도 알아주지 않고 역할도 없이 장식품처럼 취급받는 지식인의 모습을 뜻한다.)

3. 賁如, 濡如, 永貞吉.

꾸민데다 윤기까지 더한다. 오랫동안 바름을 지킬 수 있어야 길하다.

(지식인들은 자기 역할을 찾기가 쉽지 않은 때에 자기를 꾸미고 덧칠하게 된다. 화려한 스펙이 난무할 때는 오랫동안 자기 자리를 지키기가 쉽지 않다.)

179

4. 賁如, 皤如, 白馬翰如, 匪寇, 婚媾.

아름답게 반짝반짝 꾸미고, 흰말을 타고 나는 듯이 간다. 도적의 무리가 아니라 혼인을 청하는 이들이다.

(문치의 이상을 가진 지도자가 내면의 밝음을 가진 선비를 찾아간다.)

5. 賁于丘園, 束帛戔戔, 吝, 終吉. 有喜也

작은 언덕과 농원을 꾸민다. 적은 돈으로 하기에 인색하지만, 끝내 길하다. 기쁨이 있다.

(집 주위의 야산과 농장을 잘 개발하고, 있는 그대로의 모습에서 아름다움을 찾아낸다. 대규모 개발이 아니라 인색해 보일지 모르지만 결국은 그런 인문적 가치와 자연의 가치가 조화로울 때 사람들은 진정한 기쁨을 느끼게 된다.)

6. 白賁, 无咎. 上得志也.

자기 안의 아름다움이 드러나니 허물이 없다. 높은 마음을 얻게 된다.

(가장 아름다운 것은 꾸미지 않아도 자신의 내면에서 올라오는 아름다움이 자연스럽게 밖으로 드러날 때이다. 인간의 높은 의식단계에서 이런 아름다움이 드러난다.)

전북 진안에서 마을운동을 이끌었던 구자인(진안 마을만들기 지원센터장) 선생은 마을운동가들 사이에서 이론과 현장을 두루 알고 경험한 최고 수준의 마을운동가이자 학자로 존경받습니다. 비괘의 이야기는 선생과 같은 인문지식인이 농촌 현장에서 마을을 변화시켜가는 내용입니다.

비괘는 진안에서 일으켰던 마을운동 대부분을 담고 있습니다.

구자인 선생은 농촌에서 상식처럼 되어 있던 대규모 마을 개발과 정비사업 정책을 변화시킵니다. 농촌 마을이 가진 힘과 자산을 가능한 한 보존하고, 있는 그대로의 모습에다 인문적 의미를 부여합니다. 관에서 기획을 주도하는 것이 아니라 주민들이 자율적인 기획을 하도록 이끌어내기도 합니다. 이런 형태의 마을운동을 기획하는 사람들은 이 운동이 가능한 가장 중요한 조건을 처음부터 끝까지 '주민교육'이라고 말합니다. 주민교육을 통한 각성이 높은 생각을 만들고, 그 생각이 대규모 예산 투입 없이도 마을을 아름답게 변화시킵니다(小利有攸往).

한국에서 비괘 개념의 마을운동은 특별한 경우라서 언론의 주목을 받지만, 유럽의 선진국 대부분 특히 스위스의 경우는 국가 전체의 농업과 국토 정책이 비괘에 기반을 두고 있습니다.
스위스는 알프스 산 아래 가난한 산골 마을 사람들이 구석구석 모여서 오순도순 살고 있습니다. 산 아래 따스한 불빛이 흘러나오는 비괘의 전형적 모습입니다(山下有火, 賁). 스위스의 정책 기획자들은 스위스인들이 누리는 이 삶의 기반이 가장 아름답다고 생각했고, 이 아름다움을 보존하는 정책을 펼쳤습니다.

경관지불금과 한계거주 직불금 등을 통해 깊은 산골 마을 사람들이 경세적 문제로 마을을 떠나는 일이 없도록 보호했고, 집집마다 정원을 가꾸도록 의무화했습니다(君子以明庶政, 无敢折獄). 정원 가꾸기는 시간이 지나면 지날수록 아름다워지고 나중에는 특별히 손을 대지 않아도 그 자체만으로 누구나 평화와 행복을 느끼게 됩니다. 유럽을 여행하는 사람들이 누구나 스위스를 가보고 싶어 하는 이유입니다.

이런 조건에서 사는 사람들은 대부분 높은 수준의 인문적 교양과 참여의식을 가지게 되니, 스위스의 민주주의는 당연히 세계 최고 수준입니다. 대통령이 있지만 대통령이 누군지 아는 사람이 거의 없는 상태, 즉 노자의 소국과민(小國寡民)의 이상사회에 가까운 모습까지 와 있습니다.

풍석 서유구 선생은 정조의 개혁정치에 참여했습니다. 정조의 죽음 이후 함께 몰락한 정약용은 끝내 정계 복귀에 실패했지만, 서유구는 18년 동안 귀농생활을 마친 다음 다시 정계에 복귀해서 자기 이상을 부분적이라도 실천할 수 있는 기회를 얻었습니다. 정약용과 서유구의 차이는 정약용이 언제든 다시 정계로 복귀할 것을 예상하고 《목민심서》 같은 정치 이론서를 기획하고 저술한 반면 서유구는 농민으로서의 삶도 행복한 삶이라 생각했고, 자신과 같은 의지를 가진 지식인들을 위해 《임원경제지》(林園經濟志)를 썼습니다.

그는 산림과 농장, 가정의 소소한 살림살이, 몸과 마음의 치유와 수련에 관심을 가졌고, 학문과 현장 실천능력을 동시에 가진 지식인이 되고자 했습니다.

비쾌는 소소한 일상 속에서 인문적 의미를 읽어내고, 그런 인문적 지혜가 자연스럽게 몸과 마음에 배어나오는 개인의 삶과 사회에서 진정한 아름다움을 찾고자 합니다.

주역 제23괘
▥ 박(剝) – 약탈 자본주의

모모와 시간저축은행 1

사람들은 힘든 일이 있으면 모모를 찾아왔다. 모모는 귀 기울여 들어주기만 하는데도 사람들은 이야기를 하면서 스스로 답을 찾아가곤 했다. 원형극장의 소녀 모모는 언제나 그 자리에 있었고, 아이들은 모모와 함께 무한한 상상을 이끌어내곤 했다.

처음 회색신사들이 도시에 나타났을 때, 사람들은 그들의 시간저축은행을 크게 주목하지 않았다. 시간은 남아돌아갔고, 시간을 저축해서 다시 쓸 수 있다는 개념을 이해하기도 쉽지 않았다. 그러나 시간저축은행의 영업사원인 회색신사들은 보이지 않는 곳에서 사람들의 불만과 욕구를 들고, 그 자료를 가지고 영업을 하기 시작했다. 점점 더 많은 사람들이 시간을 저축하기 시작했다.

사람들은 대부분의 시간을 저축하고 아주 작은 시간만 가지고 살아야 했으므로 언제나 시간이 모자랐다. 시간은 수수께끼처럼 사라졌고, 하루는 점점 더 짧아졌다. 삶은 바빠지고, 서로의 이야기를 들을 시간이 없었다. 사람들은 시간을 들여 하던 일들을 돈으로 할 수밖에 없었다.

아이들의 삶이 가장 먼저 무너졌다(剝牀以足, 蔑, 貞凶. 以滅下也). 스마트폰과 PC게임으로 하루 종일을 보내면서 모모와 함께 놀 때 누리던 상상력은 사라지기 시작했다. 상상력이 사라진 아이들은 우울해졌고, 친구를 학대하는 걸 놀이로 즐기기 시작했다. 같은 학교에서 공부하거나, 같은 직장에서 일하거나, 같은 아파트에서 이웃해 살아도 서로를 돌아보는 일이 없어졌다. 세상이 험해졌다고 생각했고, 혼자 살아남기 위해 발버둥을 칠 뿐이었다(剝牀以辨, 蔑, 貞凶. 未有與也).

친구들을 기다리다 지친 모모는 옛 친구들을 찾아가보았다. 모두들 시간이 없다고 했다. 그렇게 살지 않으면 누구도 살아남을 수 없다고 하면서 자신이 하는 일을 혐오하고 있었다.

미장이 니콜라는 자신이 짓는 집이 4~5년도 못 가 무너질 것 같은 두려움에 시달리고 있었고, 이발소 주인 푸지 씨는 손님을 정성스럽게 맞는 힘을 잃어버렸다. 술집 주인 니노는 외상술을 한 잔 시켜놓고 밤새 앉아 노는 노인들을 가게에서 쫓아냈다. 누구도 누구를 돌볼 수 없는 조건이었다(剝牀以膚, 凶. 切近災也).

시간저축은행에 시간을 맡기지 않은 사람은 모모 혼자였다. 회색신사들은 모모를 위험인물로 지목했고, 혈안이 되어 모모를 찾아다녔지만, 찾을 수 없었다. 모모는 반시간 앞의 일을 미리 아는 신비한 거북 카시오페이아의 보호를 받으며, '언제나 없는 거리의 아무데도 없는 집'에 숨어야 했다(碩果 不食, 君子得輿, 民所載也).

剝, 不利有攸往.

약탈사회, 군자는 갈 곳이 없다.

君子尙消息盈虛, 天行也.

군자가 들어오고 나가고, 차고 비는 걸 존중하는 것은 하늘의 움직임이기 때문이다.

山附於地, 剝, 上以厚下安宅.

산이 변하여 땅에 붙는 것처럼 박의 군자는 자기 것을 내놓아 아랫사람들을 넉넉하게 대해야 집안이 안전해진다.

(극단적인 빈익빈 부익부 상황에서 가난한 사람들의 삶을 돌보는 것이 바로 부자 자신이 안전해지는 길이다.)

—

1. 剝牀以足, 蔑, 貞凶. 以滅下也.

침상의 발이 문드러진다. 바름이 무너지니 흉하다. 무너질 때가 되면 아래에서부터 무너진다.

(한 사회가 무너질 때가 되면 가난한 사람들의 삶, 아이들의 삶이 가장 먼저 무너진다. 사람들이 바른 삶을 살겠다는 의지를 잃게 되므로 흉하다.)

2. 剝牀以辨, 蔑, 貞凶. 未有與也.

침상의 모서리가 문드러진다. 바름이 무너지니 흉하다. 서로 손잡고 함께 있을 수 없다.

(한 사회가 무너지는 속도가 조금 더 빨라지면, 바른 삶의 의지를 잃는 정도가 아니라 혼자만 살아남기 위해 발버둥을 치게 된다.)

3. 剝, 无咎. 失上下也.

문드러져도 허물이 없다. 아래와 위 모든 길을 잃고 새 길을 찾는다.

(세상이 무너지는 때가 되면 근원적으로 회의하면서 '이렇게 살지 않아도 되는데' 하고 의문을 일으키는 사람이 있다. 그들은 보통 사람들이 옳다고 생각하며 가는 길이 아니라 새 길을 찾아내므로 허물이 없다. 그러나 아래 위의 모든 인연을 잃는다.)

4. 剝牀以膚, 凶. 切近災也.

침상의 표면이 문드러져 피부에 닿았다. 흉하다. 재앙이 절박하게 가까이 왔다.

(한 사회가 무너지면 누구도 삶을 보호받을 수 없다. 만인의 만인에 대한 투쟁의 상태가 된다.)

5. 貫魚以宮人寵, 无不利.

물고기를 꿰듯이 아름다운 여인들(궁인)을 줄줄이 세워 총애를 얻는다. 불리

할 게 없다.

(세상은 이제 완전히 악의 손아귀에 들어갔다. 남아있는 약간의 저항세력에게는

향락의 기회를 제공한다. 서두를 필요 없다. 누구도 저항할 수 없다.)

약탈 사회의 상위 10%인 전문가들을 회유한다.

6. 碩果不食, 君子得輿, 民所載也. 小人剝廬, 終不可用也.

마지막 남은 종자 열매까지 먹어서는 안 된다. 군자는 민중을 실어 나를 수 있는

수레를 얻고, 소인은 작은 오두막까지 다 헐리지만 끝내 사용되지 않는다.

(아무리 사회가 무너지고 인륜이 땅에 떨어져도 손대지 말아야 할 개인과 집단의

가치가 있다. 그렇게 남겨둔 힘 덕분에 사람들은 새로운 삶의 가능성을 찾는다.

이런 가치의 씨앗을 갖지 못한 사람은 새 시대에 참여할 수 없다.)

미하엘 엔데의 소설 《모모》는 세계적인 베스트셀러입니다. 주역의 박괘와 복괘 이야기는 엔데의 《모모》와 동일한 구조입니다.

박괘는 한 사회의 가치와 삶의 방식이 인간적 성찰과 윤리, 생활을 유지하기 위한 최소한의 기준마저 무너진 모습입니다. 산처럼 넉넉했던 풍요가 땅에 달라붙을 정도로 박탈당합니다(山附於地, 剝). 신자유주의 세계화의 극단적 빈부격차 사회입니다.

이런 사회가 만들어지는 과정은 한국의 IMF와 같은 경제위기 상황에서 시작합니다. 사람들은 하루아침에 기업이 망하고 함께 일하던 사람들이 회

사를 떠나는 상황을 받아들이는데 심한 고통을 받습니다. 더구나 그들의 재산이 압류당하고 빚에 쪼들리다 노숙자로 전락하는 현실에 대해 분노하고 저항하게 됩니다.

그러나 어쩔 수 없는 현실과 타협하고 자기를 잃어버리는 심한 우울과 정신적 상처를 입은 다음, 그 상처를 치유하기 위해 자신의 삶을 수용하고 긍정하게 됩니다. 개인이 감당할 수 없는 폭력적 상황, 거대한 악이 지배하는 상황에서 인간은 이렇게 하지 않으면 살아남을 수 없습니다. 이런 폭력을 견딜 수 없는 사람들은 삶을 더 이어갈 수 없습니다.

박괘의 조건에서는 그 사회의 약자들이 가장 먼저 무너집니다. 자기주장을 할 수 없는 아이들은 삶이 무너진 부모로부터 제대로 보호를 받을 수 없고, 학대를 받으며 자라납니다(剝牀以足, 蔑, 貞凶. 以滅下也). 가난한 사람에게는 박괘의 조건이 삶과 죽음을 나누는 경계의 자리가 되기 쉽습니다. 이런 과정이 지나고 나면 사람들은 누구나 '나 하나만' 생각할 수밖에 없습니다(剝牀以辨, 蔑, 貞凶. 未有與也).

누구나 자연스럽게 이웃을 돕고, 함께 살아가는 삶이 무너진 자리에는 각종 사회복지 서비스가 일자리로 제공됩니다. 마음은 없고 형식과 최소 기준의 생존만 목표로 하는 일들이 생겨나면서 인간의 자존까지도 무너집니다. 이런 사회를 도저히 견딜 수 없다고 생각하는 사람들은 제3의 길을 찾기 시작합니다.

생태적 귀농, 대안사회운동 등 다양한 실험이 시작되지만, 그들은 대부분 지독한 삶의 고통을 각오해야 합니다. 심할 경우는 누구로부터도 지지받지 못한 채 산속에 홀로 고립되기도 합니다(剝, 无咎. 失上下也).

박괘의 상황에 저항하는 세력을 회유하는 내용도 있습니다.

모모의 친구인 관광안내원 기기는 어느 날 신문에 '마지막 남은 진짜 이야기꾼' 기사가 나오면서 삶이 변하게 됩니다. 그는 TV 쇼에 출연할 정도로 인기를 얻게 되지만, 시간을 잃고 바빠진 그는 결국 모모로부터 떠나야 합니다. 박괘는 이 내용을 '물고기를 꿰듯이 아름다운 여인을 줄줄이 세워 마음을 얻는다'라고 표현했습니다(貫魚以宮人寵). 왕궁에서 궁녀들이 줄줄이 서서 왕을 맞는 모습을 상상하면 됩니다.

돈과 향락의 회유와 협박에 넘어가지 않고 버틸 수 있는 사람은 극히 드뭅니다. 박괘의 유일한 희망은 '석과불식'(碩果不食)입니다. 그것은 어떤 경우에도 손대선 안 되는 것, 손댈 수 없는 것, 일단 손을 대면 그 사회가 다시 회복할 가능성을 완전히 잃어버리는 힘입니다. 미하엘 엔데는 그 희망의 이야기를 《모모》에서 하고 있습니다.

이 이야기는 환상적인 소설 같지만 깊은 내면으로 보면 실재입니다. 악이 극단적인 힘을 가지게 된다는 말은 힘이 강해진다는 이야기가 아닙니다. 곧 그 힘이 무너진다는 이야기입니다. 즉 시간저축은행(국제투기금융)이 지배하는 신자유주의 세계화가 곧 무너진다는 이야기입니다.

자본주의의 종말은 이제 눈앞에 온 현실입니다. 지금 과제는 사회를 바꾸는 것이 아니라 무너지는 걸 방해하지 않는 것입니다. 그리고 다시 이 땅에 뿌려야 할 씨앗을 보호하는 것입니다(碩果不食, 君子得輿, 民所載也. 小人剝廬, 終不可用也).

■ 복(復) – 미약한 빛이 다시 살아나

모모와 시간저축은행 2

'언제나 없는 거리의 아무데도 없는 집'의 주인은 호라 박사. 그는 시간의
관리자로서 사람들의 마음속에 자신의 시간꽃을 나누어주고 있었다.
호라 박사는 사람들이 시간꽃을 잘 피워주길 바랐지만, 사람들은 대부분
시간꽃을 시간저축은행에 맡겨버렸다. 회색신사들은 사람들이 맡긴 시간
꽃의 잎을 말려서 시가를 만들어 피우며 그 연기로 살아가는 존재였다. 그
들은 끊임없이 시간을 모아들여야 살아갈 수 있었고, 사람의 마음을 떠난
시간은 죽은 시간이었다.

사람들은 시간꽃을 잘 피우길 소망하는 마음과, 삶의 고통과 죽음에 대한

두려움, 미래에 대한 불안으로 시간을 시간저축은행에 맡기려는 두 마음이 언제나 갈등하고 있었다.

대부분의 사람들은 회색신사의 유혹을 넘어서지 못했다. 그들은 자신의 시간꽃을 지켜내지 못했고, 시간이 없어 바쁘게 살아야 했던 그들은 스스로 갖가지 사고와 재앙을 불러들였다(迷復, 凶, 有災眚. 用行師, 終有大敗, 以其國, 君凶, 至于十年不克征).

오직 모모만이 온전히 자신의 시간꽃을 지켜냈고, 거북이 카시오페이아가 인도하는 길을 따라 '언제나 없는 거리의 아무데도 없는 집'에서 회색신사의 공격으로부터 자신을 지킬 수 있었다(中行獨復, 以從道也. 敦復, 无悔. 中以自考也).

모모가 '언제나 없는 거리의 아무데도 없는 집'에 몸을 숨긴 사이, '시간과 세상'은 회색신사들의 시가 연기로 오염되기 시작했다. 모모는 모든 사람이 각자 자기의 시간꽃을 가졌다는 말을 전해주기 위해 자기 안에서 말의 씨앗이 자라도록 태양이 한 바퀴 돌아 다시 돌아오는 시간 동안 깊은 잠에 들어가야 했다(雷在地中, 復, 先王以至日閉關, 商旅不行, 后不省方).

태양이 한 바퀴 돌아 다시 돌아온 시간이 지난 뒤, 시간꽃을 되돌려주기 위한 모모와 회색신사들의 숨 막히는 대결이 펼쳐졌다. 모모는 끝내 회색신사들의 지하 창고에 냉동 보관되어 있던 시간꽃을 찾아내고, 창고의 문을 여는 데 성공했다. 냉동이 풀리자 시간꽃은 진짜 주인에게 돌아가기 위해 전심전력을 다해 날아올랐다. 거대한 소용돌이처럼 따뜻한 바람이 불어왔다.

사람들의 마음속에서 시간꽃이 되살아나자 아이들은 다시 거리에서 놀기 시작했고, 길 가던 사람들은 멈추어 서서 아이들의 놀이를 지켜보며 미소 짓고, 서로 인사를 나누며 안부를 묻기 시작했다. 모모의 친구들도 모모 가 사는 원형극장으로 다시 돌아왔다(復, 亨. 出入无疾, 朋來无咎, 反復其道, 七日來復. 利有攸往).

사람들은 이제 짧은 시간에 가능한 한 많은 일을 할 필요가 없어졌다. 무슨 일을 하건 자기가 필요한 만큼, 자기가 원하는 만큼의 시간을 낼 수 있었다. 시간이 다시 풍부해졌기 때문이다.

復, 亨. 出入无疾, 朋來无咎, 反復其道, 七日來復. 利有攸往.
형통하다. 오고감에 장애가 없다. 같은 뜻과 의지를 가진 친구가 오니 허물이 없다. 일곱 번의 과정을 거쳐 돌아오니 본성이 회복된다. 해야 할 과제가 있어 이롭다.

雷在地中, 復, 先王以至日閉關, 商旅不行, 后不省方.
땅속에서 우레가 울리듯이, 복의 옛 임금은 동지가 되면 새롭게 생겨나는 강한 에너지가 깊은 내면에서 움터서 자리를 잡도록 사거리의 큰 문을 닫아 장사와 여행을 제한하고, 제후들은 지방 순찰을 나가지 않았다.
(가능한 한 새로 생겨난 에너지를 모으고 보호하기 위해 몸과 마음을 쉬었다.)

—

1. 不遠復, 无祗悔, 元吉. 以脩身也.

멀리 가지 않고 되돌아오니 뉘우칠 정도는 아니다. 크게 길하다. 평소에 몸 수련
을 꾸준히 했기에 가능한 일이다.

2. 休復, 吉. 以下仁也.

몸과 마음의 여유를 가지고 아름답게 돌아오니 길하다. 사랑으로 대해준 분들에
게 몸을 낮추고 받아들였기 때문이다.

3. 頻復, 厲无咎. 義无咎也.

기꺼이 돌아오지 않고 오다 말다를 빈번히 반복하니 염려스럽지만 허물은 없다.
올바른 길을 찾기 때문이다.

4. 中行獨復, 以從道也.

악의 무리 가운데에서 홀로 돌아온다. 올바른 길이 무엇인지 알게 되어 따를 수
있었기 때문이다.

5. 敦復, 无悔. 中以自考也.

돈독하고 진실한 마음으로 돌아오니 후회할 일이 없다. 중심을 잡고 스스로 깊
이 성찰한 결과이다.

6. 迷復, 凶, 有災眚. 用行師, 終有大敗, 以其國, 君凶, 至于十年不克征.

미혹되어 돌아오지 못하니 흉하고, 재앙(천재와 인재)이 생긴다. 전쟁에 나가
결국 패하듯이 마음에서 일어나는 유혹의 갈등을 이기지 못했다. 나라로 보면

10년에 이르도록 내부 반란을 정복하지 못해 흉한 것에 비유할 수 있다.

돈이 모든 삶을 지배하는 사회가 되더라도 결코 잃어선 안 될 가치를 지켜낸 사회는 다시 새로운 싹을 틔울 가능성이 있습니다. 《모모》는 그처럼 '포기할 수 없는 씨앗(碩果)'을 지켜낸 사회가 어떻게 다시 회복해 가는지 그 과정을 보여줍니다. 《모모》는 어린이와 청소년을 위한 소설이지만, 동서양의 오래된 영적 지혜가 가득합니다. 저자 미하일 엔데는, 시간에 대한 어렵고 신비한 개념들을 아이들도 이해할 수 있도록 다양한 상상을 통해 설명합니다.

엔데는 죽기 1년 전 일본의 NHK TV와 함께 다큐멘터리를 제작했습니다. 엔데는 이 인터뷰에서 돈이 만들어지는 과정에 대해 자세히 설명합니다. 은행에서 돈을 많이 발행해서 돈이 늘어나면 그 늘어난 만큼 돈의 가치는 줄어듭니다. 설탕물에 물을 더 부으면 농도가 떨어지는 것과 같습니다. 마법 같은 게임입니다. 은행은 고객으로부터 받은 예금을 가지고 있지 않습니다. 정확하게는 예금의 10퍼센트 이하인 '지불준비율'이라는 기준만큼만 가지고 있습니다. 지불준비금을 제외하고 은행은 무한정 돈을 확대할 수 있습니다. 그리고 신용창조라는 통화팽창 과정을 거치면, 우리가 은행에 맡긴 돈으로 인해 우리 돈의 가치가 줄어들게 됩니다. 은행은 그렇게 늘린 돈으로 투기적 투자를 하는 경우가 많습니다. 신용 창조(통화 팽창)와 투기적 투자가 한 국가를 벗어나기 쉽지 않은 조건이었을 때는 그나마 견딜 만했습니다.

1980년 이후 영국과 미국에서 금융자유화가 시작되면서부터 은행은 국가의 장벽을 넘어섰고, 금융 서비스에서 국제투기금융으로 성격 자체를 바꾸게 됩니다.

'국제투기금융'은 밤낮없이 투자할 곳을 찾아다니며 단기간의 이익을 목표로 약탈적인 투자를 합니다. 이런 약탈적 투기금융의 공격을 받은 국가들은 국가관리체계 자체가 무너졌고, 전 세계 여러 나라들이 IMF의 관리를 받으며 기업과 금융이익 중심으로 국가를 재편하도록 압력을 받았습니다. 한국도 1997년 IMF 관리체제에 들어가면서 '비정규직법'이 도입되었고, 기업 경영의 목표가 대주주의 이익을 위한 단기 경영 성과 중심으로 재편되었습니다. 이 상태가 되면 장기적인 안목을 가지고 투자하면 주식이 빠져나가고, 정리해고를 해서 기업의 단기경영 성과가 올라가면 주식이 올라가게 됩니다.

많은 기업들이 경영이 어려워졌다는 이유로 대규모 정리해고를 한 뒤에 다시 경영조건이 회복되더라도 해고자를 복직시켜주지 않는 이유는 돈의 문제가 아니라 그런 조치를 하면 바로 주식이 하락하고 경영진이 대주주의 압박을 받기 때문입니다.

엔데의 제안은 은행에서 발행한 돈을 쓰지 말고 우리 스스로 돈을 만들어 (지역화폐) 교환 중심으로 돈을 쓰자는 것이었습니다. 교환 목적과 투기 목적의 돈이 같이 쓰이면 결국 이익이 많은 투기 쪽으로 돈이 몰리고, 사람들이 더불어 살아갈 수 있는 교환하는 돈이 줄어들면서 가난한 사람들은 더 가난해지고 일할 기회를 가질 수 없다는 것이 엔데의 생각이었습니다. 엔데는 《모모》의 곳곳에 이런 내용을 담았습니다. 시간저축은행에 저축한 시간은 죽은 시간이 되지만, 삶을 통해 시간의 꽃을 피우면 삶에 활력이 생겨납니다.

박괘와 복괘는 한 짝입니다.

우리 삶의 모든 것을 다 잃고 나면 깊이 잠드는 시간이 지난 뒤에 가슴속 깊은 곳에서 진동이 울려 퍼지기 시작합니다. 회복의 시간이 시작되기 때문입니다(復, 亨. 出入无疾, 朋來无咎, 反復其道, 七日來復. 利有攸往). 태양이 돌고 돌아 계절이 돌아오듯, 삶도 다시 반복되는 것이 하늘과 땅의 마음입니다.

오래지 않아 지금과 같은 약탈(박탈) 자본주의가 끝납니다. 예전에는 '자본주의의 종말을 이야기하는 것이 미친 소리였지만, 지금은 약탈 자본주의가 끝나지 않는다고 말하는 게 오히려 미친 생각입니다.

한동안 우리는 대공황이라는 깊은 잠 속에 들어가야 할 겁니다(雷在地中, 復, 先王以至日閉關, 商旅不行, 后不省方). 상당한 고통을 겪고 난 뒤에 대공황의 근원적 이유 중 하나였던 은행 구조가 완전히 바뀔 것입니다. 민주주의에 대한 이해도, 정치적 의사 결정의 자유와 함께 실제적 민주주의인 경제적 민주주의도 보호받게 됩니다.

이제 더 이상 시간저축은행에 속아야 할 이유가 없습니다. 민주주의가 회복되는 시간이 시작되고 있습니다.

▌ 무망(无妄) – 진실무망

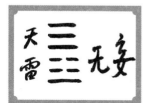

죽는 날까지 하늘을 우러러
한 점 부끄러움이 없기를

진실무망(眞實無妄).

모든 만물 속에는 맑고 밝고 따뜻한,

조금도 오염되지 않은 부분이 있다.

하느님은 인간을 창조할 때 심장 한쪽에 그 씨앗을 심어뒀다.

죽는 날까지 하늘을 우러러

한 점 부끄럼 없이 살고 싶은 소망이 일어날 수 있다.

그런 마음 꿈틀거릴 수

있다(天下雷行, 物與无妄, 先王以茂對時育萬物).

세상에서 가장 슬프고 외로운 일이다.
살아남기 어렵다(无妄行, 有眚, 无攸利. 窮之災也).

无妄, 元亨, 利貞, 其匪正有眚, 不利有攸往.
진실무망한 삶은 크게 형통하고 바르며 이롭다. 바름을 잃으면 재앙을 불러온다.
이런 경우에는 갈 곳이 있어도 이롭지 않다.

天下雷行, 物與无妄, 先王以茂對時育萬物.
하늘로부터 내려와 내 안에서 우레처럼 약동하는 힘이 무망이다. 모든 사람과 사
물에는 진실무망한 본성이 주어져 있다. 이 힘을 알고 있었던 옛 사람들은 경칩
이 되면 모든 생명이 힘을 얻어 개구리처럼 튀어 올라오듯이, 회복의 시간이 되면
만물이 자기 본성에 맞게 자라나도록 도왔다.

—

1. 无妄, 往吉. 得志也.
진실무망한 삶을 살아가니 길하다. 진실무망한 삶에 대한 뜻을 얻었기 때문이다.

2. 不耕穫, 不菑畬, 則利有攸往. 未富也.
밭을 갈지 않아도 수확하고, 개간하지 않아도 밭이 기름지니 나아가는 것이 이롭

다. 무엇을 해서 부자가 되겠다거나 결과를 얻어야 한다는 생각이 없다.

3. 无妄之災, 或繫之牛, 行人之得, 邑人之災.

진실무망한 삶의 재앙. 예를 들어 지나가는 사람이 묶어놓은 소를 끌고 가서 마을

사람 모두가 의심받는 일처럼, 그는 근거 없이 오해받고 고통을 겪는다.

4. 可貞, 无咎. 固有之也.

바르게 살아가니 허물이 없다. 무망의 마음을 굳게 지켜간다.

5. 无妄之疾, 勿藥有喜.

무망의 삶을 사는 가운데 생겨난 고통은 약을 쓰지 않아도 낫는다.

6. 无妄行, 有眚, 无攸利. 窮之災也.

진실무망한 삶을 살더라도 재앙이 온다. 이롭지 않다. 궁지에 몰려서 재앙을 피

하기가 쉽지 않다.

무망괘는 그 앞에 '진실'이라는 말을 덧붙이면 뜻이 명확하게 살아납니다. 주역의 박괘와 복괘를 잇는 무망괘는 우리 삶이 완전히 약탈당한 상태에서 그 고통을 견디며 새롭게 싹을 틔우는 사람의 마음속에 무엇이 생겨나는지를 바라보는 이야기입니다. 서과불식(碩果不食)으로 살아남아 새로운 세상을 여는 아주 소수의 사람들은 단순히 사회를 새롭게 회복하는 데 그치지 않습니다. 그들은 대부분 그 과정을 거치며 의식의 진화를 경험합니

다. 무망은 그렇게 새로운 의식을 가지게 된 사람들의 이야기입니다.

'하늘을 우러러 한 점 부끄럼이 없기를' 기원한 윤동주는 삶 전체가 무망
과 이어져 있습니다.

1938년. 윤동주와 송몽규. 22세 동갑내기 사촌인 이들은 머나먼 북간도 용
정에서 경성의 연희전문학교에 입학합니다. 연희전문에는 윤동주가 깊이
존경하는 '최현배 교수'가 있었습니다. 일제 식민통치를 드러내놓고 규탄할
수 없었던 시기에는 최현배 선생의 《우리말본》을 읽는 것 자체가 저항이라
는 의미를 가질 정도였습니다.

윤동주가 연희전문에 입학할 당시는 이제 막 중일전쟁이 벌어진 시기였
고, 아직까지는 일본의 힘으로 전쟁을 유지할 수 있는 때였습니다. 그러
나 1937년에 시작된 중일전쟁의 규모는 점점 커지고 있었고, 식민지 조선
의 청년들을 전쟁에 투입할 시기가 다가오고 있었습니다. 일본 제국의 두
려움은 참전한 조선 병사들의 반란이었습니다. 조선 청년 징병은 그들로
서도 쉬운 일이 아니었습니다. 그래서 조선인 스스로 자신을 일본인이라
고 느끼고 생각하도록 만드는 '황국신민 정신개조'는 조선총독부의 핵심
정책 과제였습니다.

황국신민 정신개조를 위해 가장 먼저 동원된 지식인들은 문인이었습니다.
소설가 이광수는 스스로 이름을 가야마 미쓰로(香山 光郎)로 바꾸고, '창
씨개명은 조선 인민을 천황의 신하로 동일하게 대우하겠다는 천황의 은혜'
라는 글을 신문에 발표합니다. 조선문인협회는 협회의 존재 의미를 '문필보
국, 내선일체'(文筆保國, 內鮮一體)에 둔다는 결의문을 채택합니다.

조선문인협회의 이 결의문은 문학의 꿈을 키우던 윤동주에게 지울 수 없는 상처로 남게 됩니다. 일본 제국의 전쟁을 지지하는 문학, 자신의 안위를 위해 문학정신과 부끄러움을 잃은 사람들이 문인이라는 사실을 받아들일 수 없었던 그는 절망 속에 스스로 절필을 선언합니다.

문인들이 이처럼 말도 안 되는 일을 했던 이유는, 그들도 마지막까지 놓칠 수 없는 것들이 있었기 때문입니다.

내용을 무엇으로 하건 한글 출판물과 신문을 지키는 일이 그들의 과제였습니다. 그걸 놓치면 생활은 말할 것도 없고, 일본어로 작품을 발표할 수밖에 없게 됩니다. 그들은, 그것만은 막고 싶었습니다. 하지만 그런 수모를 겪으면서까지 지키고자 했던 '조선일보'와 '동아일보'도 1940년 8월 폐간되었습니다.

일본 제국은 형식적이나마 지식인들의 협조를 구하던 것도 더 유지할 수 없었습니다. 전쟁이 더욱 확대되면서 더 이상 문인, 지식인들과 노닥거릴 시간이 없어졌기 때문입니다. 중일전쟁의 확대와 함께 연희전문의 언더우드 교장 가족과 외국인 교수들이 국외로 추방되었고, 내선일체 정책에 동의하지 않던 교수들은 대부분 쫓겨났습니다.

1941년 12월의 졸업을 앞두고 동주는 그동안 써왔던 시를 모아 시집을 만들고자 했습니다. 한글 출판은 생각할 수도 없었던 그때, 그는 70권 정도를 '등사'해서 가까운 벗과 가족, 스승들과 함께 읽을 생각을 했습니다. 세 권을 먼저 직접 노트에 써서 하나는 자신에게, 또 하나는 사랑하는 벗 병욱에게, 나머지 하나는 지도교수인 이양하 선생께 드렸습니다. 이양하 선생은 윤동주의 시가 얼마나 위험한지 알아보았습니다.

졸업을 보름 정도 앞둔 1941년 12월 8일, 일본은 진주만 폭격을 감행했습니다. '동아시아중일전쟁'은 '아시아태평양전쟁'으로 확대되었고, 20대 청년의 삶은 누구도 보호해줄 수 없는 상황이 되었습니다. 결국 윤동주의 첫 시집 1판《하늘과 바람과 별과 시》는 자신이 손으로 직접 쓴 세 부만 발행되고 말았습니다(无妄之災).

20대 청년이 징병을 피할 수 있는 유일한 길은 일본 대학의 학생 자격뿐이었습니다. 동주와 몽규의 집안은 두 형제를 일본 대학에 유학을 보내기로 결정하고, 교토의 도시샤대학에 보냈습니다. 그러나 오래지 않아 몽규는 일본 경찰의 감시망에 포착됐고, 몽규와 함께 지내던 동주도 덩달아 걸려들어갔습니다. 둘은 일본 특별고등경찰이 조작한 '교토 조선인 학생 민족주의 그룹 사건'에 연루된 혐의로 후쿠오카교도소에 수감되었습니다.
큐슈제국대학 의학부는 전쟁터에서 부족한 피를 대신하기 위해 식염수혈관 투입 생체실험을 위해 조선인 사상범들을 후쿠오카교도소로 모아들이고 있었고, 동주와 몽규는 혈관 생체실험 대상으로 사용되다 죽어갔습니다. 1945년 2월 16일 동주, 3월 7일 몽규. 무망의 삶이 다다른 재앙의 끝입니다(无妄行, 有眚, 无攸利. 窮之災也).

윤동주의 생애를 읽으면 인간에게 이런 불행이 있을 수 있구나 싶은 마음이 들 때가 한두 번이 아닙니다. 조금만 더 늦게 태어나 그 시기를 어린아이로 지났더라면, 아니 차라리 조금 더 일찍 태어나 30대 이상의 나이였다면 하는 마음이 밀려들 정도로 그는 가장 불운한 시기에 조선의 청년 시인으로 살아야 했습니다.

그가 본격적으로 시를 쓰던 시기 조선에는 한글로 시를 쓰고 발표하는 시인이 남아 있지 않을 정도였습니다. 그 조건에서 그는 비록 단 세 부의 출판물이었지만 20세기 한국의 가장 위대한 출판물 중 하나인 《하늘과 바람과 별과 시》라는 시집을 출판했습니다. 어디에서도 회복의 기미를 찾을 수 없었던 조선의 시단에서, 홀로 시의 정신을 회복해낸 것입니다.

주역 복괘는 동지(冬至)라는 상징을 통해 회복의 의미를 표현합니다. 동지가 되면 태양은 3일 동안 깊은 잠을 잔 뒤 다시 길어지기 시작합니다. 크리스마스와 예수의 3일 간의 죽음은 동서양이 함께 공유하고 있던 동지의 의미를 담고 있습니다. 크리스마스는 동지 축제입니다. 이 회복의 시간은, 마음만의 회복일 뿐 현실은 여전히 꽁꽁 얼어붙어 있는 음력 11월입니다.

무망의 마음은 이런 차가운 현실 속에서 박괘와 복괘를 지나며 자기 속에 있는 빛을 찾아낸 사람이 겪어야 하는 고통입니다.

조금만 시대의 냉혹함이 덜했더라면, 윤동주가 만났던 무망의 상황도 특별한 약을 쓰지 않아도 저절로 치유되었을 겁니다(无妄之疾, 勿藥有喜). 그러나 그가 20대 청년기를 보낸 1937년부터 1945년까지는 중일전쟁이 시작되어 태평양전쟁으로 확대되었던 때입니다. 게다가 그의 죽음 뒤에도 중국의 국공내전과 한국내전이 이어지며 동아시아에서 3,000만에 가까운 사람들이 목숨을 잃은 동아시아 역사상 최악의 시기였습니다. 그처럼 맑고 순순한 사람이 이 시기에 살아남는다는 것은 거의 불가능이라고 봐야 합니다.

무망의 의식 단계에서 그가 썼던 〈별 헤는 밤〉의 한 부분을 같이 읽어봅시다.

나는 무엇인지 그리워
이 많은 별빛이 내린 언덕 위에
내 이름자를 써 보고,
흙으로 덮어 버리었습니다.

딴은, 밤을 새워 우는 벌레는
부끄러운 이름을 슬퍼하는 까닭입니다.

그러나 겨울이 지나고 나의 별에도 봄이 오면,
무덤 위에 파란 잔디가 피어나듯이
내 이름자 묻힌 언덕 위에도
자랑처럼 풀이 무성할 거외다.

주역 제26괘

■ 대축(大畜) – 큰 힘을 모은다

도덕적인 삶

도덕은 착하게 사는 것.
왜 착하게 살아야 할까?

도(道)는 진리의 길, 올바름의 길이라는 건 알겠는데,
그럼 덕(德)은 뭘까?
마음씨 좋고 누구나 품어 안아주는 걸까?
내가 들었던 덕(德)에 대한 가장 탁월한 해석은 '매력적인 삶'.
올바른 길을 걸어가는 매력적인 사람이 도덕군자이다.
이 사람을 중심으로 힘이 모인다.

그 힘이 어느 선을 넘어설 정도가 되면.

봉건계급제도가 무너지고 시민혁명이 일어난다.

자본주의가 무너지고 사회주의가 건설된다.

시장 만능 사회가 무너지고 생태적 삶이 시작된다.

착하게 사는 그대, 공부하라.

시간과 공간을 넘어선

매력을 쌓아라(天在山中, 大畜, 君子以多識前言往行, 以畜其德).

大畜, 利貞, 不家食吉, 利涉大川.

곧음을 지키는 것이 이롭다. 집에서 밥을 먹지 않으니 길하다. 큰 강을 건너는

것이 이롭다.

(실력 있는 인재가 공공의 역할을 하며 힘을 모은다. 엄청난 힘과 역량을 결집하

여 완전히 새로운 사회를 위한 모험적 변화를 시도한다.)

大畜, 剛健篤實, 輝光日新其德, 剛上而尙賢, 能止健, 大正也.

대축의 힘이 모이면 내면의식이 강하고 진실해지며 매일 매일의 수련으로 밝은

덕을 비추게 된다. 대축의 힘은 지혜를 존중하고, 그 지혜를 오랫동안 유지할 수

있는 힘을 가졌기 때문이다. 대축은 크게 바름, 대정(大正)이라고 할 수도 있다.

天在山中, 大畜, 君子以多識前言往行, 以畜其德.

산 속에 하늘이 있는 것처럼, 대축의 군자는 이전 시대의 말과 행동을 많이 읽고

마음에 담아두며 그 덕을 쌓아간다.

(인문 고전을 열심히 읽고 학습한다.)

—

1. 有厲, 利已. 不犯災也.

위태로우니 그치는 것이 이롭다. 범죄의 재앙을 저지르지 말라.

(재앙을 불러들이지 말라.)

2. 輿說輹. 中无尤也.

수레를 바퀴에 묶은 끈이 풀어졌다. 바퀴가 빠졌지만 가운데에 있어 허물이 없다.

(힘을 지나치게 쓰거나 너무 강하게 원칙을 고집하다 조직 내 관계가 원활하지 않고 삐걱거리거나 바퀴가 빠져 꼼짝하지 못할 상황이 벌어진다. 하지만 원칙을 지키기 위해 노력하는 가운데 일어난 일이라 허물은 없다.)

3. 良馬逐, 利艱貞, 曰閑輿衛, 利有攸往. 上合志也.

좋은 말을 타고 달려가니 어려움은 있지만 바름을 지키면 이롭다. 날마다 수레를 방어하는 법을 익히니, 나아갈 곳이 있어 이롭다. 위의 뜻과 합해진다.

(초기의 변화 과정을 거치며 어려움 속에서도 올바른 길을 잃지 않고 좋은 자질을 가진 집단으로 성장해간다. 매일 매일 실력이 향상되고 목표의식도 뚜렷해진다.)

4. 童牛之牿, 元吉. 有喜也.

송아지의 뿔에 가로목을 매어두니 크게 길하다. 기쁨이 있다.

(조직의 공격적이고 지나친 원칙론에 대해 일정 정도 한계를 설정한다. 외부에 열린 입장을 가지니 크게 길하고, 훨씬 유연해져 기쁨이 있다.)

5. 豶豕之牙, 吉. 有慶也.

불 깐 돼지의 이빨처럼 길하다. 경사가 생긴다.

(돼지를 순화시키기 위해 어릴 때 거세를 하듯이, 큰 힘을 모으기 위해 내면화된 폭력성을 제거하고 순화한다. 좋은 일이 밖에서 온다.)

6. 何天之衢, 亨. 道大行也.

하늘에 난 길이 사방으로 통하니 형통하다. 진리가 크고 넓게 실행된다.

(대축의 힘으로 세계에 모범이 될 이상사회를 건설해낸다.)

대축은 대정(大正)의 마음으로 큰 힘을 모아 새로운 이상사회를 건설하기 위해 노력하는 사람들의 이야기입니다(大畜, 剛健篤實, 輝光日新其德, 剛上而尙賢, 能止健, 大正也). 중국의 사회주의혁명은 대축을 그대로 따라가서 성공한 전형적인 사례입니다.

중국과 대만이 같이 인정하는 공동의 건국 지도자는 쑨원입니다. 쑨원이 살았던 시기는 청나라의 무능과 부패가 극에 달한 시기였습니다. 중국의 인민들은 이런 위기 시대에 중국의 미래를 책임질 지도자들을 키워냈습니다(碩果不食). 쑨원, 캉유웨이, 량치챠오, 천두슈, 리다자오, 마오쩌둥, 저우언라이, 장제스 이런 찬란한 지도자들이 중국의 미래를 위한 자기 연마에 들어갔습니다.

1911년, 쑨원은 신해혁명을 통해 청나라를 무너뜨리고 중국 최초의 공화국 정부를 수립했지만 그가 가졌던 폭넓은 민주주의 해석 능력(삼민주의)은 오래지 않아 국가 분열의 씨앗이 되고 말았습니다. 청나라는 무너졌지만, 삼민주의와 국민당 속에는 청나라에 반대하는 중국 내 모든 세력이 포함되어 있었습니다. 쑨원의 죽음은 곧 국민당의 분열을 의미했고, 예상대로 국민당은 좌우파로 분열되어 권력투쟁이 시작되었습니다.

1927년, 대자본가와 대지주의 지지를 받는 장졔스의 국민당 우파는 친위 쿠데타를 일으켜 국민당 좌파를 제거하고, 연립정부에 참여하고 있던 공산당에 대해 무자비한 학살을 저질렀습니다. 이에 대항하여 공산당원들은 무장투쟁조직인 '홍군'을 건설하고, 1929년 마오쩌둥과 주더의 지휘 아래 '장시소비에트'(노동자농민평의회)를 건설했습니다. 만일 장졔스의 쿠데타와 국민당 독재가 없었다면 중국 공산당은 중국 안에서 국민당과 경쟁하는 좌파 정당이 되었을 겁니다. 초기 중국 공산당의 모델은 바로 영국의 노동당과 프랑스·독일의 사회당 정도였습니다.

그러나 천두슈와 리다자오 중심의 중국 공산당은 리다자오가 처형당한 뒤 지하조직으로 변신을 했고, 마오쩌둥에 의해 도시 중심의 노동자·지식인 연대에서 농민 중심의 홍군이라는 무장투쟁 조직으로 전환되었습니다. 이 시기 중국은 서북 지방의 대기근으로 500만에서 1,000만에 가까운 사람이 굶어죽었고, 인신매매의 성행으로 노예노동이 다시 살아나고 있었습니다. 농민들은 더 이상 잃을 게 없었고, 농촌 청년들은 지도자와 지도 이념만 있으면 어디서든 혁명을 일으킬 기세였습니다. 이 덕분에 마오쩌둥과 주더가 같이 건립한 장시소비에트의 혁명적인 사회주의 실험은 농민의 마음을 충분히 노을 수 있었습니다.

1934년 10월 16일. 장제스 군대의 대규모 공세를 피해 중국 공산당과 홍군
은 장시소비에트를 포기하고 중국 서부 지역으로 후퇴하는 대장정을 시작
했습니다. 그리고 1년 동안 장장 9,600킬로미터를 걷는 대장정을 마친 뒤
바오안에 옌안소비에트를 새로 건설했습니다(良馬逐, 利艱貞, 曰閑輿衛, 利
有攸往). 이로써 중국 공산당과 홍군은 전 세계 어느 곳에서도 경험하지 못
한 고난의 투쟁 과정을 거치며 근원적인 변화의 힘을 축적할 수 있었습니
다(大畜, 利貞, 不家食吉, 利涉大川).
'대장정'이라고 표현을 했지만 사실상 후퇴와 다름없는 상황에서도 그들은
매일 공부를 했습니다. 또한 지도자들은 매사에 솔선수범했고, 위기 상황
에서는 죽음을 마다하지 않는 용기를 보이며 홍군 전사들의 존경을 받았
습니다(剛健篤實, 輝光日新其德, 剛上而尚賢, 能止健, 大正也).
홍군 병사들은 지혜롭고 용감한 전사들로 성장했고, 그들은 자신들이 인
민을 보호하는 군대라는 명확한 인식을 가지게 되었습니다. 홍군의 자율
적 규범 속에는 청교도적인 내적 엄격함이 자리 잡고 있었고, 군대를 넘어
선 학습과 수행의 성격까지 가지고 있었습니다. 마르크스주의는 홍군에게
일종의 구원 종교와도 같았습니다(不家食吉, 養賢也. 利涉大川, 應乎天也).

옌안소비에트는 시안소비에트의 실험적 사회주의 성격을 넘어섰고, 대장정
을 거치며 국가 경영의 힘과 실력을 쌓은 중국 공산당은 서부지역 대부분
을 장악하면서 모든 점에서 여유로운 자세를 가질 수 있었습니다.
옌안소비에트는 중국이 당면한 가장 중요한 과제를 일본 제국주의에 저항

하는 항일투쟁에 두고 국민당과 국공합작 협상을 시작합니다. 그리고 국민당 정부와의 협상을 통해 토지 몰수를 포함한 사회주의 정책 대부분을 완화하고 부르주아 자본가에 대한 보호조치를 실행합니다. 공산당으로서도 언제까지나 실험적인 정책만 하고 있을 수 없었기 때문입니다(童牛之牿, 元吉). 게다가 곧 중일전쟁이 시작될 판이었습니다.

저우언라이의 뛰어난 협상 능력에 힘입어 국민당과 연대하는 항일 통일전선을 성공적으로 이끌어내면서 공산당은 중국 인민의 정부로 재탄생하게 되었습니다. 이와 같은 협상 과정에서 중국 공산당은 공산주의 이념에 충실하면서도 방침 전환의 유연성과 협정 체결, 우회, 후퇴 등 필요한 조치를 다양하게 선택하는 통일전선전술을 최대한 활용했습니다(豶豕之牙, 吉. 有慶也). 장제스 또한 공산당과 통일전선을 유지하면서 대부분의 군벌을 장악하는 데 성공했고, 중일전쟁에서 승리할 경우 통일 중국의 지도자로서 높은 위상을 가질 수 있었습니다. 즉 어느 세력이 중일전쟁에서 성과를 내느냐가 중국의 미래를 결정하는 상황이 되었던 것입니다.

대축괘의 통일전선전술에 대한 설명을 읽고 있으면 주역 저자의 유머 감각을 느낄 수 있습니다. 통일전선전술은 힘을 모으기 위해 자기의 원칙을 어느 선까지 포기할 수 있느냐가 중요합니다. 대축괘는 그 과정을 송아지 뿔에 가로목을 맨다(童牛之牿), 돼지의 사나운 이빨을 제어하기 위해 불을 깐다(豶豕之牙)라고 표현했습니다.
내가 가진 완고한 고집과 미성숙함, 폭력성을 제어할 수 있어야 연대에 성공할 수 있습니다.

중일전쟁의 승리 이후 국민당과 공산당의 연립정부 구성이 실패로 돌아가면서 미루어두었던 제2차 국공내전이 시작되었습니다. 미국의 전폭적인 원조에도 불구하고 국민당군은 대패했고, 장제스는 대만으로 도주했습니다. 1949년 10월 1일, 베이징에서 중국인민공화국 수립이 선포되었고 마오쩌둥이 주석으로 선출되었습니다(何天之衢, 道大行也).

중국의 사회주의 건설 과정은 장대한 한 편의 서사시입니다.

인간은 모든 것을 잃고 나면 두 가지 마음에 다다릅니다. 하나는 욕망으로부터 자유를 얻습니다. 아주 소수의 사람들은 이때 진실무망의 마음에 도달합니다.

또 하나의 마음은 혁명의 마음입니다. 혁명의 마음이 일어난 사람은 미약한 자신의 힘을 보충하기 위해 '대축(大畜)'의 과정을 통과해야 합니다. 마오쩌둥, 주더, 저우언라이, 펑더화이, 쉬하이둥, 린바오, 덩샤오핑 등의 중국 공산당과 홍군 지도자들은 대부분 대축의 마음을 가지고 있었습니다. 그들은 지혜로웠고, 무엇보다 고통에 빠진 중국 인민을 위해 봉사해야 한다는 의지가 강했습니다(不家食吉, 養賢也. 利涉大川, 應乎天也).

대장정 시기 홍군의 평균 나이는 19세였습니다. 중국 공산당 지도자들은 어린 홍군을 자녀와 동생처럼 대했습니다. 그리고 전투가 벌어질 때를 제외하고는 거의 대학처럼 홍군을 운영했습니다(天在山中, 大畜, 君子以多識前言往行, 以畜其德). 대부분의 시간을 학습과 문자 공부에 투자했고, 그렇게 문자를 익힌 홍군은 농촌 마을마다 들어가 문맹 퇴치에 앞장섰습니다. 배우고 다시 가르치는 전형적인 '붕우강습(朋友講習) 학습법'을 활용한 것입니다.

중국 공산당은 1929년 산시소비에트에서부터 1949년 중국인민공화국 설립까지 20년이 넘는 시간 동안 교육을 통해 거대한 혁명의 에너지를 모아 냈습니다.

다음에 우리가 만나게 될 대축을 통한 거대한 변화는 생태주의와 결합할 가능성이 높습니다. 생태주의 전사들은 대장정 시기의 홍군 이상으로 이 미 준비가 되어 있습니다. 오래지 않아 생태주의 전사들은 사회 전면에서 생태사회 건설을 이끌어낼 겁니다.

최근 일고 있는 인문학 학습 열풍을 단순하게 보면 안 됩니다. 이는 곧 신자유주의 시장 독재를 넘어서기 위한 대축의 준비로 읽어야만 합니다.

■ 이(頤) – 누구나 먹고는 살아야 한다

신성한 경제

누구나 성인이 될 수 있는
사회경제적 구조를 성찰하자(觀頤).

평생 노래하고 그림 그리며
좋은 예술가로 살았던 친구들이 있었다.
힘들었지만 내 안에 있는 신령스런 거북을 따를 수 있었다.
가난하지만 성자처럼 살았다.
그들 사랑하는 두 사람이 결혼을 했다.

처음으로 그들은 생활이라는 걸 진지하게 고민했다.

창업지원금을 신청해서 사업을 시작해봤다.

성공하지 못했고, 결혼도 유지하지 못했다.

먹고사는 게 이렇게 힘들어서는 안 된다.

창업 지원이 아니라

기본소득 생활 배당을 해야 한다(觀頤, 自求口實).

頤, 貞吉, 觀頤, 自求口實.

바름을 지키면 길하다. 잘 기르기 위해서는 깊이 바라봐야 한다. 내가 먹을 것은

스스로 구할 수 있다.

(자본주의를 넘어서는 경제적 조건에 대해 깊이 성찰해보자. 누구나 최소한의 기

본적인 생활을 할 수 있도록 보호하자.)

天地養萬物, 聖人養賢以及萬民, 頤之時大矣哉!

천지가 만물을 기르듯, 성인이 현명한 사람들을 길러내어 그 영향이 모든 사람에

게 미친다. 길러냄의 때가 잘 맞으니 얼마나 큰 일인가!

山下有雷, 頤, 君子以愼言語, 節飮食.

산 아래에 우레가 있는 것처럼, 이(頤)의 군자는 말을 신중하게 하고, 함부로 아

무 음식이나 먹지 않는 절제의 힘을 기른다.

(이괘는 입의 모습을 닮았다. 그래서 말과 먹는 것에 대해 깊이 생각한다.)

—

1. 舍爾靈龜, 觀我朶頤, 凶.

그대의 신령스러운 거북을 버리고, 나의 움직이는 입을 바라보고 있으니 흉하다.

(자기 안에 있는 신성한 경제의 가능성을 찾자, 자본주의를 부러워하고 흉내 낼 것 없다.)

2. 顚頤, 拂經, 于丘頤, 征凶. 行失類也.

기르는 것이 거꾸로 되어 도리에 어긋난다. 언덕에서 먹을 것을 구하고자 하나 나아가면 흉하다. 가봤자 반겨줄 사람이 없다.

(협동조합이나 사회적 기업이 사회적 약자를 돕는 것처럼 하면서 그들을 빌미로 이익을 얻는다. 그 일을 벗어나 다른 방법으로 길을 찾으려고 해도 도와줄 사람이 없다. 활로를 찾기가 쉽지 않다.)

3. 拂頤, 貞凶, 十年勿用, 无攸利. 道大悖也.

올바로 기르지 않으니 흉하다. 10년 동안 쓰이지 않으니 이로울 게 없다. 올바른 길에서 크게 어긋났기 때문이다.

(처음 계획했던 사업 목표에서 완전히 벗어나 돈만 벌려고 한다. 올바른 길에서 멀어졌기에 오랫동안 자기 길을 찾지 못하고 자본주의의 부속물로 자리 잡는다.)

4. 顚頤, 吉, 虎視耽耽, 其欲逐逐, 无咎. 上施光也.

기르는 것이 거꾸로 되었지만 길하다. 호랑이가 먹이를 노리듯, 호시탐탐 주목받지만 바라는 것을 따라가니 허물이 없다. 위에서 주어지는 빛이 있기 때문이다. (국가에 의해 신성한 경제 영역은 지원과 견제를 동시에 받지만, 일정 시간이 지나면 새로운 영역이 자리 잡는 힘이 된다.)

5. 拂經, 居貞吉, 不可涉大川.

잘못 가는 부분이 있지만 바름에 거하니 길하다. 큰 강을 건널 수 없다.

(아직 신성한 경제 영역과 현실의 차이가 있지만 꾸준히 자리를 지켜야 한다. 아직 큰 강을 건널 정도로 모험적인 투자와 혁신을 할 힘을 가지고 있지는 않다.)

6. 由頤, 厲吉, 利涉大川. 大有慶也.

기르는 것이 여기에서 나온다. 큰 강을 건너자. 진정한 부유함의 즐거움을 누리자.

(내가 해야 할 일의 이유와 의미를 찾았다면 모험적인 투자와 혁신을 하자. 모든 사람이 인간적인 품위를 누리는 진정한 부유함, 모두가 자유로운 사회의 즐거움을 누리자.)

박괘와 복괘, 무망과 대축, 이괘와 대과괘는 이어지는 내용을 담고 있습니다. 박괘는 자본주의의 종말입니다. 복괘는 새로운 사회의 힘이 다시 회복되는 것입니다. 그 과정에서 무망의 힘으로 개인의 도덕성과 영성이 고양됩니다. 그리고 대축을 거치며 개인의 의식은 거대한 사회적 변화의 열망으로 모아지게 됩니다. 이괘는 이렇게 변화된 개인과 사회의 역량을 어떻게 구체적인 삶의 영역, 경제활동으로 이어갈 수 있는지를 생각합니다.

이것은 개인의 영성이나 사회적 혁명과는 차원을 달리하는 문제입니다. 과학적 분석도 필요하고, 사회경제적 현실도 읽어야 하고, 기본소득 같은 의제를 제안하고 정치적 합의를 이끌어낼 수 있는 지혜와 힘도 있어야 합니다.

그동안 우리는 사회적 기업이나 다양한 협동조합의 운영을 지켜봤습니다. 농촌의 몰락과 농협이 깊은 관계가 있다는 것은 누구나 아는 일입니다. 협동조합이 자신의 존재근거를 허물고도 '성공한' 보기 드문 경우이자 사실상 패륜에 가까운 일입니다(拂頤, 貞凶, 十年勿用, 无攸利. 道大悖也).

1990년 이후 시장자본주의의 세계 지배구조에서는 농협뿐만 아니라 대부분의 협동조합이 살아남기 위해 발버둥을 칠 수밖에 없었고, 그 과정에서 보호해야 할 대상을 오히려 착취하는 본질의 왜곡이 일어날 수밖에 없었습니다.

단순한 시장경제만 가지고는 사회를 보호할 수 없습니다. 사회와 경제를 함께 보호하는 새로운 기준과 지표가 필요합니다. 기업의 경영 평가에 사회적 역할, 환경 기여, 고용을 포함한 사회공동체 유지 등의 평가지표를 추가하고, 그 평가지표를 기준으로 투자하고 세금도 걷어야 합니다.

예를 들어 4대강 사업으로 수익을 얻은 기업은 환경영향평가에서 마이너스를 주고, 그만큼 세금을 더 내도록 하는 것입니다. 그러면 기업 이익이 떨어지므로 투자자들이 투자를 하지 않게 됩니다.

평가지표도 사회적 인프라입니다. 이제는 더 이상 도로를 건설하지 않아도 될 정도로 충분합니다. 사회 인프라를 건설회사가 다 가져가지 않아도 됩니다. 소프트웨어 사회 인프라가 더 중요하고 필요해졌습니다. 창조 경제는 그런 소프트웨어 사회 인프라를 기반으로 하는 경제 영역입니다.

지금은 착하고 이타적인 사람이 손해 보는 세상이라 착하게 살기 힘들지만, 착하고 이타적인 사람이 기본적인 생활을 유지할 수 있는 평가지표가 개발되고, 그 지표에 따라 기여 보상을 받을 수 있으면 인간은 누구나 착하게 살고 싶어 하게 될 것입니다. 그리하여 모든 사람이 성인이 되는 사회를 만들 수 있습니다.

이괘는 그 사회를 어떻게 만들 수 있는지, 그 과정에서 얼마나 많은 시행착오를 거쳐야 할지, 그래서 결국 그 길을 찾아냈을 때 우리 삶과 영혼이 얼마나 성장할지에 대한 이야기입니다.

신성한 경제를 추구하는 사회적 기업과 협동조합이 당장 마음에 흡족하지는 않습니다. 그러니 이익을 많이 내는 기업으로 눈이 돌아가지 않을 수 없습니다. 때로는 그들이 더 합리적인 것처럼 보이기도 합니다(舍爾靈龜, 觀我朶頤).

경영상의 어려움을 겪다 보면 사회적 기업이나 협동조합을 하면서도 사회적 약자를 빌미로 가난한 사람들의 인간적 존엄을 무시하는 경우도 생겨나고(顚頤, 拂經), 처음에는 거창한 목표를 걸고 시작하지만 이윤을 추구하는 기업 못지않은 탐욕적인 모습도 나올 수 있습니다(拂頤, 貞凶, 十年勿用, 无攸利. 道大悖也). 그러나 처음부터 잘해야 한다는 생각을 할 필요는 없습니다.

자본주의가 자리 잡는 데도 오랜 시간이 걸렸듯이 협동조합 중심의 신성한 경제가 자리 잡는 데도 오랜 시간이 걸립니다. 자본주의를 하루아침에 완전히 벗어날 수는 없습니다.

신성한 경제 영역을 지원하는 제도와 평가기준이 자리 잡으면 조금씩 나아질 겁니다(上施光也). 지원과 평가라는 양날의 칼을 사용해서 일정한 윤리적 기준에 이르지 못한 기업을 견제하고, 신성한 경제 영역을 이끌어 갈 수 있는 기업들에 대해서는 다양한 인센티브를 줄 수 있습니다(顚頤, 吉, 虎視眈眈, 其欲逐逐, 无咎).

다양한 정치, 경제, 사회적 판단이 필요한 쉽지 않은 일이지만, 새로운 경제 지표와 평가기준을 찾아내지 않고는 자본주의를 넘어서기는 쉽지 않습니다. 힘들지만 해야 할 일입니다. 지나친 모험은 삼가되 경영구조가 변화하도록 노력해야 합니다(拂經, 居貞吉, 不可涉大川). 어느 정도 시간이 지나면서 기업을 평가하고, 국민 행복을 평가하는 새로운 지표가 자리를 잡으면 신성한 경제가 사회적 부를 창조하는 힘을 가지게 됩니다.

한 사회에서 70퍼센트 정도의 사회 구성원들이 협동조합 방식으로 일하게 되고, 많은 일이 공공적 성격을 가지면, 먹고 사는 문제와 인간적 품위가 서로 모순을 일으키지 않게 됩니다(由頤, 涉吉, 利涉大川. 大有慶也).

이괘는 누구나 성인이 될 수 있는 경제적 조건을 어떻게 만들 수 있을까를 성찰합니다. 그렇게 성찰해서 얻은 결론이 자구구실(自求口實)입니다. 자구구실(自求口實)은 자립하기 위해 노력하되, 모든 사람의 최소 생활은 조건 없이 보장하자는 제안입니다(누구나 먹고 살게는 해주자). 이괘는 오늘날 중요한 사회적 의제 중의 하나로 떠오른 '기본소득'에 대한 3,000년 전의 이야기입니다.

▦ 대과(大過) – 모순이 임계점을 넘은 사회

헬조선에 사는 청년에게

한 청년이 내게 물었다.

사는 게 왜 이렇게 힘드냐고!

우울에 빠지지 않으려고 애쓰는데

아무리 애써도 잘 안 된다고!

연애를 해도, 연애인지 도피인지 모르겠다고!

해줄 말이 없을 때,

정말 잘 말하지 않지만,

내가 먼저 점 한번 같이 보자고 하게 된다.

세상에! 대과(大過)라니.

대과는 나무꼭대기까지 물이 차올라
회복하기 힘든 시간으로 들어가는 삶(澤滅木, 大過).
지옥 같은 시간을 살아야 하는 사람들의 이야기.

말하는 나도 슬프고 안타깝고 고통스러운데
듣는 그는 어떻겠나.
온 마음을 담아 간절한 마음으로
헬조선에서 살아남는 길을 적어줬다.

독립불구(獨立不懼),
두려워 말고, 누구도 원망하지 말고,
이 패악한 시대를 잘 바라보고 홀로 일어서시길……

　　大過, 棟撓, 利有攸往, 亨.
　　너무 지나쳐서 마룻대가 휘어진다. (위험하므로) 멀리 가는 것이 이롭다. 형통
한다.

　　大過, 大者過也, 棟撓, 本末弱也.
　　대과는 큰 것이 지나간다. 마룻대가 휘어지는 것은 기초와 끝이 약하기 때문이다.

222

澤滅木, 大過, 君子以獨立不懼, 遯世无悶.

연못의 나무가 물에 잠기는 것처럼, 세상의 탐욕이 머리 꼭대기까지 찼다. 대과의 군자는 홀로 서며 두려워하거나 누구도 미워하지 않는다. 세상을 떠나 있어도 근심하지 않는다.

(나무가 물에 잠기듯이 매우 과하지만, 그 책임을 누구에게도 돌리지 않는다. 스스로 책임지고 독립한다. 정 힘들면 세상을 피해 기다린다.)

―

1. 藉用白茅, 无咎. 柔在下也.

흰 띠를 밑에 깔아서 깔개로 쓰니 허물이 없다. 부드러움으로 아래에 자리하기 때문이다.

(대과의 상황은 개선하기 힘들지만, 이 가운데 고통받는 사람을 위한 도움을 주며 완충 역할을 한다.)

2. 枯楊生稊, 老夫得其女妻, 无不利.

마른 버드나무에 새 가지가 솟아나니, 늙은이가 젊은 여자를 아내로 얻는다. 불리할 것이 없다.

老夫女妻, 過以相與也.

늙은이가 젊은 아내를 얻는 것은 지나치지만, 특별한 의미가 있는 경우에는 함께할 수 있다.

(대과의 시간이 되면 마른 버드나무 가지에서 새 가지가 돋듯이 탐욕과 욕망의 노욕이 살아난다. 이런저런 핑계와 의미를 붙여 젊은 여자를 데리고 사는데, 주위

사람들이 특별히 문제를 삼지 않는다. 돈 있으면 그럴 수 있다고 생각한다. 비정상이 당연하게 여겨진다.)

3. 棟橈, 凶. 不可以有輔也.

기둥이 휘어져 흉하다. 주위에 도와줄 사람이 없다.

(대과의 시간이 되면 많은 사람들의 삶이 등허리가 휠 정도로 고통스럽게 된다. 청년들은 사랑하는 연인을 돈 많은 노인에게 빼앗기고, 노동자들은 비정규직으로 전락해서 착취당한다. 이기주의와 개인주의의 만연으로 이런 어려움을 벗어나도록 서로 도울 힘을 만들 수 없으니 흉하다.)

4. 棟隆, 吉, 有它, 吝. 不橈乎下也.

마룻대가 솟아올라 길하다. 그러나 의외의 곤란함이 있다. 마룻대가 솟아오른 이유는 아래를 향하여 굽어지지 않았기 때문이다.

(탐욕과 대과의 흐름을 읽고 부익부 빈익빈을 당연하게 받아들이며, 가난하고 고통받는 사람들을 향하여 아래로 가는 마음을 접는다. 주식에 투자하고 부동산 거래를 하면서 허리가 펴진다. 그러나 과연 이게 사람 사는 삶일까 하는 회의가 문득 찾아온다.)

5. 枯楊生華, 老婦得其士夫, 无咎无譽. 何可久也.

마른 버드나무에 꽃이 핀다. 늙은 부인이 젊은 남편을 얻었으니 허물도 아니고 자랑도 아니다.

마른 버드나무에 핀 꽃이 오래갈 수 있겠는가?

(탐욕과 욕망의 꽃이 활짝 피었다. 남녀노소를 가리지 않고 누구나 성에 탐닉하는

상황이어서 불륜은 허물이 되지 않는다. 누구나 다 그렇게 산다.)

6. 過涉滅頂, 凶, 无咎. 不可咎也.

지나치게 가다가 머리 꼭대기까지 물에 잠겨 흉하다. 허물은 없다. 지나쳐서 일

어난 일이니 누구를 탓할 수 있겠나.

(탐욕과 욕망의 삶은 결국 멸망한다. 모든 역사의 공통점이다. 역사에서 교훈을

얻지 못했으니 누구를 탓할 수 있나!)

이괘(頤卦)와 대과괘(大過卦)는 한 짝입니다. 이괘가 무망(无妄)과 대축(大畜)으로 모아진 사회 변화의 에너지를 잘 활용해서 누구나 성자의 삶을 살 수 있는 사회를 만들어가는 반면, 대과괘는 엄청난 고통을 겪고 난 다음에도 사회 변화에 실패하고 박괘(剝卦)의 고통이 더 악화되어 갑니다. 대과괘를 읽으면 지금의 한국이 보입니다. 대과의 최고 절정이라 할 정도입니다. 청년들은 이런 한국을 '헬조선'이라고 부릅니다. 세월호 사고, 미군의 탄저균 실험, 메르스 바이러스의 확대 등 머리끝까지 물에 잠겨서 곧 숨이 끊어질 정도입니다(澤滅木, 大過). 이런 정도면 고리와 월성, 영광에서 핵발전소 사고가 나도 누구나 당연히 올 게 왔다고 생각할 것 같습니다. 대과는 민주주의가 완전히 기능을 잃고 탐욕과 욕망, 어리석음에 물든 사회에서 일어나는 이기심의 극대화, 타인의 슬픔에 대한 외면, 최소한의 윤리성도 잃고 미성년자까지 성산업에 동원하는 상황을 묘시합니다.

지식인들이 할 수 있는 일은 세상을 외면하거나, 복지센터 같은 보호기관을 만들어서 죽기 일보 직전의 사람들을 구호하고, 무료 급식을 지원하는

정도밖에 없습니다(藉用白茅, 无咎. 柔在下也). 대과괘는 민주주의의 기능
과 사람들 사이의 연대의식이 대부분 파괴되고, 패륜이 삶의 전면에 등장
하기 때문에 대부분의 시민조직은 기반이 극도로 취약해집니다(大過, 大
者過也, "棟撓", 本末弱也).

비겁하게 보일 수 있지만 이런 시대에는 가능한 한 피하는 게 좋습니다. 홀
로 일어서고, 누구도 원망하거나 미워하지 말고, 무슨 일이 벌어지든 마음
한쪽을 접는 게 좋습니다. 오늘 내가 마음 쓰는 일의 몇 배 더 큰 일이 내
일 또 일어납니다. 가능한 한 공부를 하거나 먼 곳으로 오랜 여행을 떠나
는 것이 좋습니다(澤滅木, 大過, 君子以獨立不懼, 遯世无悶).
대과를 조금 더 과학적인 언어로 표현하면 '임계전이'(臨界轉移)입니다.
어떤 문제를 해결할 수 있는 마지막 한계 지점이 있는데, 그것이 바로 임계
점입니다. 임계점을 넘어서면 문제의 성장 속도가 급속히 팽창하기 때문에
어떤 노력도 아무런 의미가 없습니다. 이런 임계전이가 일어나면 달아나는
것 외에는 방법이 없습니다.
대과괘에서 '마룻대가 휘어졌으니 멀리 달아나야 이롭다'(棟撓, 利有攸往)
라고 하는 말의 의미입니다. 물론 집이 무너지는 시기를 가장 잘 아는 이
들은 바로 이런 상황을 만든 놈들이니, 아마도 그들이 가장 먼저 달아날
겁니다. 가난한 사람들, 오갈 곳 없는 사람들만 억울한 고통을 당하게 될
것입니다.

주역을 읽으며 여러 번 경험하는 일이지만, 3,000년 전의 이야기인데 눈앞
의 우리 현실을 보는 것 같습니다. 인간은 다 알면서도 3,000년 동안 여러

번 대과의 고통을 겪었습니다.

대과괘와 박괘가 서로 이어지면 최종적으로 우리의 삶과 사회를 무너뜨립니다. 우리 시대의 청년들은 사회개혁가가 아니라 무너진 사회를 재건하는 건설자들이 될 겁니다.

■ 감(坎) - 위험 사회

재난 자본주의

살다 보면, 아무리 발버둥 쳐도 벗어날 수 없는,
오히려 발버둥 치면 칠수록 더 빠져드는,
'가만히 있는 것' 외에는
아무것도 할 수 없는 그런 시간이 있다네(入于坎窞).
이런 어려움에 더해 기울어지기까지 하면
그 자리에서 살아 돌아오기가
어렵다네(來之坎坎, 險且枕, 入于坎窞).

국가 고문 살해, 군대 성노예. 군대 내 계급 간 폭력 살해,

청소년들의 잔학한 폭력 살해, 세월호 희생자……

극악한 폭력 속에서 삶을 마치는 이들은 대부분
'위험한데다 기울어지기까지 한'
구덩이 속의 구덩이로 빠져든 경우라네.

세월호 사고가 위험이라면, 이후 대응 과정은 기울어짐.
군대 폭력이 위험이라면 은폐 조작은 기울어짐.

매일 매일 신문에 오르내리는 거대한 폭력은
우리가 사는 세상이 위험 사회 정도가 아니라
살아서 돌아오기 힘든,
'기울어져 구덩이 속으로 빠져드는 재난 사회'로
들어왔다는 뜻이라네.
재난 사회는 재난 자체가 이익이 된다네.
재난을 핑계로 혹은 재난의 혼란을 이용하여
이익을 주고받는다네.
밖에서 울고, 안으로 웃음 짓는다네.

세상이 변하지 않을 것 같지만
이 속에서 배우는 사람들 있다네(習坎).
어려움 속에서도 자기를 잃지 않는 사람들 있다네.
그들이 사람들의 마음을 하나로 묶는다네(有孚維心).

구덩이를 메우고

다시 새 삶의 물이 흐르게 한다네(坎不盈, 祇旣平).

우리 삶을 고통과 위험에 빠뜨렸던 범죄자들을 구속한다네.

전쟁과 폭력, 재난을 이용하는 권력과 산업을 몰아낸다네.

(係用徽纆, 寘于叢棘, 三歲不得, 凶. 上六失道, 凶三歲也).

習坎, 有孚, 維心亨, 行有尙.

어려움이 거듭 온다. 어려움 속에서 배우며 믿음을 가지고 마음을 모으니 형통하

다. 어려움 속에서 행하는 그런 행동으로 인해 높임을 받는다.

(고난 속에서도 원망하지 않고 믿음을 잃지 않으며 함께 마음을 모으는 힘을 익

힌다. 그런 믿음과 실천으로 자신과 하느님께 영광이 돌아간다.)

水洊至, 習坎, 君子以常德行, 習敎事.

물이 계속 밀려오는 것처럼 어려움이 거듭되어도 감(坎)의 군자는 늘 덕을 실천하

고 어려움 속에서도 익히고 가르친다.

－

1. 習坎, 入于坎窞, 凶. 失道凶也.

어려움이 거듭 와서 구덩이 속의 구덩이로 빠져드니 흉하다. 빠져나갈 수 있는

길을 잃었다.

2. 坎有險, 求小得.

어렵고 위험하기까지 하다. 작은 것을 얻는다.

(조금 가능성이 있다.)

3. 來之坎坎, 險且枕, 入于坎窞, 勿用. 終无功也.

오갈 수 없는 구덩이에 빠진데다, 험하고 기울어져 있기까지 하다. 구덩이 속의
구덩이로 빠졌으니 할 수 있는 것이 없다. 모든 노력이 수포로 돌아간다.

4. 樽酒, 簋貳, 用缶, 納約自牖, 終无咎. 剛柔際也.

한 통의 술에 간소한 음식을 곁들여 질그릇에 담아 창문으로 올린다. 끝내 허물
이 없다. 강한 것과 부드러운 것이 서로 만난다.

(어려움을 풀기 위해 비공식적인 접촉을 시도한다. 위험을 미끼로 이익 거래를
한다.)

5. 坎不盈, 祗旣平, 无咎. 中未大也.

구덩이를 채울 뿐만 아니라 평평하게 흘러가니 허물이 없다. 하지만 아직 그 힘
이 크지는 않다.

(어려움을 극복하고 문제를 풀어가지만 위험을 근원적으로 없앨 수 있을 정도의
힘이 있는 것은 아니다.)

6. 係用徽纆, 寘于叢棘, 三歲不得, 凶. 上六失道, 凶三歲也.

밧줄로 꽁꽁 묶어 가시감옥에 가두어둔다. 3년이 되도록 벗어나지 못하니 흉하
다. 위험을 불러들여 무고한 이들이 길을 잃게 한 자들은 오랫동안 흉하다.

(민중의 삶을 고통과 위험으로 밀어넣은 자들은 구속해야 한다.)

연일 신문에서 상상하기 힘든 범죄와 국가 폭력을 만나게 됩니다. 이런 정도 규모의 폭력은 상상하는 것 자체가 쉽지 않은데, 의외로 일상이 되고 있습니다.

주역의 감괘는 세월호 사고의 흐름을 보여주는 예언서 같습니다. 세월호 사고는 사고에서 시작해 국가에 의한 살해까지 확대되었습니다. 유족들은 그 상황에서 아이들의 죽은 몸이라도 돌려받으면 고마워해야 했습니다(坎有險, 求小得).

재난이 이익이 되는 자본주의 즉 재난자본주의에 들어서면 위험에 내몰린 사람들의 두려움이 자본주의를 유지하는 힘이 됩니다(樽酒, 簋貳, 用缶, 納約自牖, 終无咎. 剛柔際也). 보험산업은 급성장할 것이며 중요한 선거나 국가적 결정을 해야 할 때마다 재난을 기획하게 될 것입니다. 선거 때마다 북한에서 포격을 하는 건 이제 장난처럼 보일 정도여서 다른 기획이 필요하기 때문입니다. 이미 우리는 그런 사회를 받아들이는 심성의 훈련도 충분히 받았습니다. 재난자본주의에서는 조금만 보호받아도 고마워하게 됩니다(坎有險, 求小得).

주역의 감괘를 관통하는 핵심 언어는 습감(習坎)입니다. 즉 '어려움을 감내하며 새로운 삶의 방식을 익히는 삶'입니다. 재난의 두려움에 떠는 사람도 있지만, 고통을 감내하며 새로운 삶으로 전환하는 사람도 있습니다. 물론 쉽지 않은 길입니다.

감괘 속에 들어가면 이 상황을 뚫고 지나오기가 쉽지 않습니다. 죽거나, 완전히 망가지거나, 야합하거나, 헤어나지 못하고 삶이 무너집니다. 세월호 사고 당시 배에 남았던 사람들은 한 명도 살아오지 못했고, 가족과 생존자들의 삶은 망가졌고, 정치세력은 야합했고, 우리 모두의 삶은 벗어날 수 없는 구렁텅이 속으로 들어갔습니다.

하지만 유가족대책위원회는 지혜와 깊이로 감괘의 고통을 넘어서고 있습니다. 순례와 단식. 전통적인 비폭력 평화시위로 사람들의 마음을 모으고 있습니다(習坎, 有孚, 維心亨, 行有尚).

주역은 기본적으로 3,000년 전의 이야기입니다. 3,000년 전에도 재난과 전쟁을 기반으로, 두려움을 통해 가난한 사람들의 삶을 지배하는 사회가 있었습니다. 우리는 왜 이런 사회를 넘어서지 못할까요?

주역은 그 이유를 '습감'(習坎)이라고 말합니다. 습(習)이라는 한자는 상형문자입니다. 어린 새(아직 어려서 하얀 새)가 날갯짓을 하는 모습을 그림 그리듯이 그린 글자입니다. 어린 새가 날갯짓을 익히듯 몸의 경험으로 익히는 공부를 습(習)이라고 합니다.

우리가 지금 이런 사회에 사는 이유는 고통과 위험, 재난을 거치지 않고는 우리를 억압하는 세력의 실체를 제대로 보기 힘들고, 주인으로서 대응하는 힘을 얻기 힘들기 때문입니다. 인류의 역사는 이런 악의 무리들을 극복하며 한 발 한 발 삶의 주인으로, 내 안에 내재한 신성이 발현하는 삶으로 진화한 역사입니다.

그러나 우리는 세월호를 통해서도 악의 실체를 제대로 보려 하지 않고, 세월호를 기획한 범인들을 구속시키지도 못했습니다. 너무나 많은 증거들이 있지만, 우리 실력의 한계입니다(次不盈, 祗旣平, 无咎. 中未大也). 세월호 문제를 제대로 풀어내지 못하고 세월호 범죄자들을 구속하는 데 실패하면 우린 더 험한 일들 앞에 서야 할 겁니다.

'밧줄로 꽁꽁 묶어 가시감옥에 가두어둔다. 3년이 되도록 벗어나지 못하니 흉하다. 위험을 불러들여 무고한 이들이 길을 잃게 한 자들은 오랫동안 흉하다'(係用徽纆, 寘于叢棘, 三歲不得, 凶. 上六失道, 凶三歲也).

잔인한 무리들을 가시감옥에 가둘 수 있는 힘이 있어야 우리는 이 고통의 세상을 넘어설 수 있습니다. 감괘가 우리에게 권하는 권면입니다.

주역 제30괘
■ 리(離) - 감시 사회

두 개의 태양이 빛나는 하늘 아래에서

우주의 하늘에는 태양과 달, 낮과 밤,
밝음과 어둠이 함께 공존한다네.
리(離)의 하늘에는 두 개의 태양이 떠 있다네.
어둠은 없고 밝음만이 가득하다네.

밤은 없고 낮만 있듯이
불의는 없고 정의만 빛나고,
공산주의는 무너지고 자본주의만 성장하고,
동성애자는 거리를 나다닐 수 없고

이성애의 사랑만 존중받으며,

더럽고 추한 노숙자, 장애인은 없고

밝고 건강한 시민들만 살아가고,

범죄와의 전쟁으로 거리에는 깡패, 건달,

성매매 여성들이 사라지고

백화점과 쇼핑몰에만

사람들이 몰려다닌다네(黃離, 元吉).

범죄 없고 정의로운 세상에서만 살아야 하니

남의 시선을 의식할 수밖에 없어

사는 게 자꾸 발이 꼬인다네.

언제 나도 배제당할지

모른다네(履錯然, 敬之, 无咎. 以辟咎也).

우리가 살고 싶었던 좋은 사회는 이런 게 아닌데

어느새 감시사회에 살게 되었다네.

친구들과 술 한 잔하고 비틀거리며

길을 걸을 수 있었던 날들이

오히려 좋은 날이 아니었을까?

정부의 잘못에 대해 마음껏 비판할 수 있고

거리에서 시위 행진을 할 수 있었던 날들이

좋은 날이 아니었을까?

우리 스스로의 두려움과 정의에 대한 지나친 집착으로

우리 삶을 우리 스스로 묶어 버린 것은
아닐까(日昃之離, 不鼓缶而歌, 則大耋之嗟, 凶. 何可久也)?

우린 단지 조금 불편하고
그들의 생각에 다 동의할 수 없었던 것뿐인데,
우리의 이런 마음은 이용당했다네.
그들은 유대인이라는 이유로
아우슈비츠에 끌고 가 불태워 죽였고,
공산주의자라는 이유로 제주도의 산골짜기에서 학살했고,
마녀라는 이름을 붙여 화형을 시켰고,
문둥병, 정신병자라는 이유로 소록도에 감금했고,
벌레 같은 것들이라며 난징에서 게임하듯 칼을 휘둘렀고,
민주주의를 요구했을 뿐인데
폭도라 이름 붙이고 총칼로 짓밟았고,
어제까지 이웃으로 살던 이들을
종교와 민족으로 분리해서 서로 죽이게 했고,
단지 군수공장의 폭탄 창고가 찼다는 이유만으로
일정 주기가 되면 팔레스타인의 하늘로 폭탄을 날리는
불꽃놀이를 한다네. 꼭 밤에만
폭격을 한다네(突如其來如, 焚如, 死如, 棄如. 无所容也).

정의의 이름으로.
평화의 이름으로.

하느님의 이름으로.

민주주의의 이름으로.

건강한 시민의 삶을 보호하고,

또 그들의 탐욕을 보호하기 위해

누군가는 희생되어야 했다네(重明以麗乎正).

밝고 밝은 세상을 위하여(明兩作, 離, 大人以繼明照于四方).

離, 利貞, 亨, 畜牝牛吉.

바름을 지키면 이로우며 형통하다. 암소를 기르는 것이 길하다.

(암소처럼 민중을 순하게 길들인다.)

離, 麗也. 日月麗乎天, 百穀草木麗乎土. 重明以麗乎正, 乃化成天下,

리는 붙어있다. 해와 달이 하늘에 붙어있듯이, 오곡백과와 풀과 나무가 땅에 붙

어있듯이, 밝음은 정의에 붙어있어 세상의 조화를 이룬다.

明兩作, 離, 大人以繼明照于四方.

두 개의 태양이 떠 있는 것처럼 밝고 또 밝다. 리(離)의 대인은 밝음을 이어서 세

상을 밝게 비춘다.

(안과 밖이 다 밝아야 세상을 고루 비출 수 있다.)

−

1. 履錯然, 敬之, 无咎. 以辟咎也.

밟으려다 이리저리 엉켰지만 공경하니 허물이 없다. 발이 엉킨 것은 허물을 피하려다 일어난 일이다.

(어둠은 전혀 없는 완전히 밝은 모습만 가지기는 쉽지 않다. 피하려다 보니 자꾸 발이 엉킨다.)

2. 黃離, 元吉.

노랗게 빛난다. 크게 길하다.

(지나치지도 않고 모자라지도 않게 알맞게 밝다.)

3. 日昃之離, 不鼓缶而歌, 則大耋之嗟, 凶. 何可久也.

해가 기울어지는 때의 빛남은 북치고 노래할 수 없으니 늙은이의 탄식에 불과하다. 흉하다. 기울어지는 해가 어찌 오래갈 수 있겠는가!

(밝음만이 지배하는 사회에서 어둠과 밝음이 공존하는 삶, 다양성이 인정되는 삶에 대한 노래는 늙은이의 탄식처럼 힘이 없다. 독선이 사회를 지배하고 있다.)

4. 突如其來如, 焚如, 死如, 棄如. 无所容也.

급작스럽게 공격당해 불타고, 죽임을 당하고, 버려지고, 용납되지 않는다.

(독선이 지배하는 사회에서는 공산주의자, 무정부주의자, 동성애자, 노숙자, 거리의 범죄자, 외국인 노동자, 장애인들이 학살당한다.)

5. 出涕沱若, 戚嗟若, 吉.

눈물이 쉴 새 없이 흘러내리고, 슬퍼하고 탄식한다. (악이 제거되었으므로) 길하다.

(독선이 지배하는 사회에서 고통을 겪는 사람들의 슬픔. 그러나 그 고통이 악의

대가라고 생각하는 사람들도 있다.)

6. 王用出征, 有嘉折首, 獲匪其醜, 无咎.

왕이 직접 정벌에 나선다. 적장의 머리를 베어 승리하지만 그를 따랐던 병사들은

보호하기에 허물이 없다.

(최고 지도자가 범죄와의 전쟁, 어둠과의 전쟁을 직접 지휘한다.)

인간의 역사를 학살이라는 관점만 가지고도 쓸 수 있을 정도로 학살과 배
제는 오랜 역사를 가지고 있습니다. 또한 모든 집단 학살은 그것을 가능하
게 했던 이데올로기를 가지고 있습니다. 명분 없는 집단 학살은 없습니다.
그 명분은 대부분 독선이고, 실제 목적은 자본가의 탐욕을 보호하는 것입
니다. 일정 규모의 집단 학살이 일어난 뒤에는 그 결과로 엄청난 이익을 얻
는 무리들이 꼭 생겨납니다. 전쟁과 학살은 언제나 '산업'이었습니다(突如
其來如, 焚如, 死如, 棄如. 无所容也).

게다가 인간으로서 상상하기 힘든 학살을 접한 민중들은 암소처럼 고분
고분해집니다. 독일의 나치가 600만 명의 유대인을 학살할 수 있었던 이유
도, 유대인 스스로 어떤 저항도 할 수 없을 정도로 완전히 의지를 잃고 가
스실에 들어갈 때조차 줄을 서서 질서를 지킬 정도로 고분고분해졌던 덕
분입니다(畜牝牛吉).

240

나치의 전범들은 자신들이 어둠으로 가득한 이 세상을 구원하는 사람들이라고 생각했습니다. 이런 확신범들이 휘두르는 폭력 앞에 서면 누구나 손하나 꼼짝할 수 없을 정도로 얼어버립니다. 영웅적인 저항 운동가들도 있지만, 대부분의 민중은 시키는 대로 움직입니다. 심지어 심리적 병리현상이 심해지면 자기를 학대하는 대상을 사랑하기까지 합니다.

지금 우리도, 자본과 권력이 하라는 건 뭐든지 합니다. 아이들이 먹는 음식에 각종 유해 첨가물을 넣기도 하고, 세월호가 얼마나 위험한 배인지, 배를 운항하는 사람들은 다 알고 있었지만 학생들을 배에 태웠고 세월호를 바다에 침몰시키고도 선원들은 살아 돌아오고 해경은 거짓말만 늘어놓습니다.

학교의 경쟁교육이 아이들의 영혼을 파괴한다는 건 다 알고 있지만, 그 문제에 저항하는 교사와 부모는 얼마 되지 않습니다. 돈만 받으면 되고, 내 아이만 어떻게든 살 수 있으면 됩니다. 지진이 잦은 일본에서 핵발전소를 짓는 건 미친 짓이었지만, 과학자들의 '안전'하다는 거짓 주장을 받아들이고, '원전 보조금'의 축제를 즐겼습니다. 그 결과가 후쿠시마 원전 사고입니다.

수천 년 동안 민중은 암소처럼 길들여져 왔습니다.

주역 64괘는 두 부분으로 나눠집니다. 첫 번째부터 서른 번째까지를 상경, 그 이하를 하경이라고 합니다.

상경은 하늘과 땅에서 시작해서, 물과 불(달과 태양)에서 끝이 납니다(乾坤坎離).

태극기는 주역 상경의 자연관을 모티브로 표현한 것입니다. 상경의 세계관은 봄, 여름, 가을, 겨울 계절의 순환처럼 우리 삶이 크게 달라지지 않는 비슷한 궤적을 반복한다는 생각입니다. 삶은 끊임없이 순환하고, 우리는 우주적 이상향(천국과 극락)에 이르지 못하고 이 땅에서의 삶을 끝없이 이어가야 합니다. 무거운 바윗덩이를 산꼭대기까지 굴려서 올려놓지만 다시 아래로 굴러 떨어지는 무한반복, 시시포스의 형벌이 바로 인간의 운명입니다.

상경은 하늘의 삶을 꿈꾸는 건괘에서 시작해서 그런 유토피아의 꿈이 디스토피아로 현실화되는 리괘에서 끝이 납니다. 하늘의 꿈을 가진 무수한 용들이 누구 하나 남김없이 함께 손잡고 무한한 빛과 사랑이 넘치는 세상으로 날아오르는 군룡무수의 꿈은 리괘에 오면 빛과 사랑 속에 머물 수 있는 소수를 위해 나머지는 잔혹하게 학살되고, 암소처럼 길들여지는 모습으로 그려집니다.

어느 것이 현실이고 어느 것이 환상일까요?

제 2 부

주역 하경

■ 함(咸) – 우리 사랑으로 세상의 평화를 이루자

가네코 후미코와 박열의 계약결혼

1. 동지로서 함께 살 것.
2. 내가 여성이라는 관념을 반드시 제거할 것.
3. 둘 중 하나가 사상적으로 타락하여
권력자와 악수하는 일이 생길 경우에는
즉시 공동생활을 그만둘 것.

하늘과 땅이 서로 사랑해서 만물이 자라나듯.
우리 사랑으로 세상의 평화를
이루자(天地感而萬物化生, 聖人感人心而天下和平).

咸, 亨, 利貞, 取女吉.

함은 형통하고 바름을 지켜 이롭다. 연인을 얻으니 길하다.

咸, 感也,

함은 감(感)에서 마음(心)이 빠진 상태이다. 함의 사랑은 감정에 흔들리지 않는 영원성을 가지고 있다.

天地感而萬物化生, 聖人感人心而天下和平

하늘과 땅이 감응하여 만물이 생겨나듯이, 성인은 사람들의 마음에 감응되어 세상을 평화롭게 한다.

山上有澤, 咸, 君子以虛受人.

산이 자기를 비워 산꼭대기에 연못을 만들 듯이 함의 군자는 자기를 비워 연인을 받아들인다.

ㅡ

1. 咸其拇. 志在外也.

엄지발가락이 감응한다. 뜻과 마음이 밖에 있기 때문이다.

(사랑의 감정이 시작된다. 멀리 있는 사람을 짝사랑한다.)

2. 咸其腓, 凶, 居吉. 順不害也.

장딴지가 감응하니 흉하다. 그대로 있으면 길하다. 순응해야 해롭지 않다.

(장딴지가 들썩거리며 가만히 있지 못하고 쫓아다닌다. 남자가 자기 감정을 주체하지 못하고 따라다니면 여자의 사랑을 얻을 수 없다.)

3. 咸其股, 執其隨, 往吝. 志在隨人, 所執下也.
허벅지가 감응한다. 따라가서 잡으면 후회하게 된다. 연인을 따라가지만, 낮은 것을 잡을 뿐이다.
(남성이 여성에게 매달리고 집착한다. 감정과 욕망을 따라가서 잡는 것은 사랑이 아니라 낮은 수준의 욕망을 만족할 뿐이다.)

4. 貞吉, 悔亡, 憧憧往來, 朋從爾思.
바름으로 길하며, 후회가 사라진다. 분주하게 동동거리며 오고간다. 친구가 너의 생각을 따른다.
(연애감정에 휘둘리는 시간은 지나갔다. 자주 만나는 동안 감정을 넘어 서로의 생각을 이해하는 동지가 된다.)

5. 咸其脢, 无悔. 志末也.
등줄기로 감응하니 후회가 없다. 뜻과 마음이 끝에 이르렀다.
(뼛속 깊이 몸과 마음이 하나 되는 사랑, 완전한 사랑에 이르렀다.)

6. 咸其輔頰舌. 滕口說也.
입맞춤으로 느낀다. 구설에 오른다.
(성관계를 다한 뒤의 후회, 지나간 사랑에 대한 추억).

함괘는 젊은 청춘 남녀의 사랑에 대한 이야기입니다. 또한 이 사랑은 동지적 연대의 마음까지 포함합니다. 제가 아내를 만나 결혼했던 시절에는 연애와 동지적 연대는 거의 같은 이야기로 받아들여졌습니다. 단순히 서로의 몸과 마음에 이끌려 결혼한다는 것은 이해되지 않는 감정이었습니다. 서로 사랑하고, 함께 살아야 할 이유가 있고, 그 혹은 그녀를 통해 내 자아가 확대되는 경험을 하는 것이 결혼이었습니다. 함괘는 정확하게 이런 내용을 담고 있습니다.

조선의 독립을 위해 일본 제국주의와 천황제에 도전했던 가네코 후미코는 사랑을 통해 자신과 세상을 변화시킨 중요한 사례입니다.
그녀는 어린 시절 하녀나 다름없는 조건으로 식민지 조선의 친척에게 양녀로 보내졌습니다. 삶이 너무 고통스러워 죽음을 생각하는 와중에 가난한 조선인들의 모습이 눈에 들어왔고, 조선인의 삶을 이해하고 받아들이면서 어린 소녀는 다시 삶의 의욕을 회복했습니다.
어린 시절의 이런 경험을 통해 식민지 조선의 슬픔에 대해 깊은 연민을 가졌던 가네코 후미코와 아나키즘 민족주의자 박열의 만남은 운명이었습니다.
1923년 9월 1일. 간토대지진이 일어나지 않았다면, 두 사람은 힘들긴 해도 웬만큼 무난하게 살 수 있었을 겁니다.
일본 제국 정부는 간토대지진으로 험악해진 민심을 돌리기 위해 '조선인들이 우물에 독을 탔다'는 유언비어를 퍼뜨리고, 군대와 경찰, 우익 조직을 동원해 6,000명의 조선인을 학살했습니다. 그리고 그 배후를 조작하기 위해 그동안 감시해오고 있던 박열과 가네코 후미코를 구속하고, 두 사람을 '천황 암살 미수사건' 용의자로 기소했습니다.

가네코 후미코는 재판이 진행되는 기간 동안 사형이 집행될 것을 감안해서 몸을 갉아먹는 육체적 고통을 감내하며《무엇이 나를 이렇게 만들었는가?》자서전 집필을 마무리했습니다. 20세 청년의 자서전이지만, 죽음을 앞두고 가감 없이 자신의 삶을 돌아보는 글입니다. 그리고 가네코 후미코는 수감 생활 중 '자살로 위장된' 의문의 죽임을 당합니다(天地感而萬物化生, 聖人感人心而天下和平).

가네코 후미코를 처음 알게 된 것은 20명 정도의 일본 근대사상가를 소개한 책을 통해서였습니다. 그들 중 가장 어린 나이였지만, 생각과 실천에서 일본의 근대를 이끈 탁월한 사상가들에 비해 조금도 뒤처지지 않았습니다.

그녀의 정신적 성숙과 실천은 사랑에 기반을 둔 것이었습니다. 그녀는 박열을 사랑하는 자신의 감정을 이렇게 표현합니다.

"사람은 겉모습만 보고 타인을 사랑하지 않는다. 그 이상을 사랑한다. 그리고 사랑받고 있는 것은 타인이 아니다. 자신이다. 타인 속에서 발견할 수 있는 것은 자신이다. 즉 그것은 자아의 확대라 할 수 있다"(貞吉, 悔亡, 憧憧往來, 朋從爾思).

박열 21세, 가네코 후미코 20세 때 만난 두 사람은 2년을 같이 살다 구속되었고, 가네코 후미코는 23세에 삶을 마쳤습니다. 그 어린 나이의 그들은 사랑의 감정을 느끼자마자 연애감정의 동동거림 없이 바로 완전한 사랑의 감정으로 승화합니다.

가네코 후미코는 어린 시절 온갖 구박과 차별, 수모를 겪으며 자랐던 경험 덕분에 단시간에 성숙할 수 있었습니다.

"지금 생각해보면 나의 이런 사상은 책이나 다른 길을 통해서 나온 것이 아니다. 마음의 눈에 비추어 볼 때, 내 자신이 체험해 온 여러 가지 슬프고 괴로웠던 일들이 나를 다그쳐 단숨에 오늘 이러한 사상으로 밀어 올렸던 것 같다. 결국 내가 지금 갖고 있는 이러한 사상은 다른 사람이 내게 심어준 것이 아니라 내 자신의 체험에서 생겨난 것이라고 생각한다."

가네코 후미코는 박열을 만남과 동시에 급속한 속도로 자아가 확대되는 경험을 했고, 이렇게 성장한 자아의 힘으로 일본 제국주의와 천황제에 저항하는 힘을 얻게 되었습니다.

'하늘과 땅이 감응하여 만물이 살아나듯이, 성인은 사람의 마음을 감응하여 세상을 평화롭게 합니다'(天地感而萬物化生, 聖人感人心而天下和平). 이런 이야기가 청춘의 사랑을 의미하는 함괘에 담긴 것은, 선남선녀의 만남 안에 두 사람의 만남을 넘어서는 의미가 있다는 뜻입니다.

이런 내면적 이야기에도 불구하고, 드러난 함괘의 이야기는 청춘 남녀들이 서로 연애하고 사랑하고 성관계를 즐기는 내용입니다. 마음이 끌리거나(咸其拇), 만나고 싶어서 어쩔 줄을 모르고(咸其腓), 매달리기도 하고(咸其股, 執其隨), 헤어지기 싫어서 발을 동동거리기도 하고(憧憧往來), 뼈와 살이 타는 듯한 사랑을 나누기도 하고(咸其脢), 성관계가 끝난 뒤의 후회를 즐기기도 합니다(咸其輔頰舌).

주역은 이런 사랑의 감정을 '산꼭대기에 (백두산 천지와 같은) 큰 연못이 있
듯이 나를 비워 당신의 모든 것을 받아들이고 싶습니다' 하고 표현했습니
다(山上有澤, 咸, 君子以虛受人). 참으로 매력적인 연애편지입니다.

주역 제32괘

■ 항(恒) – 왜 우리는 오래 사랑하지 못할까?

연오랑과 세오녀

제8대 아달라 왕 4년, 정유년. 동해 바닷가에 연오랑과 세오녀 부부가 살고 있었다. 어느 날 연오랑이 바다에 나가 해조를 따고 있는데 갑자기 바위 하나(일설에는 물고기 한 마리)가 나타나 연오랑을 등에 업고 일본으로 가버렸다. 이것을 본 일본 나라 사람들은 '범상한 사람이 아니다' 하며 연오랑을 왕으로 삼았다.

남편이 돌아오지 않는 것이 이상해서 바닷가에 나간 세오녀는 남편이 바위 위에 벗어놓은 신을 발견했다. 바위 위에 올라갔더니 그 바위는 세오녀를 업고 연오랑 때와 같이 일본으로 갔다. 일본 나라 사람들이 놀라고 이상히 여겨 왕에게 이 사실을 아뢰었다. 이리하여 부부가 다시 만나게 되었다. 왕은 그녀를 귀비로 삼았다.

이때 신라에서는 해와 달에 광채가 없었다. 해를 보고 점을 치는 사람이 왕께 아뢰기를 "우리나라에 내려 있던 해와 달의 정기가 일본으로 가버렸기 때문에 이러한 괴변이 생기는 것입니다"라고 했다.

왕이 사자를 보내 두 사람을 찾으니 연오랑이 말했다.

"내가 이 나라에 온 것은 하늘이 시킨 일인데, 어찌 내 마음대로 돌아갈 수가 있겠는가(我到此國, 天使然也). 나의 아내가 짠 고운 비단이 있으니 이것으로 하늘에 제사를 드리면 될 것이다."

사자가 돌아와서 사실을 보고하고, 비단으로 하늘에 제사를 드렸다. 그러자 해와 달의 정기가 전과 같아졌다. 이에 그 비단을 임금의 창고에 간수하고 국보로 삼으니 그 창고를 귀비고라 했다. 또 하늘에 제사 지낸 곳을 영일현(迎日縣) 또는 도기야(都祈野)라 했다.

恒, 亨, 无咎, 利貞, 利有攸往.

항은 오래가므로 형통하고 허물이 없다. 바름을 지켜 이로우며, 나아가면 이롭다.

恒, 久也.

항은 항구불변하고 오래가는 것이다.

日月得天而能久照, 四時變化而能久成,

해와 달이 하늘에 있어 오래 비출 수 있듯이 사계절이 때에 맞춰 변화하므로 만물이 오랫동안 성장할 수 있다.

(해와 달, 사계절의 일정한 변화가 성장을 이끌어낸다.)

聖人久於其道而天下化成, 觀其所恒, 而天地萬物之情.

성인은 오래가는 진리를 알아 세상을 변화시키고 완성한다. 오래가는 것을 볼 수 있으면 세상만물의 본질을 알게 된다.

雷風, 恒, 君子以立不易方.

우레가 치면 바람이 부는 것처럼 항의 군자는 변화 속에서도 흐름을 읽어 뜻을 세우고 쉽게 방향을 바꾸지 않는다(立志와 恒心).

–

1. 浚恒, 貞凶, 无攸利. 始求深也.

오래가는 것을 깊이 원하면 바르더라도 흉하다. 이롭지 않다. 이렇게 되는 이유는 처음부터 너무 깊이 가려고 하기 때문이다.

(오래가는 힘과 사랑을 얻는 데는 시간이 필요하다.)

2. 悔亡. 能久中也.

후회할 일이 사라졌다. 적절한 자리를 오래 이어갈 수 있기 때문이다.

(사랑에 성공하기 위해서는 지나쳐도 안 되고 모자라도 안 된다. 적절한 자리에서 오래 사랑할 능력이 필요하다.)

3. 不恒其德, 或承之羞, 貞吝. 无所容也.

매력을 오랫동안 유지하지 못한다. 부끄러움을 당할 수 있다. 곧더라도 막힌다.

오래가지 않고 변덕스러우면 쓸 곳이 없다.

(마음이 갈대처럼 흔들린다.)

4. 田无禽. 久非其位, 安得禽也.

들로 사냥을 나갔으나 잡은 짐승이 없다. 그 자리를 오래 지키지 않았는데 어찌

짐승을 잡을 수 있으랴.

(돈을 벌려고 하지만 제대로 된 소득이 없다. 어떤 일이든 오래 해야 자리가 잡히

는데, 한 자리에 오래 있지 못한다.)

5. 恒其德, 貞, 婦人吉, 夫子凶. 婦人貞吉, 從一而終也, 夫子制義, 從婦凶也.

오랫동안 부부가 사랑의 매력을 이어간다. 부인은 길하지만 남편은 흉하다. 부인

이 길한 것은 한 마음을 끝까지 지켰기 때문이다. 남편이 흉한 것은 정의로운 실

천도 해야 하는데 아내만 따라다녔기 때문이다.

(여성은 가정에만 충실해도 흉이 아니지만, 남자는 가정과 사회를 같이 볼 수 있

어야 한다.)

6. 振恒, 凶. 振恒在上, 大无功也.

오래가지 못하고 계속 흔들리니 흉하다. 위에 있으면서도 계속 흔들리니 크게

공이 없구나.

(부부의 마음이 흔들려 헤어질 수도 있다.)

함괘가 젊은 남녀가 서로 깊이 사랑하고 마음을 모아가는 이야기라면 항
괘는 부부의 삶에 대한 이야기입니다. 함괘가 사랑의 감정이 중요하다면,
항괘는 오랫동안 함께 살아가는 사랑의 기술이 중요합니다(雷風, 恒, 君子
以立不易方).

연오랑과 세오녀 이야기는 《삼국유사》 〈기이편〉에 나옵니다. 《삼국유사》에
서 우리가 알고 있는 많은 이야기는 주로 〈기이편〉에 나오는 것입니다. 〈기
이편〉은 신비로운 이야기의 모음입니다.

정사인 《삼국사기》를 지은 김부식이 신뢰할 수 있는 기록과 자료에 주로
의지한 반면, 《삼국유사》를 지은 일연 스님은 중요한 역사적 진실은 오히려
민중의 이야기 속에 담겨있다고 믿었습니다. 그래서 민중의 이야기 속에 담
긴 환상적인 역사(기이한 이야기)의 의미를 읽고 싶어 했습니다.

김부식의 역사가 '의식 세계'의 역사라면, 일연의 역사는 '무의식 세계'의 역
사입니다. 그래서 삼국시대를 공부하는 사람들은 두 책에 나온 내용을 비
교하면서 역사적 사건과 그 사건을 민중들이 어떻게 이해하고 내면화했는
지를 동시에 알게 됩니다.

순전히 제 상상에 따라 연오랑과 세오녀의 이야기를 재구성해보았습니다.

연오랑과 세오녀는 포항의 바닷가 작은 마을에서 오순도순 살았습니다.
그러던 어느 날, 남편 연오랑이 고기잡이를 나갔다 풍랑을 만나 일본으
로 표류합니다. 신라 초기, 일본 사람들은 아직 배를 만드는 기술이 떨어
져서 먼 바다로 나가기가 힘들었습니다. 일본으로 떠내려온 연오랑의 배

는 일본 배보다 성능이 좋았고, 연오랑은 그곳에서 배 만드는 기술을 가르치며 마을의 지도자가 됩니다.

연오랑은 아내를 잊지 않고 신라로 돌아와 세오녀를 데리고 갑니다(悔亡. 能久中也). 사실 연오랑은 상당히 높은 수준의 선박 기술자였는데, 신라에 연오랑만 한 기술자가 없어서 선박 제조와 해양산업이 타격을 입게 됩니다.

아달라 왕은 연오랑이 일본에 있다는 것을 알고 찾아 나섰지만 연오랑은 귀국을 거부합니다. 일본에서 자기를 더 필요로 할 뿐 아니라 풍랑 속에서도 죽지 않고 살아난 것이 하늘의 뜻이라고 생각합니다. 그 대신 아내가 짠 비단에 선박 제조와 관련된 중요한 기술을 도면으로 그려줍니다.

아달라 왕으로서는 아쉬웠지만 이 정도나마 해준 연오랑에게 감사할 수밖에 없었습니다. 그래서 고마운 마음을 담아 연오랑과 세오녀가 살았던 바닷가 마을, 도기야 마을에 가서 선박 도면이 그려진 비단을 제단에 올리고 일본 쪽을 향해 제사를 지냅니다. 그러고는 이 마을의 이름을 '해를 기다리는 곳' 또는 '일본에 있는 연오랑과 세오녀를 기다리는 곳'이라는 뜻으로 '영일현'이라고 짓습니다.

항괘의 이야기는 대부분 흉합니다. 사람이 오랫동안 변하지 않는 것이 쉽지 않다는 이야기입니다. 사랑의 기술은 너무 지나쳐도 안 되고 모자라도 안 됩니다(悔亡. 能久中也). 변화에 적절하게 대응할 수 있어야 오랫동안 중용의 평화로움(中和)을 얻을 수 있습니다.

'오랫동안 부부가 사랑의 매력을 이어간다. 부인은 길하지만 남편은 흉하다. 부인이 길한 것은 한 마음을 끝까지 지켰기 때문이다. 남편이 흉한 것은 정의로운 실천도 해야 하는데 아내만 따라다녔기 때문이다(恒其德, 貞, 婦人吉, 夫子凶. 婦人貞吉, 從一而終也, 夫子制義, 從婦凶也).*

이 내용도 재밌습니다. 부부가 사랑의 기술을 연마하는 데 성공했는데, 부인은 길하지만 남편은 흉하다고 합니다. 왜 이럴까요? 남편은 부인과 마음을 맞추는 것뿐만 아니라 사회적 정의를 위한 노력도 같이 해야 할 의무가 있기 때문입니다. 남자가 가정만 생각하며 살아선 안 된다는 이야기입니다.

주역은 3,000년 전의 이야기라 남녀 문제를 남성 우위의 입장에서 다뤘습니다. 따라서 이런 부분은 우리 시대에는 조금 더 넓게 읽어야 할 것입니다. 이렇게 읽어봅시다.

'부부가 오랫동안 사랑의 덕을 지켰습니다. 부부가 함께 사회정의를 위해 노력하니 올바른 삶입니다. 가족 이기주의에 빠져 자기 가족만 안다면 흉하기 때문입니다(恒其德, 貞, 婦夫制義, 家族利己凶也).*

이런 부부의 삶을 지키는 가정이 얼마나 될까요?
대부분의 부부는 서로가 서로에게 지나치게 많은 걸 기대하고(浚恒), 돈벌이가 신통치 않은 남편은 기를 펴고 살 수가 없으며(田无禽. 久非其位), 이일 저일 해보지만 자리는 못 잡고 갈등이 심해집니다(不恒其德, 或承之羞). 작은 일에도 참지 못하고 싸우고, 욕하고, 흔들리는 마음을 잡지 못한 채 끝내 헤어지고 맙니다(振恒).

연오랑과 세오녀가 신라 사람들에게 좋은 부부의 모델로 박아들여진 이유는 남편의 실종 뒤에도 아내가 마음을 바꾸지 않았고, 연오랑 역시 아내를 잊지 않고 다시 데리러 왔기 때문입니다. 또한 연오랑은 아내에게만 신의를 지킨 것이 아니라 그와 함께 살았던 가난한 일본의 어촌 마을 가족들에게도 좋은 지도자였고, 신라와 일본이 서로 협력하는 길을 찾기 위해 노력했습니다.

항괘에서 이야기하는 '좋은 부부'로서 조화로운 삶의 모델이었기에 연오랑과 세오녀의 삶은 신라인들의 마음에 신비롭고 아름답게 남았습니다(日月得天而能久照, 四時變化而能久成).

일연은 평범하지만 아름다운 삶을 살아간 이런 사람들이 역사의 주인공이라고 생각했습니다.

주역 제33괘
■ 둔(遯) – 물러날 때의 지혜

물러섬의 서로 다른 길

중국의 역사를 살펴보면, 안정기에는 유교의 논리와 유교 지식인인 군자의
지혜로 국가를 경영하지만, 격변기에 들어가면 노자의 논리와 도가 수행
자(도사)들이 역사의 전면에 배치된다. 그리고 혼란의 시기가 지나 통일이
이루어진 뒤에는 도사로서의 실력이 드러난다.
노자의 철학은 기본적으로 물러남이다.
'일을 이루고 나면 머무르지 말고, 몸을 물러야 한다'(功成而不居, 功成身退).

진나라가 허망하게 무너진 뒤 중국은 다시 유방의 한나라와 항우의 초나
라로 분열되었다. 두 세력은 쓸 수 있는 모든 전력을 다 쏟아부어 일진일퇴

의 공방을 벌였고, 결국 유방이 다시 중국을 통일했다.

이제 한나라 건국의 공신인 한신과 소하, 장량, 진평, 여후는 모두 물러남의 과제 앞에 서야 했다(天下有山, 遯, 君子以遠小人, 不惡而嚴).

장량은 몸이 늘 아팠다. 그는 한시라도 빨리 정치를 벗어버리고 싶었다. 전쟁을 지휘할 수는 있었지만 권력투쟁의 이전투구를 하고 싶지는 않았다. 공신에게 주는 어떤 혜택도 받지 않고 몸을 숨겼다. 장량의 초연함은 도가 수행자의 전형적인 모델이었다(好遯, 君子吉, 小人否).

한신은 유방 군대의 대장군이었고, 가장 뛰어난 공을 세운 군인이었다. 군사력을 장악한 한신을 유방은 가장 두려워했다. 한신은 유방과 대립하며 반란을 기획하다 계략에 말려 죽임을 당하고 말았다. 그의 죽음은 토사구팽(兎死狗烹), 토끼를 사냥하고 나면 사냥개를 삶아 먹는 전형적인 경우였다(遯尾, 厲, 勿用有攸往).

소하는 뛰어난 행정가였다. 유방은 한나라 건국의 가장 중요한 기획자와 관리자를 소하라고 생각했다. 소하는 늘 유방의 신임에 맞게 행동했고, 건국 초기의 사회 안정에 최선을 다했다. 백성들의 소하에 대한 신임은 높아갔다. 하지만 이것은 유방에게는 위험이었다.

소하는 유방의 의심 때문에 감옥에 갇히고, 불명예스러운 은퇴를 해야 했다. 소하는 자신이 유방을 잘 안다고 생각했지만, 다 알지 못했다(係遯, 有疾厲, 畜臣妾, 吉. 不可大事也).

유방이 죽은 뒤 후계 승계와 관련해서 피바람이 불어 닥쳤고, 유방의 부인인 여후가 '여태후'가 되어 어린 아들과 손자를 대신해서 사실상의 황제가되었다. 여태후는 자기가 죽으면 여씨 족벌이 전멸한다는 걸 알고 있었지만 물러날 지점을 찾지 못했다(嘉遯, 貞吉. 以正志也).

진평은 자신이 물러서는 지점이 언제인지 알고 있었다. 여씨 세력과 맞설경우 한나라가 다시 분열된다는 것을 알았고, 일단은 한나라의 안정이 중요했다. 한나라 건국 이후에도 여러 번의 반란을 유방이 직접 나서서 진압해야 할 정도로 불안한 상황이었기에 지배 집단 내부의 전쟁은 위험했다. 그래서 그는, 여씨든 유씨든 일단 안정을 택했다.

그는 도가 수행자였고, 노자 이론가였다.
'누군가를 약하게 만들려면 먼저 강하게 만들어야 한다. 무엇인가를 없애려면 반드시 일으켜야 한다.'《도덕경》 36장)
그는 여씨 권력을 없애기 위해 여태후를 일으키고 강하게 했다. 여태후가강하면 강할수록 오히려 물밑에서는 반전의 준비 또한 차근차근 진행되고있었다(執之用黃牛之革, 莫之勝說. 固志也).
죽음을 앞둔 여태후가 '내 장례를 치르는 중에 여씨 일가가 괴멸될 수 있으니, 장례를 신경 쓰지 말라' 하고 유언을 해야 할 정도였다. 하지만 여씨족벌은 순식간에 무너졌고, 진평은 공신들과 협의해 먼 북방에 보내진 유방의 아들 중 하나인 '유항'을 받아들여 황제로 모셨다. 그기 바로 한나라최고의 전성기인 '문경지치'(문제와 경제가 통치한 전성기)의 지도자 문제였다. 진평은 문제가 황제가 된 다음 해에 일생을 마쳤다.

그는 좋은 시절에 물러난 장량이 아니었고(好遯), 물러날 때를 몰랐던 한신
도 아니었고(遯尾), 기쁘게 물러날 줄 몰라 한순간에 몰락한 여태후도 아니
었다(嘉遯). 물러남의 마지막 지점인 비둔(肥遯)에서 모든 문제를 다 해결
한 뒤의 죽음이 그의 물러남이었다(肥遯, 无不利. 无所疑也).

遯, 亨, 小利貞.
물러남. 형통하다. 바름을 지키니 조금 이롭다.

天下有山, 遯, 君子以遠小人, 不惡而嚴.
산이 아무리 높아도 하늘 아래 있는 것처럼, 군자는 하늘처럼 멀리 있어 소인을
미워하지 않으며 하늘의 위엄을 잃지 않고 물러선다.

—

1. 遯尾, 厲, 勿用有攸往. 不往何災也.
물러설 때 뒤처지니 위험하다. 나아가서는 안 된다. 가만히 있는데 무슨 재난
이 있겠는가.

2. 執之用黃牛之革, 莫之勝說. 固志也.
황소 가죽으로 꽁꽁 묶어서 누구도 그것을 벗길 수 없다. 그 뜻이 굳건하기 때
문이다.
(어쩔 수 없이 물러서지만 원래의 의지를 더 단단히 해서 그 뜻을 지켜낸다.)

3. 係遯, 有疾厲, 畜臣妾, 吉. 不可大事也.

(물러서야 하지만) 얽매이는 것이 있어 걱정되고 마음의 병이 된다. 가까운 이들
을 돌볼 수 있는 건 좋은 일이지만 큰일을 할 수는 없다.

(물러서야 하지만, 포기할 수 없는 인연으로 인해 갈등을 겪는다.)

4. 好遯, 君子吉, 小人否.

기꺼이 물러난다. 군자는 길하지만 소인은 어그러진다.

(기꺼이 물러나서 자기가 하고 싶었던 일을 하는 사람과 미련 때문에 일을 망치
는 사람.)

5. 嘉遯, 貞吉. 以正志也.

아름답게 물러서니 바르고 길하다. 바른 뜻을 가졌기 때문에 가능한 일이다.

(물러서는 것이 옳을 때, 권력에 대한 욕망과 미련 없이 물러서는 힘.)

6. 肥遯, 无不利. 无所疑也.

편안히 물러선다. 불리할 것도 없고 의심받을 것도 없다.

사마천이 동아시아 최고의 역사가인 이유는 그를 통해 비로소 '역사관'이
라는 개념이 만들어졌기 때문입니다. 흔히 사마천의 역사 기술 방식을 '기
전체'라 하고, 사마천 이전의 방법을 '편년체'라고 합니다. 편년체는 말 그대
로 역사를 시간 순서대로 편집한 역사입니다. 편년체의 관점은 '역사는 일
어난 사건이 흘러온 순서'라는 것입니다.

반면에 사마천은 역사를 '왜'라는 질문을 중심으로 이해한 동아시아 최초의 역사가입니다. 그는 끊임없이 '왜'라는 질문을 던지고, 그 질문을 통해 역사의 의미를 찾고자 했습니다.

'어떤 사람은 의리를 지키고 사심을 벗어나는데, 왜 어떤 사람은 자기 몸 하나를 벗어나지 못할까? 하늘은 왜 선하고 악함을 나누어 보지 않을까? 왜 어떤 죽음은 고귀하고 어떤 죽음은 아홉 마리 소의 터럭 하나(九牛一毛)만도 못할까?'

《사기》는 이런 질문에 대한 사마천의 해석입니다. 사마천은 스스로 이런 질문을 깊이 할 수밖에 없는 조건 속에서 《사기》를 썼습니다.

한나라의 명장인 이릉은 흉노와의 전투에서 혁혁한 공을 세웠지만 수적인 열세에 밀려 포로가 되었습니다. 무제의 신하들은 이릉이 자결하지 않고 포로가 된 것을 비판했는데, 오직 사마천만이 이릉을 변호했습니다. 그는 이릉이 어떤 사람인지도 알고 있었고, 또한 이릉을 탄핵하는 사람들이 어떤 사람인지도 알았습니다. 누구보다 용맹하고 헌신적인 이릉이 조잡한 무리에게 비난받을 사람이 아니라고 생각했고, 이릉이 죽지 않고 포로가 되어 살아남는 길을 택한 것은 다시 나라를 위해 싸울 기회를 갖고 싶었기 때문이라고 생각해서 그를 변호한 것입니다.

이 일로 인해 무제의 분노를 사게 된 사마천은 허리를 잘려 죽는 사형과 성기를 잘리는 궁형 가운데 하나를 택해야 하는 상황에 놓이게 되었습니다. '너의 말에 책임질 수 있으면 죽음으로 지켜내고, 책임질 수 없으면 너는 남자가 아니다'라는 조롱입니다.

당시의 선비들은 이런 경우 누구나 자신의 정당함을 죽음으로 증명하는 것을 명예로 생각했습니다. 궁형을 선택하는 건 자기 스스로 자기를 배반하는 것이자 사회적 조롱과 치욕의 대상이 되는 것을 의미합니다.

사마천은 정말 죽고 싶었지만 궁형을 선택했습니다. 인간의 삶에는 죽고 사는 것을 넘어선 문제가 있다고 생각했기 때문입니다. 그에게는 아버지 때부터 해오던 작업인 《사기》를 마무리 지어야 할 과제가 있었고, 이것은 자신의 죽음이나 명예를 넘어선 과제라고 생각했습니다. 삶을 선택했지만, 그 삶이 얼마나 힘들었는지 임안에게 보낸 편지에 나타납니다.

"비록 몇십 년 세월이 흘러도 저의 수치는 더욱 쌓일 뿐입니다. 그래서 하루에도 아홉 번 장이 뒤집히며, 집안에 있으면 정신이 몽롱해지고 집을 나서면 어디로 가야 할지 알 수가 없습니다. 이 치욕을 생각할 때마다 식은땀이 등줄기를 흘러 옷을 적시지 않은 적이 없습니다."

사마천은 《사기》의 등장인물들 속에 자신이 느낀 '하루에 아홉 번 속이 뒤집히고 식은땀이 흘러 옷을 적시는' 감정을 그대로 담아냅니다. 《사기》의 문장이 살아 숨 쉬는 이유이고, 동아시아의 모든 역사서 중에서도 《사기》가 가장 많이 읽히고 지금도 다시 번역되고 재편집되는 이유입니다.

《사기》는 죽고 싶은 슬픔과 치욕을 물리치고 '황소 가죽으로 자신을 꽁꽁 묶어' 자신이 세운 뜻 속으로 물러나 삶의 의미를 찾아낸 사람의 이야기입니다(執之用黃牛之革, 莫之勝說. 固志也).

■ 대장(大壯) – 힘 있다고 무례하지 말라

슈퍼 파워 중국은?

답하기 쉽지 않은 질문.

돈 있고 여유로운 사람이 예의를 잘 지킬까?
가난한 사람이 예의를 잘 지킬까?

여유 있는 사람이 넉넉한 마음으로
예의를 지키는 것이 가장 좋은 삶.
가난하더라도 인간의 도리를 잃지 않고 사는 사람들은
존경받는 삶.

266

가난한 사람이 오랫동안 마음이 흔들리지 않기는
쉽지 않다네(無恒産 無恒心).
부자가 자기를 낮추고 양보하며
욕심을 자제하는 것도 쉽지 않다네.

극기복례 천하귀인(克己復禮 天下歸仁),
자기를 이겨 세상의 질서와 평화를 찾는 길.
중국은 가능할까?

大壯, 利貞.

큰 힘. 곧음을 지키는 것이 이롭다.

大壯, 利貞, 大者正也. 正大而天地之情可見矣!

큰 힘이 정의와 함께한다면, 하늘과 땅이 서로 교감하는 걸 볼 수 있을 텐데!

雷在天上, 大壯, 君子以非禮弗履.

하늘에서 번개가 번쩍이는 것을 보며 대장의 군자는 자신의 삶이 예를 벗어나는

것은 아닌지 돌아본다. 예가 아니면 행하지 않는다.

－

1. 壯于趾, 征凶, 有孚. 其孚窮也.

발의 기운이 강하다. 정벌하러 나가면 흉하다. 믿음이 있지만 그 믿음이 궁지
에 갇혀있다.

(나아갈 방향과 목표 없이 힘만 믿고 궁색한 논리를 가지고 나가다 무너진다.)

2. 貞吉. 以中也.

곧음을 지켜 길하다. 힘을 조절해서 중도에 서 있기 때문이다.

(자신의 강한 힘을 가능한 한 억제하고, 지나치지 않도록 노력한다.)

3. 小人用壯, 君子用罔, 貞厲. 羝羊觸藩, 羸其角.

소인은 힘으로 밀어붙이지만 군자는 그물을 쓴다. 바름을 지켜도 위태롭다. 숫양
이 울타리를 들이받다 뿔이 걸려 괴롭다.

(소인은 자신의 힘을 밖으로 과시하지만, 군자는 힘을 그물 같은 조직과 사회 시
스템 속에 감춘다. 정신을 차리고 있어도 과한 힘을 남용하는 이들을 견제하는 건
쉽지 않다. 숫양이 울타리를 들이받듯이 날뛰는 무리들을 견제해낸다.)

4. 貞吉, 悔亡, 藩決不羸, 壯于大輿之輹. 尙往也.

바름을 지켜 길하다. 후회가 사라진다. 울타리가 풀리고 뿔이 걸리는 고통도 사
라진다. 큰 차의 바퀴살처럼 굳세고 강하다. 높은 곳을 향하여 가기 때문이다.

(억지로 그물과 울타리를 만들어 강한 힘을 견제할 필요 없이 자기 힘을 어떻게
사용해야 할지 알게 되어 울타리에 뿔이 걸리는 무모한 행동을 스스로 해결했
다. 큰 차를 지탱하는 바퀴살처럼 자신의 힘을 유용하게 써서 더 나은 사회를 만
들 수 있다.)

5. 喪羊于易, 无悔. 位不當也.

양을 쉽게 잃어버렸지만 후회하지 않는다. 적당한 자리가 아니었기 때문이다.

(강한 힘을 쓰다가 혹은 강한 힘을 이용해 위기를 극복해 나가다가 잘못하거나

손해 보는 일이 있지만, 그것을 계기로 반성하고 점검하게 되므로 후회할 일은

아니다. 아무리 강한 힘을 가지고 있어도 그 힘을 쓸 자리와 쓰지 않아야 할 자

리가 있다.)

6. 羝羊觸藩, 不能退, 不能遂, 无攸利, 艱則吉. 不詳也, 咎不長也.

숫양이 울타리에 걸려 물러서지도 나아가지도 못하니 이로울 게 없다. 이런 어려

움을 겪더라도 길하다. 이렇게 꼼짝 못하게 되는 이유는 앞뒤를 상세히 살피지 않

았기 때문이다. 그러나 대장은 큰 힘을 가지고 있어 허물이 오래가지는 않는다.

(강한 힘을 주체하지 못해 고생하면서 배워가는 중이다. 시간이 지나면 회복된다.)

대장(大壯)은 강한 힘을 가진 사람이나 슈퍼 파워 국가의 이야기입니다.
몇 년 전 중국의 CCTV는 《대국굴기》라는 다큐멘터리를 제작했습니다. 목
적은 역사 속의 슈퍼 파워였던 로마와 스페인, 영국, 네덜란드 등의 흥망
성쇠를 성찰하고 슈퍼 파워로 성장해갈 중국의 미래를 점검하는 것이었
습니다.
인류 역사에는 언제나 슈퍼 파워가 있었습니다. 세상의 모든 길이 이어졌
던 로마 제국, 칭기즈 칸의 몽골과 원나라, 해가 지지 않는 나라 영국, 역사
의 종말 미국 등등. 그리고 모든 슈퍼 파워는 강한 군사력을 외부를 향해
사용했습니다(壯于趾, 征凶). 물론 명분으로는 문화와 종교, 민주주의 등을

내세웠지만 슈퍼 파워가 되기 위해서는 군사력이 우선이었습니다.

중국도 한국전쟁에 참전하고, 티베트를 침공해서 점령하긴 했지만 지금까지 인류가 경험한 슈퍼 파워 중에서는 그나마 큰 전쟁을 치르지 않은 거의 유일한 사례입니다.

중국은 3,000년 동안 예(禮)라는 개념의 문화통치 경험을 해왔습니다. 따라서 중국의 세계지배는 예에 기반을 둔 소프트 파워 전략을 쓸 가능성이 높습니다. 실제로 아프리카와 제3세계에서 중국의 소프트 파워 전략은 완전히 자리를 잡았습니다. 오늘날 중국어 공부 열기는 전 세계의 공통된 현상입니다. 반면에 미국은 군사력과 자본주의, 의회민주주의, 기독교, 과학기술, 영어를 기반으로 세계를 지배했습니다.

중국은 사회주의와 자본주의의 융합, 현자 민주주의(정치지도자가 되기 위해 오랜 시간 수련과 검증을 거친 사람들의 집단 의사결정 민주주의), 유교·불교·도교 문화, 중국어를 사용합니다. 이는 곧 인류가 군사력과 자본의 지배에서 한 단계 나아가는 과정일 수도 있습니다. 이제부터 과제는 중국이 과연 그 의미 그대로 예(禮)를 지켜낼 수 있는가 하는 점입니다.

공자의 제자 안연(안회)이 공자께 '인'(仁)이 무엇인지 묻습니다. 공자는 여러 제자들에게 같은 질문을 받았는데 그때마다 다른 대답을 합니다. 그 당시 상황과 개인에 맞는 답이었을 겁니다.

안연의 질문에 공자는 '극기복례, 천하귀인'(克己復禮, 天下歸仁, 개인적인 욕망을 넘어 공동체적 인간관계를 회복한다면 사람들은 서로 아끼고 사랑하며 살게 된다)이라는 유명한 이야기를 해줍니다(克己復禮爲仁, 一日 克

270

己復禮天下歸仁焉, 爲仁由己, 而由人乎哉). 그러자 안연은 조금 더 자세하고 구체적인 행동지침을 부탁합니다.

공자께서는 '예가 아니면 보지 말고, 듣지 말고, 말하지 말고, 행동하지 말라(非禮勿視, 非禮勿聽, 非禮勿言, 非禮勿動) 하고 권합니다. 누가 시켜서가 아니라 나 스스로의 힘으로 하지 말아야 할 것은 하지 않는 힘이 예(禮)입니다(大壯, 君子以非禮弗履).

중국은 강한 나라이고 이제 중국을 견제할 수 있는 힘은 어디에도 없습니다. 중국을 견제할 수 있는 힘은 중국 안에서 생겨나야 합니다. 나 스스로 나를 다스려서 인(仁)을 실천하는 겁니다. 이게 가능할까요? 지금까지 어떤 국가도 스스로를 이겨내지 못했는데, 중국은 될까요?

미국은 9.11과 함께 무너지기 시작했습니다. 부시는 군산복합체의 지원 속에 대통령이 되었고, 전쟁을 일으킬 호기를 놓칠 사람이 아니었습니다. 그들에게 전쟁은 축제입니다. 이라크와 아프가니스탄에서 전쟁이 일어나면 미국은 다시는 세계를 지배하는 슈퍼 파워를 회복할 수 없다는 것이 뻔히 보였지만, 부시는 멈추질 못했습니다. 그는 강한 군사력을 가지고 있었지만, 미국이 어떤 나라가 되어야 한다는 비전이 없었습니다(壯于趾, 征凶, 有孚. 其孚窮也).

3.11 후쿠시마 원전사고가 발생할 것이라는 사실은 누구나 알고 있었습니다. 지진국가 일본에 핵발전소를 짓는다는 상상 자체가 미친 짓이었습니다. 일본은 평화헌법을 지키며 나름대로 중도의 길을 가기 위해 애썼지만, 후쿠시마의 재난을 넘지 못했습니다(貞吉. 以中也).

유럽의 독일과 프랑스, 영국은 자신들의 힘을 그물을 짜는 데 썼습니다. 유럽연합은 유럽의 힘으로 짠 그물입니다. 그리고 그 그물 안에서 갖가지 정치, 경제, 사회적 난제를 풀기 위해 노력했습니다. 하지만 유럽 공용 통화 유로를 경제 수준이 각기 다른 여러 나라의 경제현실에 적용하는 건 쉬운 일이 아니었습니다. 그래서 유럽연합의 그물망 울타리는 늘 위태위태합니다(小人用壯, 君子用罔, 貞厲, 羝羊觸藩, 羸其角).

지금은 오직 중국만이 슈퍼 파워로서 의미 있는 세계전략을 가지고 있습니다. 마오쩌둥, 덩샤오핑, 장쩌민, 시진핑으로 이어지는 중국 지도부는 여러 가지 시행착오를 겪었지만 무난하게 중국의 성장과 내부 문제를 해결하는 데 성공해가고 있습니다.

8,700만 중국 공산당원들은 큰 차의 바퀴살처럼 중국 전역에 골고루 퍼져 있고, 그들은 중국이라는 거대한 차가 굴러가도록 자기 역할을 찾아내고 있습니다(貞吉, 悔亡, 藩決不羸, 壯于大輿之輹. 尚往也). 중국이 앞으로 풀어야 할 과제는 민주주의와 인권입니다(羝羊觸藩, 不能退, 不能遂). 특히 중국은 민주주의 문제에 있어서 큰 갈등을 겪을 가능성이 높습니다. 선거, 인권, 환경, 빈부격차, 민족 등도 쉽지 않은 주제들입니다.

그러나 8,700만 공산당원들은 진보적 사회 변화를 바닥에서부터 성공시킨 경험과 자부심이 있고, 뛰어난 정치의식과 현장 토론을 충분히 경험했기 때문에 결국 이 문제들도 풀어낼 겁니다(羝羊觸藩, 不能退, 不能遂, 无攸利, 艱則吉. 不詳也, 咎不長也).

하늘에서 번개가 번쩍이는 듯한 강한 힘(雷在天上, 大壯)이 있을 때, 이 힘을 쓰지 않는 힘도 자기 안에 있어야 합니다(君子以非禮弗履). 대장괘는 대

장의 큰 힘이 정의와 손잡길 간절히 기원합니다(大壯, 利貞, 大者正也. 正大
而天地之情可見矣).

그나마 다행인 것은 중국인들 가운데 아직 부족한 것이 많고 배워야 한다
는 생각을 하는 사람들이 많다는 점입니다. 특히 한국의 경제성장과 민주
주의, 한류문화, 동아시아 고전에 대한 깊은 성찰과 이해를 존경하고 있습
니다. 더불어 한국을 중요한 동아시아 파트너로 생각하는 중국인들이 많
습니다. 중국이 예(禮)를 벗어나 무례(無禮)한 세계지배 국가로 가지 않도
록 하는 데는 동아시아 형제로서 한국이 해야 할 과제도 있습니다.

■ 진(晋) − 급진

멈춤 없는 전진. 그래서 슬프다네

농촌에 살아보면
전라도고 경상도고 할 것 없이
박정희 대통령은 신화가 아니라 신앙이라네.

밥을 굶지 않게 되었다는 사실,
그 기억처럼 강렬한 기억은 없다네.
밥 굶지 않아도 되는 세상을 내 젊은 나이에
만들었다네(明出地上, 晋, 君子以自昭明德).
밥을 배불리 먹어서 좋은 게 아니라

좋은 세상 만들었다는 자부심이 있었다네.

딱 거기까지라네.

그래서 슬프다네.

晉, 康侯用錫馬蕃庶, 晝日三接.

왕이 유력한 제후들에게 말을 많이 주고, 하루에 세 번 만난다.

(중앙 권력과 지방 권력이 서로 이권을 나누고 정경유착이 일상이 된다.)

晉, 進也, 明出地上.

진(晉)은 땅 위로 해가 떠올라 아침이 밝아지듯이 빨리 나아가는 것이다.

明出地上, 晉, 君子以自昭明德.

지평선 위로 해가 떠올라 아침이 밝아오듯, 진의 군자는 자기 안에 숨겨진 밝은

덕을 스스로 불러낸다.

(내 안에 감춰졌던 힘과 재능이 발현되면서 급성장한다.)

—

1. 晉如摧如, 貞吉, 罔孚, 裕无咎. 獨行正也, 未受命.

나아가는 것이 좌절될 것 같지만 바름을 지키면 길하다. 법망을 믿으니 여유롭고

허물이 없다. 나아가는 것이 좌절되더라도 혼자서라도 바르게 행동해야 한다. 아

직 자신의 소명을 받지 못한 상태이다.

(아직은 빠른 속도로 성장하고 진화할 수 있는 여건이 안 된다. 혼자라도 바르게

행동하고, 사회질서를 신뢰하며 조급해하지 말고 때를 기다리자.)

2. 晉如愁如, 貞吉, 受兹介福, 于其王母. 以中正也.

나아가는 것 같기도 하고, 근심하는 것 같기도 하다. 바르면 길하다. 왕모에게

서 큰 복을 받는다.

(빠른 속도로 나아가지만 이런 급진적인 성장과 변화를 모두가 받아들이는 것은

아니므로 고민하고 걱정해야 할 것이 많다. 바른 의지와 합리성이 있는 일이어서

음으로 양으로 도움과 행운이 따라온다.)

3. 衆允, 悔亡. 衆允之志, 上行也.

무리가 신뢰하니 허물이 사라진다. 대중의 신뢰에 담긴 뜻은 더 나은 삶으로 발

전해가길 원하는 마음이다.

(성장과 발전에 대한 대중적 지지를 바탕으로 갈등이 해소되고 나아간다.)

4. 晉如鼫鼠, 貞厲. 位不當也.

나아가는 것이 쥐새끼와 같다. 곧아도 위태롭다. 쥐새끼들이 차지하기에 올바

른 자리가 아니다.

(탐욕스럽게 민중의 삶을 갉아먹는 쥐새끼처럼 행동하는 간악한 무리들이 급속

히 성장한다. 권력 주위로 간신배들이 몰려들어 위험하다.)

5. 悔亡, 失得勿恤, 往吉, 无不利. 往有慶也.

후회가 사라진다. 잃고 얻음에 대해 근심하지 말라. 나아가면 길하고 이롭지 않음이 없다. 경사가 있다.

(급속한 성장과 발전 과정에서 생겨난 문제가 사라지고 민주주의가 정착한다. 잃고 얻음을 지나치게 따지지 말고 함께 성장하겠다는 마음을 가지면 모두에게 경사가 된다.)

6. 晉其角, 維用伐邑, 厲吉, 无咎, 貞吝. 道未光也.

뿔을 앞세우고 읍을 정벌하니, 위험하지만 길하고 허물이 없다. 아무리 이유가 있다 하더라도 부끄러운 일이다. 진리가 아직 그 빛을 밝히지 못했기 때문이다.

(성장정책의 실행 과정에서 가난한 사람들의 터전을 힘으로 파괴하고, 군대를 동원하여 저항세력을 공격한다. 사회질서 유지라는 명분을 내세우더라도 국민을 공격하는 국가는 인정할 수 없다. 민주주의 없는 성장정책은 이런 저항을 불러온다.)

주역에는 나아가고 물러남에 대한 이야기가 많습니다. 둔(遯)이 물러남을 상징한다면 진(晉)은 나아감을 상징합니다(晉, 進也, 明出地上).

박정희 정권의 '한강의 기적'은 전형적인 진(晉)의 흐름을 탄 성장이었습니다. 아마 박정희 대통령이 재선 대통령에서 중단할 수 있었다면 자신에게도 국민에게도 큰 축복이었을 것이고, 프랑스의 드골처럼 '장군 출신의 존경받는 대통령'이 될 수 있었을지 모릅니다. 드골은 젊은 시절 프랑스 레지스탕스와 함께 해방투쟁을 이끌며 쌓아온 국민적 존경심이 있었기에 68혁명의 민주주의 운동을 받아들이고 물러남이 허물이 되거나 패배가 아니었습니다. 하지만 박정희 대통령은 그런 자산이 없었습니다.

그는 만주 군관학교 출신의 일본 군국주의 추종자였고, 5.16쿠데타는 정
당성 없는 권력 찬탈일 뿐이었습니다. 그래서 박정희는 물러설 수 없이 앞
으로 나아가야만 했고, 마침내 물러서지 않는 전진의 끝이 무엇인지 보여
주고 말았습니다.

만주 군관학교에서 그가 깊이 연구하고 군인정신의 모범으로 삼았던 것은
'쇼와유신'이었습니다.

1930년대, 일본 군부 내 급진파 청년 장교들과 기타 잇키 같은 천황주의
자들은 '메이지유신'의 재현과 '천황의 직접 통치'를 명분으로 군사 쿠데타
를 일으켰습니다. 하지만 이들의 쿠데타는 천황의 복귀 명령으로 진압되
었고, 주동자 15명은 사형을 당했습니다. 의회정치 타도, 부정부패 일소, 재
벌 해체, 빈부격차 해소라는 쇼와유신의 강령은 박정희의 중요한 정치적
지향과 의식의 기반이 되었습니다. 그는 합의와 토론의 의회정치를 넘어서
는 강력한 1인 통치가 사회를 변화시키고 발전하는 데 꼭 필요하다고 생
각했습니다.

'군사혁명'의 이론을 정립한 박정희 장군은 군인에서 혁명지도자로 자신을
새로 설정했습니다(晉如摧如, 貞吉, 罔孚, 裕无咎. 獨行正也, 未受命). 그는
청렴하고 강직하게 행동했고, 자연스럽게 그를 중심에 둔 청년 장교 집단이
만들어졌습니다. 그들은 1961년 5월 16일, 탱크를 끌고 한강을 넘었습니다.

초기의 박정희 장군은 불안했지만 의외로 민중의 지지를 받았습니다.
4.19 이후의 혼란한 사회 현실, 민주당의 분열과 무능에 등을 돌리기 시작

한 때였습니다. 면사무소에서 서류 하나를 떼는 데도 얼마를 손에 쥐어주지 않으면 이런저런 트집이 잡히는 일을 국민들은 일상적으로 겪고 있었습니다.

민정 이양을 내건 첫 번째 대통령 선거에서 박정희 후보는 가난한 사람들, 전라도 농민들의 지지를 기반으로 윤보선 후보를 이기고 당선되었습니다(晉如愁如, 貞吉, 受玆介福, 于其王母. 以中正也).

박정희 대통령은 '잘살아보세'라는 구호와 함께 단시일 내에 가난을 극복하고, 보릿고개를 넘어서자는 국민적 의지를 모으는 데 성공했습니다(衆允, 悔亡. 衆允之志, 上行也). '한강의 기적'이라는 경제개발계획의 연이은 성공과 함께 안정적인 성장기반을 다졌습니다. 하지만 이때부터 그의 주위에는 종신 대통령이라는 권력 욕망을 자극하는 쥐새끼 같은 것들이 포진하기 시작했습니다(晉如鼫鼠, 貞厲. 位不當也).

김대중 후보와 치른 7대 대통령 선거에서 그는 선거로는 더 이상 권력을 유지할 수 없다는 것을 알게 되었습니다. 유신헌법의 기획자들은 박정희 대통령이 무엇을 원하는지 알고 있었습니다.

1971년 12월, 박정희 대통령은 국가 비상사태를 선언했습니다. 이때부터 죽는 날까지, 그는 소원대로 종신 대통령이 되었습니다. 누구도 그와 맞설 수 없었습니다. 재야의 민주운동가, 진보적인 종교인들이 광야의 목소리처럼 외쳐댔지만 국가체제인 의회와 사법·행정 기구 어디에도 반영되지 않았습니다. 결국 유신 독재는 '한국형 민주주의'라는 이름으로 자리를 잡았습니다.

1979년, 부산과 마산에서 거대한 항쟁이 일어났습니다. 박정희의 쥐새끼들은 부산과 마산 가운데 한 곳을 탱크로 완전히 밀어버릴 계획을 짜고 있었습니다(晉其角, 維用伐邑, 厲吉, 无咎, 貞吝. 道未光也). 그날도 그들은 그 이야기를 하고 있었습니다. 하지만 김재규 비서실장은 차마 국민에게 총을 겨누는 국가를 받아들일 수 없었습니다.

1979년 10월 26일. 궁정동 안가에서 총성이 울려퍼졌습니다. 멈춤 없는 전진의 결과였습니다.

어느 사회나 민주주의가 사라지면 부정부패, 비리, 정경유착의 고리가 만들어집니다. 박정희 정권은 어떤 정치집단으로부터도 견제받지 않는 가운데 재벌 특혜와 정경유착 속에 급속한 성장을 이룩했습니다(晉, 康侯用錫馬蕃庶, 晝日三接). 성장의 길에 방해가 되는 세력은 그냥 깔아뭉개고 지나가다시피 했습니다. 이런 분위기 속에서는 자연스럽게 권력자가 원하는 걸 알아서 해결하는 무리들이 생겨납니다(晉如鼫鼠).

같은 시기 독일과 한국은 비슷한 조건에서 거의 동시에 급속한 사회발전을 이루었습니다. 독일의 성장은 '라인 강의 기적', 한국의 성장은 '한강의 기적'이라고 불렸습니다. 라인 강의 기적을 이끈 아데나워 총리에 이어 독일은 빌리 브란트 총리와 함께 민주주의의 성장과 독일 통일의 기초를 만들어냈습니다.

빌리 브란트의 동독 지원 정책인 동방정책은 마침내 빌리 브란트 살아생전에 독일 통일을 이루어냈습니다. 이처럼 합리적인 정책을 20년 정도 꾸준히 이어내면 그만한 성과를 얻을 수 있습니다. 만일 박정희 대통령이 재선 대통령에서 멈추었고, 한국의 민주주의가 원활하게 작동을 했다면 한국 역시 2,000년대 전후에 통일을 이룰 수 있었을 겁니다.

진괘는 성장 제일주의자들이 스스로 멈추지 못한다는 것도 알고 있습니다. 그들은 언제나 자신들이 옳다고 생각합니다. 자신의 행동을 '고뇌에 찬 구국의 결단'이라고 표현하길 좋아합니다. 몰릴 데까지 몰린 사람들의 저항을 힘으로 밀어붙일 때의 생각입니다.

박정희 대통령도 이런 구국의 결단으로 마산과 부산 중 어디를 공격해야 할지 결정해야 했습니다. 유혈 진압이 목전에 있는 상황이었습니다(晉其角, 維用伐邑, 厲吉, 无咎, 貞吝. 道未光也). 정말 갈 데까지 간 겁니다.

■ 명이(明夷) – 어둠이 세상을 덮을 때

어둠이 오면

공자가 위편삼절, 가죽 끈이 세 번 끊어질 정도로
주역을 열심히 읽었던 이유가 있었다.
은나라 말에서 주나라 초까지는
작은 춘추전국시대라고 해도 될 정도였다.
주역의 문제의식과 공자의 문제의식은
서로 이어진 고리가 있었다.

주역은 마음이 슬픈 사람들의 공부다.

明夷, 利艱貞.

해가 떨어져서 어둠이 오면 바름으로 어려움을 견디는 것이 이롭다.

明入地中, 明夷, 內文明而外柔順, 以蒙大難, 文王以之.

해가 땅속으로 들어가는 것이 명이이다. 안으로는 밝게 알지만 밖으로는 모르는

척 유순한 태도를 보인다. 큰 어려움이 왔기 때문이다. 문왕이 이런 삶을 살았다.

利艱貞, 晦其明也, 內難而能正其志, 箕子以之.

어려움 속에서도 바름을 지키라는 말은 밝음을 감추어두기 위해서이다. 고난을

안으로 삭이며 바른 뜻을 지켜내야 한다. 기자가 이런 삶을 살았다.

明入地中, 明夷, 君子以莅衆, 用晦而明.

밝은 빛이 땅속으로 들어가는 명이의 시간이 되면, 군자는 많은 사람들 속에서

어둠을 이용하여 밝게 한다.

(어둠의 시간이 오면 지식인은 민중 속으로 들어간다. 반면교사처럼 부정적인 방

법으로 사람들이 깨우치게 한다.)

—

1. 明夷于飛, 垂其翼, 君子于行, 三日不食. 有攸往, 主人有言. 義不食也.

어둠이 오니 새가 날개를 접는다. 군자가 길을 가며 사흘을 먹지 못한다. 가고자

하면 주인으로부터 비난을 듣는다. 의로운 사람은 먹지 않는다.

(어둠의 시대가 되면 먹을 게 없어서 사흘을 굶더라도 가능한 한 움직이지 않는

것이 좋다. 의로운 사람은 불의한 권력이 주는 걸 받아먹지 않는다. 백이와 숙제의 삶이다.)

2. 明夷, 夷于左股, 用拯馬壯, 吉. 順以則也.

어둠이 와서 왼쪽 다리에 상처를 입었지만, 건장한 말에 의지해 어려움을 벗어나니 길하다. 순응하면서도 원칙을 지켰기 때문이다.

(몸과 마음에 깊은 상처를 입었지만, 많은 사람의 도움과 지지로 어려움을 벗어난다. 이런 도움과 지지를 받는 이유는 평화롭게 문제를 풀기 위해 최선을 다했고, 원칙을 지켰기 때문이다.)

3. 明夷于南狩, 得其大首, 不可疾, 貞.

밝음을 상하게 한 남쪽으로 사냥을 간다. 큰 머리를 얻지만 그 잘못을 바로잡겠다고 해서는 안 된다. 곧음을 지켜야 한다.

(세상을 어둡게 한 핵심적인 문제만 빠른 시간 안에 제거한다. 무슨 문제든 단기간에 해결할 수는 없다. 올바른 대처에는 시간과 노력이 필요하다.)

4. 入于左腹, 獲明夷之心, 于出門庭.

왼쪽 옆구리로 들어가 밝음을 상하게 한 이의 마음을 얻는다. 집 마당을 나선다.

(포악한 지도자를 설득하기 위해 가까운 거리에서 최선을 다해보지만, 한계를 느끼고 떠난다.)

5. 箕子之明夷, 利貞. 明不可息也.

어둠에 대처한 기자의 방법, 스스로 자기를 감추기. 바름으로 이롭다. 기자의 방식이 이로운 것은 어둠 속에서도 쉼 없이 숨을 쉬듯이 자신의 밝음을 포기하지 않고 지켰기 때문이다.

6. 不明晦, 初登于天, 後入于地. 照四國也, 失則也.

밝지 못해 어둡다. 처음에는 하늘로 높이 오르지만 뒤에는 땅속으로 들어가버린다. 하늘 높이 올라 온 세상을 비추었지만, 지켜야 할 원칙을 잃어버렸다.

(지혜롭게 세상을 비추던 사람이 자기를 다스리지 못하고 어두워져 결국 빛이 사라진다.)

3,000년 전 은나라와 주나라의 교체기를 담은 것이 명이괘입니다. 주역은 은유와 상징을 사용하므로 사람의 이름이 직접 나오는 곳은 많지 않은데, 명이괘에는 기자와 문왕의 이름이 바로 나올 정도로 역사적 사실을 그대로 담았습니다.

명이는 밝음이 상하는 암흑시대를 만난 사람들의 이야기입니다. 명이의 시간이 되면 지혜롭고 국민의 지지를 받는 지도자가 어둠에 빠져버립니다.

은나라 주왕의 포악함은 극에 달했습니다. 가혹한 세금, 흔히 주지육림(酒池肉林)이라고 하는 향락에 빠져 민심은 떠나고, 저항하는 세력도 늘어났습니다. 저항이 늘어날수록 형벌은 더욱 가혹해지고, 형벌을 놀이로 쓰는 일까지 벌어졌습니다.

포락지형(炮烙之刑)은 숯불을 가득 피운 구덩이 위에 구리 기둥을 걸쳐놓고, 죄인으로 하여금 그 기둥을 지나가게 하는 형벌입니다. 죄인들은 미끄럽고 뜨거운 구리 기둥을 선녀년 살 수 있다는 희망으로 도전하지만, 건너편까지 단 몇 걸음만을 남겨둔 채 불구덩이에 떨어져 비명을 질러댔습니다. 주왕은 이런 모습을 즐기며 놀았습니다.

이 광경을 지켜본 주나라의 제후 창은 밤에 자다가도 깰 정도로 충격을 받았고 심한 정신적 고통에 시달려야 했습니다. 창은 주왕에게 포락지형을 중단할 것을 건의했지만, 주왕은 오히려 창과 주나라를 견제하기 위해 창을 유리 감옥에 가두어버렸습니다. 게다가 아버지를 구하기 위해 나섰던 창의 큰아들 백의금을 죽여 젓갈을 만든 다음 창에게 그 젓갈을 먹였습니다.

'아들의 살코기를 먹은 아버지'라는, 상상할 수 없는 최악의 고통을 창에게 남긴 것입니다. 창은 피눈물을 흘렸지만, 죽지 않고 참는 길을 택했습니다. 지금은 태양이 빛을 잃는 암흑의 시간. 어려움을 견디고 받아들이는 것 외에는 길이 없습니다(明入地中, 明夷, 內文明而外柔順, 以蒙大難, 文王以之).

주나라에서는 미녀와 기이한 보물, 여러 마리 말을 바치며 창의 석방을 요청했고, 창을 마음껏 조롱한 주왕은 10여 년이 지난 뒤에야 창을 석방했습니다. 출옥 후 창은 다시 낙수 서쪽의 땅을 주왕에게 바치며 포락지형을 중단해줄 것을 요청했습니다. 그제야 주왕은 그 건의를 받아들이고, 창을 서쪽 지역 제후들의 대표인 '서백'으로 임명했습니다. 창이 더 이상 위험하지 않다고 판단했기 때문입니다(明夷, 夷于左股, 用拯馬壯, 吉. 順以則也).

이 과정을 거치면서 서백 창은 포악한 주왕에 맞서서 자신의 주장을 관철하고, 어려움과 고난을 견뎌낸 지도자로 여러 제후들과 백성들의 존경을 받게 되었고, 뛰어난 인재들이 주나라로 몰려들기 시작했습니다. 주왕의 폭정에 맞서 은나라 지식인들의 목숨을 건 충언과 저항이 일어나는 가운데, 주왕은 국민의 존경을 받으며 저항에 앞장선 비간을 죽여버렸습니다. 더욱이 주왕은 비간을 죽인 뒤 '성인의 심장에는 구멍이 일곱 개가 있다고 하는데, 내가 직접 확인하겠다'며 배를 갈라 심장을 꺼내 들었습니다. 이 사건은 은나라 지식인들에게는 되돌릴 수 없는 충격이었습니다.

기자는 미쳐버렸고, 더 이상 가능성이 없다고 판단한 미자, 태자 사 등은 은나라 멸망 이후를 대비해 은나라 조상에게 제사를 드리는 제기와 보물을 수습해서 숨어버렸습니다(入于左腹, 獲明夷之心, 于出門庭).

미쳐버린 기자는 은나라의 마지막을 지켜보기로 했습니다. 그는 이 지경까지 이른 권력의 탐욕과 어리석음이 무엇 때문인지를 똑똑히 지켜보고 자신이 져야 할 책임이 있으면 지겠다고 마음먹었습니다. 그는 미쳤지만 깨어 있었습니다(利艱貞, 晦其明也, 內難而能正其志, 箕子以之).

은나라의 마지막 버팀목이었던 비간과 미자, 기자마저 사라진 은나라는 이미 국가로서 존재 의미가 없는 상태였습니다. 사실상 은나라를 정벌할 기회가 여러 번 있었지만, 비간과 미자, 기자가 있는 한 은나라를 정벌하지 않겠다는 것이 총사령관 강태공의 입장이었습니다. 하지만 이제 강태공의 마음에 부담이 되었던 걸림돌은 다 사라졌습니다.

은나라 정벌의 길을 떠나는 아침, 두 사람이 길 앞을 막아섭니다. 백이와 숙제입니다. 그들은 "이미 은나라는 전쟁 없이도 무너지는 상황에 들어왔다. 그러니 무왕의 전쟁은 명분과 실리가 없는 학살이 될 것이다"라고 경고

합니다. 부왕의 장교들이 그들을 죽이려 하자 강태공이 "이분들은 의로운 분들이다. 이들을 죽이면 의로움이 꺾인다" 하며 막아섰습니다.

전쟁과 학살을 인정할 수 없었던 백이와 숙제는 수양산으로 들어가 고사리를 뜯어먹고 지내다 굶어서 죽었습니다(明夷于飛, 垂其翼, 君子于行, 三日 不食. 有攸往, 主人有言. 義不食也).

강태공과 백이, 숙제는 모두 은나라 주왕의 폭정을 피해 은둔의 길을 택했던 사람들이지만, 은나라와의 전쟁 앞에서 강태공은 총사령관이었고, 백이와 숙제는 끝까지 전쟁 반대를 외쳤습니다. 같은 길을 걷던 사람들이 헤어지는 지점이었습니다(明夷于南狩, 得其大首, 不可疾, 貞).

사실 주왕 상신은 제을 왕의 아들 중 가장 똑똑하고 용기가 있었습니다. 제을은 그래서 상신을 믿었고, 무엇보다 비간, 미자, 기자, 서백 창, 구후, 악후 같은 훌륭한 신하들과 지방 제후들이 상신을 지지했습니다. 누구도 상신이 그렇게 포악하게 변할 것을 상상하지 못했습니다. 왕이 된 상신은, 자기를 이기지 못한 겁니다. 그는 고리타분한 신하들의 제안이 못마땅했고, 점점 그들과 멀어지기 시작했습니다. 신하들보다 자신이 더 뛰어나다고 생각했고, 교만했습니다.

주왕 초기는 신하들의 생각과 상신의 생각이 경합하는 시기였고, 상신의 혁신적인 제안이 변화를 일으키기도 했습니다. 문화에 관심이 많았던 젊은 국왕은 사회적 활력을 불러오기도 했습니다. 이런 과감한 변화와 문화정책은 그러나 오래지 않아 독선과 향락으로 변해갑니다. 결정적인 계기는 '달기'가 왕비가 되면서부터입니다. 달기는 주왕을 점점 더 깊은 향락과 퇴폐로 끌어들였고, 포락지형, 주지육림을 놀이로 만들 정도에 이르렀습니다.

국민의 지지 속에 왕이 된 상신은 결국 왕궁의 누대에 올라 달기와 함께 불길 속으로 뛰어드는 불놀이로 삶을 마치게 됩니다(不明晦, 初登于天, 後入于地. 照四國也, 失則也).

기자는 이 상황을 모두 다 지켜보았습니다. 그는 아무것도 할 수 없었지만 '바라보는 책임'을 다했습니다. 무왕은 기자에게 자신을 위해 조언해줄 것을 부탁했고, 기자는 은나라의 흥망을 지켜보며 정리한《홍범구주》(국가가 안정되기 위한 아홉 가지 원칙)를 무왕과 주공, 강태공에게 전했습니다. 기자의《홍범구주》는 주나라의 제도를 정비하고, 주례를 만들 때 기본지침이 되었습니다. 기자는 은나라를 위한 자신의 마지막 충성을《홍범구주》에 담았던 것입니다. 기자가 어둠의 시대를 견딘 이유이기도 했습니다. 그는 어둠 속에서도 쉬지 않고 호흡하듯이 자신의 밝음을 지켰습니다(箕子之明夷, 利貞. 明不可息也). 그런 그를 사람들은 미쳤다고 했습니다.

동아시아의 여러 현실을 읽어볼 때 한국은 경기 침체와 국민의식 저하, 신분제처럼 고착되는 사회 양극화 극복 실패 등으로 독립적인 주권국가의 역할이 축소될 것입니다. 한국에서 경험했던 경제성장과 민주화, 창의적 정보사회의 경험 등은 이제 동아시아 연방의 자산으로 이전될 것입니다. 은나라와 주나라의 교체시기에 이런 시대적 변화를 예측한 기자는 은나라의 지혜와 문화를 새로운 주나라에 전하는 것이 은나라를 실제로 지키는 길이라고 생각했습니다. 기자의 관점은, 지금 이 시대에도 충분히 의미가 있을 것 같습니다. 한국이라는 '국가의식'에 갇히지 말고 빠른 시간 안에 동아시아 의식으로 진화하는 것이 지금 우리의 과제입니다.

명나라 말기와 청나라 초기에 중국인들이 지지하고 존경했던 지식인 중에 황종희라는 분이 있습니다. 그는 명나라의 개혁을 위해 최선을 다했고 청나라에 저항해서 무장투쟁을 이끌기도 했습니다.

황종희도 《홍범구주》를 썼던 기자와 같은 관점으로 명나라의 멸망과 청나라의 건국을 지켜보며 새로운 국가의 방향을 구상합니다. 지방자치, 대학과 정당이 결합된 형태를 가진 학교, 의회민주주의, 교육, 조세, 군사 등의 개혁을 담은 《명이대방록》(明夷待訪錄)입니다.

황종희는 기자와 자신의 처지가 같다고 생각했습니다. 《명이대방록》은 청나라 시절 내내 금서였습니다.

그런데 모든 금서의 역설대로 《명이대방록》은 금서였기에 더 많이, 더 깊이 읽혔습니다. 청나라가 망하고 신중국이 건설되는 격변기에 쑨원과 캉유웨이, 량치차오, 탄스퉁, 장제스 등이 모두 사상과 입장의 차이를 넘어 《명이대방록》을 인용했고, 황종희가 제안한 의회민주주의를 새 시대의 대안으로 생각했습니다. 중국 혁명의 주역들에게 황종희는 '중국의 루소'였습니다. 기자의 《홍범구주》, 주공의 《주례》, 춘추전국시대 제자백가의 사상, 황종희의 《명이대방록》, 캉유웨이의 《대동서》 등은 모두 격변의 시대, 어둠이 지배하고 밝음이 사라진 명이의 시대를 살아간 지식인들이 찾아낸 지혜입니다.

주역 제37괘
■ 가인(家人) – 여성주의

세상은 여성이 창조했다네

태초의 혼돈.
혼돈 속에서 자라난 반고가 깨어나면서
하늘과 땅, 해와 달, 산과 바다, 나무와 풀,
수많은 별들이 자리를 잡았다네.
반고가 창조한 시간과 공간 속으로 신들이 거닐었다네.

여와는 적막으로 가득한 시간과 공간 속에
생기를 불어 넣고 싶었다네.
그녀가 진흙을 인형처럼 빚어 바닥에 내려놓으니

살아 움직이기 시작했다네.
세상은 여성이 창조했다네(利女貞).

그녀들이 지배하는 세상은
조화로웠다네(家人, 女正位乎內, 男正位乎外, 男女正, 天地之大義也).
모계사회는 인류의 황금시대였다네.

들판에는 먹을 것들이 널려 있고,
아기를 낳으면 나뭇가지 위의 새집에 올려놓아
바람에 흔들리며 자라난다네.
어린이들은 호랑이와 표범의 꼬리를 잡아당기며 놀았고,
큰 뱀의 몸뚱이를 밟아도 아무런 해를 입지 않았다네.

지혜로운 여성들이 아끼고 모아들여
처음으로 '부'(富)가 생겨났다네.
부(富)가 자라기 시작하며,
서서히 세상은 변하고 있었다네(富家, 大吉).

서로 함께 살던 마을 공동체에서
'아버지와 어머니, 형제, 자매'의 가정이
생겨나고 있었다네
(家人有嚴君焉, 父母之謂也. 父父, 子子, 兄兄,
弟弟, 夫夫, 婦婦, 而家道正, 正家而天下定矣).

292

가정을 보호하기 위해 누군가가 필요했다네.

사람들은 그를 양손에 도끼를 들고 있는 사람.

왕(王)이라고 했다네(王假有家, 勿恤, 吉. 交相愛也).

그렇게 힘을 조금씩 모아서 커진 가정을

사람들은 '국가'(國家)라고 불렀다네.

세상은 여성이 만들었지만

국가는 부와 두려움이

창조했다네(有孚, 威如, 終吉. 反身之謂也).

家人, 利女貞.

가정. 여성이 바름을 지키니 이롭다.

家人, 女正位乎內, 男正位乎外, 男女正, 天地之大義也.

가정에서 여성은 안에서 요리하고 길쌈하고, 남성은 밖에서 논과 밭을 일군다.

남녀가 자기 역할을 잘 맡아 나누는 것이 하늘과 땅의 큰 뜻이다.

家人有嚴君焉, 父母之謂也. 父父, 子子, 兄兄, 弟弟, 夫夫, 婦婦, 而家道正,

正家而天下定矣.

가정에서는 부모가 엄한 역할을 해야 한다. 아버지는 아버지답게, 아이들은 아

이들답게, 형은 형답게, 동생은 동생답게, 남편은 남편답게, 아내는 아내답게,

가정의 질서가 바르게 세워지면 세상이 안정된다.

風自火出, 家人, 君子以言有物而行有恒.

불이 일어나 바람을 일으키듯이 군자는 자신의 말에 근거를 가지고 있어야 한다.

그래야 그 행동이 오래 이어진다.

(불이 타오르면 열과 빛이 생기듯 구체적인 힘과 실적이 있어야 바람처럼 널리

퍼지게 된다.)

—

1. 閑有家, 悔亡. 志未變也.

외부의 부정적인 기운을 막아 가정을 보호한다. 뉘우침이 사라진다. 뜻이 변하

지 않기 때문이다.

(좋은 가정을 유지하기 위해 외부로부터 악을 막아낸다. 생활을 규제하고 관리하

는 일이어서 일관된 의지가 필요하다.)

2. 无攸遂, 在中饋, 貞吉. 順以巽也.

밖으로 나가려 하지 않고 집 안에서 요리하고 가정을 돌본다. 바르므로 길하다.

부드러우며 겸손하다.

(멀리 가기보다는 농장과 집 안에서 해야 할 요리, 자녀교육, 텃밭 농사를 정성스

럽게 한다. 지혜로 가정을 보살핀다.)

3. 家人嗃嗃, 悔厲, 吉, 婦子嘻嘻, 終吝. 失家節也.

가정이 엄하면 뉘우침이 있더라도 길하지만, 시시덕거리면 절제를 잃어 결국 부

끄럽게 된다.

294

(가정에 법도가 서면 힘들더라도 자리가 잡히지만, 절제하는 힘을 잃으면 콩가
루 집안이 된다.)

4. 富家, 大吉.

부(富)를 축적한다. 크게 길하다.

5. 王假有家, 勿恤, 吉. 交相愛也.

왕이 지극한 마음으로 각 가정을 보호한다. 근심하지 않아도 길하다. 서로 돕고
사랑하기 때문이다.

(씨족 모계사회에서 부족연맹사회로 이전. 힘을 합쳐 외부의 위험으로부터 서로
를 보호하기 위해 왕을 중심으로 뭉친다.)

6. 有孚, 威如, 終吉. 反身之謂也.

신뢰와 권위를 가졌으니 끝내 길하다. 자신의 몸과 마음을 돌아보기 때문이다.

가인괘는 가부장 질서에 순응하는 여성의 삶에 대한 이야기로 읽기 쉽습
니다. 그러나 그렇게 읽으면 이 괘가 가진 내면의 이야기를 다 읽지 못합니
다. 가인괘는 모계중심사회에서 부계사회로 이전되는 과정으로 읽으면 훨
씬 더 많은 부분이 보입니다. 구석기와 신석기 시대의 모계사회는 인류의
역사 가운데 대부분을 차지하는 시간입니다. 신석기 후반, 청동기와 함께
시작하는 역사시대는 5,000년이 기준이지만, 인류는 그 이전의 수십만 년
동안 모계중심사회에서 살았습니다.

기록이 없는 모계사회의 역사는 신화와 이야기 속에 담겨 내려옵니다. 신화의 주인공은 주인공 개인이 아니라 구석기, 신석기 시대의 보편적 삶을 상징합니다. 인류 창조의 여신 여와도 그런 상징성을 가지고 읽을 수 있습니다.

여와와 복희는 동아시아 공동의 창조신입니다. 우리는 동아시아에 살면서도 정작 동아시아에 대해서는 몰라도 너무 모릅니다. 기독교의 창조신화와 아담과 하와는 알아도 여와의 창조신화 속에 담긴 구석기시대 인류의 삶에 대해서는 모릅니다.

여와가 흙을 빚어 인류를 창조하고 스스로 성장하도록 만들자 세상은 평화롭고 아름다워졌습니다. 그러던 어느 해 우주에 큰 혼란이 일어났습니다.
하늘의 한쪽 귀퉁이가 무너져 내려 보기 싫은 구멍이 크게 뚫리고, 땅이 갈라져 어둡고 깊은 틈이 생겼습니다. 숲에는 불길이 치솟고, 갈라진 틈으로 물줄기가 솟아올라 땅은 홍수로 범람했습니다. 숲의 맹수들이 불길을 피해 나와서 사람을 물기 시작했습니다.

이 이야기는 인류가 겪었던 홍수와 지진, 화산 폭발, 맹수의 공격을 모두 담고 있습니다. 신화시대의 사람들은 자신이 어떻게 할 수 없는 자연재해를 신이 해결해주도록 기원합니다.

여와는 인간의 재난을 마음 아파하며 하늘과 땅을 수리하는 힘든 일을 시작합니다. 여와는 강에서 가져온 오색 돌을 불에 녹여서 아교처럼 만들어 하늘의 구멍을 메웁니다. 다시 무너지지 않도록 큰 거북이의 네 발로 기둥을 만들어 하늘을 지탱하는 버팀목으로 합니다. 사람을 공격하던 검은 용을 죽이고, 맹수들을 다시 숲으로 쫓아버립니다. 갈대 잎을 태워 만든 재와 흙을 섞어 구멍 난 땅을 메워 홍수를 막아냅니다. 그리하여 하늘이 기울어지고 땅이 갈라진 거대한 재앙을 해결합니다.

초기의 인류 공동체는 재난 앞에 무기력했습니다. 재난이 닥치면 도망가기 바빴습니다. 하지만 아이를 보호해야 하는 어머니들은 도망갈 수 없었습니다. 그들은 상상할 수 있는 모든 방법을 동원하여 재난과 맞섰습니다. 그리하여 위대한 어머니들이 탄생하고 모계사회가 생겨났습니다(閑有家, 悔亡. 志未變也).

여와는 숱한 고생 끝에 하늘을 수리하고 땅을 메워 재앙을 잠재웁니다. 땅에는 다시 봄, 여름, 가을, 겨울이 차례대로 돌아오고, 더워야 할 때 덥고 추워야 할 때 추워지는 사계절이 순환합니다. 사나운 짐승들은 대부분 죽고, 살아남은 동물들은 온순해져 사람들과 친구가 됩니다. 들판에는 먹을 것들이 저절로 자라나 애쓰지 않아도 풍부하고, 아기를 낳으면 나뭇가지 위 새집에 올려둡니다. 바람이 불면 새집이 요람처럼 흔들립니다. 아기들은 바람을 맞으며 자라납니다. 어린이들은 호랑이와 표범의 꼬리를 잡아당기며 놀고, 큰 뱀의 몸뚱이를 밟아도 아무런 해를 입지 않습니다.

모든 인류의 신화 속에는 모계사회의 황금시대 이야기가 있습니다. 아이는 모두의 아이였고, 모든 자연과 동물들이 인간과 공존합니다.

인간을 창조하고 재난을 막아낸 어머니, 여와는 오랜 시간 그들과 함께 지
내다 용이 끄는 수레를 타고 하늘로 올라갑니다. 아홉 층 하늘의 꼭대기인
구천에 올라간 여와는 천제 하느님을 만나 그동안 한 일을 보고합니다. 그
이후 그녀는 하늘나라에서 조용하게 은둔자처럼 살아갑니다. 자신의 공을
내세우지도 않고 명성을 얻으려 노력하지도 않습니다.
그녀는 모든 공을 대자연에 돌리고, 자신은 그저 자연의 섭리에 따라 인
류를 위해 작은 노력을 한 것뿐이라고 생각합니다. 사람들은 겸손하고 위
대한 인류의 어머니 여와를 그들의 마음에 깊이 새깁니다(无攸遂, 在中饋,
貞吉. 順以巽也).

구석기와 신석기 시대, 원시 모계 공동체사회의 위대한 어머니 영웅들은
자신들에 대한 어떤 기록도 남기지 않았습니다. 모계사회는 수십만 년을
이어왔지만 우리는 그들에 대한 기록을 갖지 못했습니다. 그들은 마음에
서 마음으로 전해지는 방법을 사용했고, 그것조차도 원하지 않는 경우가
많았습니다. 위대한 어머니들은 대자연과 분리된 자신이 따로 있다는 생
각을 해본 적이 없었기 때문입니다.

위대한 어머니들의 지혜는 결국 '부'(富)를 만들게 됩니다(富家, 大吉). 쓰고
남는 것들이 생기면서 축적이 시작되었습니다. 부와 함께 청동기와 문자가
생겼고, 씨족보다 더 큰 집단인 부족이 나타났습니다. 이윽고 노동하지 않
는 계급인 왕이 생겨났습니다(王假有家, 勿恤, 吉. 交相愛也).

인류의 진보인 동시에 위대한 어머니의 시대, 황금시대가 저물어 가고 역사가 시작된 것입니다. 역사는 가인괘의 '여성과 평화의 시대'에서 규괘(睽卦)의 '남성과 전쟁, 대립과 갈등의 시대'로 넘어갑니다.

■ 규(睽) – 가부장주의

다름과 같음의 길을 찾아

같이 살지만, 아내와 나는 달라도 너무 다르다.
나는 불같은 마음을 가졌고 답답한 걸 견딜 수 없는데,
그녀는 차가워지면 몇날 며칠을 말 한 마디 없이
가라앉는다(睽, 火動而上, 澤動而下, 二女同居, 其志不同行).
몇 번이나 집을 뛰쳐나갔지만
그녀나 나나 늘 제발로 걸어 들어왔다.
집 나간 말이 오갈 데 없어 다시 돌아오는 듯한 것이
우리들 처지였다(悔亡, 喪馬, 勿逐自復, 見惡人, 无咎).

같이 살지만 마음은 이미 멀어졌다.

사는 게 사는 게 아니다.

집에선 괴롭고, 회사에선 스트레스에 시달려야 한다.

사는 게 꼭 벌을 받는 것 같다(見輿曳, 其牛掣, 其人天且劓).

나는 외로움과 절망 속에서

사람을 의심하고 헛것에 시달려야 했다

(睽孤, 見豕負塗, 載鬼一車, 先張之弧,

後說之弧, 匪寇, 婚媾, 往遇雨則吉).

그런 내게 하늘이 보낸 사람처럼 그가 다가왔다.

우린 함께 내 앞을 가로막는 반목과 대립,

상극의 실상을 읽고

바라보기 시작했다(睽孤, 遇元夫, 交孚, 厲无咎. 志行也).

하늘과 땅은 따로 있지만 같은 일을 하고 있고,

남자와 여자는 서로 다투지만 마음은 통하고,

세상 만물이 살아남기 위해 서로 투쟁하는 것 같지만

실상은 함께 살아가기 위해 협력하고 있었다

(天地睽而其事同也, 男女睽而其志通也,

萬物睽而其事類也, 睽之時用大矣哉).

나는 같음과 다름, 상생과 상극, 대립과 통일이

서로 이어져 있는 걸 보지 못했다.

이걸 못 보니 우리는 사랑하지만

싸울 수밖에 없었나(上火下澤, 睽, 君子以同而異).

비가 내린다.
억수같이 내리는 저 빗속을
걷고 싶다(遇雨之吉, 群疑亡也).

睽, 小事吉.
반목과 대립의 시간, 작은 일 정도라야 길하다.

睽, 火動而上, 澤動而下, 二女同居, 其志不同行.
불은 위로, 연못의 물은 아래로 흐르듯이 두 여자가 같이 살지만 뜻을 함께하지
는 못한다.

天地睽而其事同也, 男女睽而其志通也, 萬物睽而其事類也, 睽之時用大矣
哉.
하늘과 땅은 따로 있지만 같은 일을 하고 있고, 남자와 여자는 다투지만 서로 마
음이 통하고, 세상 만물이 살아남기 위해 투쟁하는 것 같지만 실상은 함께 살아
가기 위해 협력하고 있다. 반목과 대립의 시대를 활용할 수 있다는 것은 얼마나
위대한 일인가.

上火下澤, 睽, 君子以同而異.
위로 치솟는 불, 아래로 잠기는 연못이 규괘의 모습이다. 군자는 이를 보며 같음

과 다름을 이해한다.

(이분법적인 대립의 가치관과 현실을 극복하는 길에 대한 성찰.)

─

1. 悔亡, 喪馬, 勿逐自復, 見惡人, 无咎. 以辟咎也.

후회가 사라진다. 말을 잃어버리지만 뒤쫓지 않아도 스스로 돌아온다. 악한 사
람을 보더라도 허물이 없다. 피해버리기 때문이다.

(새옹지마의 마음처럼 있는 걸 있는 그대로 받아들인다. 반목에 휩싸이지 않기
위해 가능한 한 피하고 관여하지 않는다.)

2. 遇主于巷, 无咎. 未失道也.

우연히 거리에서 주인과 마주치니 허물이 없다. 아직 크게 도리를 벗어나지는
않았다.

(대립과 반목의 세상에서 그래도 나를 이해할 수 있는 사람을 만난다. 크게 도리
를 벗어나지 않는 만남이어서 부끄러운 일은 아니다.)

3. 見輿曳, 其牛掣, 其人天且劓. 无初有終. 位不當也, 遇剛也.

수레의 뒤가 끌리는데도 소의 고삐를 잡아당긴다. 수레에 탄 사람은 이마에
천(天)자를 새겨 넣은 묵형과 코를 잘리는 비형을 받았다. 초기의 어려움은 없어
지고 끝내는 좋아진다. 이런 말할 수 없는 고통을 겪는 이유는 아래와 위의 반목
으로 인해 자기 자리가 없어졌기 때문이다. 강한 힘을 가진 분을 만나 도움을 받
게 되어 끝내는 좋아진다.

(고래 싸움에 새우등 터지듯이 집단과 집단의 반목과 투쟁 사이에서 희생양이 되지만 이유 없는 희생에 대한 연민으로 도움을 받아 회복하게 된다.)

4. 睽孤, 遇元夫, 交孚, 厲无咎. 志行也.

주위와 반목하며 외롭게 지낸다. 우연히 좋은 사람을 만나 서로 믿고 사귀니 위험해도 허물이 없다. 반목을 넘어 상생의 길을 찾기 위한 뜻을 가졌기 때문이다.

5. 悔亡, 厥宗噬膚, 往何咎. 往有慶也.

후회가 사라진다. 같은 종족과 부드러운 고기를 씹어 먹는다. 나아가더라도 무슨 허물이 있겠는가. 좋은 일이 있을 것이다.

(뜻이 통하는 사람들과 함께 반목과 대립을 일삼는 무리들을 견제한다. 반목과 대립을 넘어서는 좋은 일들이 생길 것이다.)

6. 睽孤, 見豕負塗, 載鬼一車, 先張之弧, 後說之弧, 匪寇, 婚媾, 往遇雨則吉. 群疑亡也.

반목과 갈등 속에서 외롭게 고립되어 있었다. 등에 진흙을 잔뜩 뒤집어쓴 돼지와 도깨비를 가득 실은 수레가 보인다. 얼른 화살을 겨누다가 바로 내려놓는다. 그것은 도적의 무리가 아니라 결혼 행렬이었다. 걸어가다 내리는 비를 맞는다. 정신이 돌아오니 좋구나. 내 눈을 가렸던 미움과 의심의 껍질이 벗겨졌다.

(반목과 대립, 갈등과 투쟁, 적대감에 시달리며 고립된 사람의 마음 상태. 환상과 헛것, 의심과 강박증에 시달린다. 비라도 내려서 정신 차리고 나를 둘러싼 오해와 의심, 반목과 갈등이 씻기면 좋겠구나.)

모계사회의 사랑과 보살핌을 상징하는 가인괘는 부의 축적과 함께 권력이 집중되는 것으로 끝을 맺습니다. 권력 집중의 목적이 서로 사랑하는 힘을 키우기 위해서라는 정도가 명분입니다(王假有家, 勿恤, 吉. 交相愛也). 모계사회는 외부의 침입과 재난으로부터 공동체를 보호할 수 있으면 모든 문제가 해결되었지만, 부의 축적과 함께 공동체뿐만 아니라 개별화된 가정의 재산까지 보호할 필요가 생기면서 왕이라는 지배계급과 국가가 생겨납니다.

왕의 역할은 외부 침입과 재난에 대한 보호뿐만 아니라 공동체 내부의 질서를 유지하는, 어쩌면 공동체 안의 억압이 더 중요합니다. 이 상태에서 모계사회의 작동원리인 사랑과 나눔, 보살핌이 마음은 갈등과 투쟁, 경쟁과 독점, 대립과 반목으로 바뀌게 됩니다.

남자는 밖에서 힘든 농사일과 사냥을 하고, 여자는 길쌈하고 아이 돌보고 텃밭과 숲에서 식량을 채취하던 사회에서 착취와 피착취 계급, 남녀의 노동이 분리되는 삶이 시작됩니다. 이런 대립과 투쟁이 기초공동체인 가정에 스며들면 가부장사회가 됩니다.

가인괘의 가정에 사랑과 행복, 보살핌과 배려가 자리 잡는다면, 규괘의 가정이 되면 부부는 반목하고 아이들에 대한 집착은 집요해지게 됩니다. 규괘 속에서는 가족 구성원 모두가 심한 스트레스에 시달립니다(見輿曳, 其牛掣, 其人天且劓. 无初有終. 位不當也, 遇剛也). 우울과 고독에 시달리기도 하고, 심하게는 헛것이 보이며 피해망상에 빠지기도 합니다(睽孤, 見豕負塗, 載鬼一車, 先張之弧, 後說之弧, 匪寇, 婚媾, 往遇雨則吉. 群疑亡也).

아주 현대적인 가정과 개인의 심리상태에 관한 이야기입니다. 그런데, 이런 이야기가 3,000년 전의 글 속에 있습니다. 인류의 역사 속에서 모계사회를 지나 계급사회와 가부장제가 시작되자마자 스트레스에 시달려야 했다는 이야기입니다. 계급사회의 억압과 착취는 억압자, 피억압자 모두의 영혼을 파괴하고, 사회 전체를 갈등과 대립 속으로 몰아넣습니다.

중국 신화에는 여와의 인류창조신화에 염제와 황제의 이야기가 이어집니다. 그래서 중국 신화의 삼황오제는 모계사회와 부계사회의 전환 지점을 다루는 이야기입니다.

복희, 여와, 신농 세 분의 신이 삼황입니다. 황제, 전옥, 제곡, 요, 순 다섯 임금이 오제입니다.

복희와 여와는 인류를 창조하고 재난으로부터 인류를 구원합니다. 염제 신농은 농사의 신입니다. 인류가 이 땅에 자리를 잡고 모계사회가 안정적으로 정착하는 시대의 삶을 상징합니다. 염제 신농은 모계사회의 특징인 농사와 조화, 보살핌의 힘으로 사회를 보호합니다. 주로 신석기 초기와 중기의 인류입니다.

황제는 신석기 후기와 청동기(황색) 초기의 사회 모습을 담고 있습니다. 황제의 시대가 되면 물질 생산이 이전과 달리 크게 발전하게 됩니다. 동물의 힘을 농사에 이용하고, 말을 타고 다니며, 다양한 도구들이 만들어지고, 문자가 발명됩니다. 비약적인 사회의 발전이 이루어집니다.

염제의 세력과 황제의 세력은 이런 생산방식뿐만 아니라 모계사회와 부계사회라는 확연하게 다른 이데올로기에 기반을 두고 있습니다. 이제 이들은 두 가지 길 중 하나를 선택해야 하는 단계에 들어갑니다. 염제의 세력이 역사 발전의 필연을 인정하고 스스로 포기하는 길, 또는 이데올로기 전쟁입니다.

염제의 공동체는 사유재산 개념이 없었기 때문에 국가의 역할은 외부의 침입과 재난으로부터 공동체를 보호하는 것이라고 생각합니다. 자연과 모든 생명을 보호하고 함께 기쁨을 누리는 행복한 삶을 살기 위해 인간이 이 땅에 왔다고 생각합니다.

반면에 황제의 국가는 경제가 발전하기 위해서는 자기 역량에 맞는 역할이 따로 있고 사회에는 계급이 있어야 한다고 생각합니다. 사회질서를 유지하기 위해 형벌과 강제 명령을 사용할 수도 있고, 가부장 질서와 윤리를 확립해야 한다고 생각합니다. 사유재산에 기반한 사회가 타락하지 않도록 교육을 통해 좋은 사회를 만들어야 한다고 생각합니다.

염제와 황제 사이에 거대한 이념의 분열이 생겼습니다. 숙명의 라이벌인 염제와 황제는 탁현의 벌판에서 거대한 전쟁을 벌였고, 여기서 패한 염제의 공동체는 중국의 남방으로 물러납니다.

'성장'과 '좋은 사회'를 동시에 이룩할 수 있다고 생각한 황제의 꿈은 5,000년의 경험을 통해 인간에게 그럴 능력이 있는지 의심하게 합니다. 경쟁을 기반에 둔 성장사회는 인간으로 하여금 자기 본성을 잃게 했고, 심지어 헛것에 휩싸여 사는 삶, 자기는 없고 빈껍데기만 남은 삶으로 인간을 타락시켰습니다. 경쟁을 위한 경쟁, 대립을 위한 대립이 일상이 되었습니다(睽孤, 遇元夫, 交孚, 厲无咎. 志行也).

주역의 규괘는 자신을 다시 돌아보자고 권유합니다. 이런 투쟁과 반목의 근원에 있는 의미를 회복하면 얼마든지 선의의 경쟁, 서로를 실리는 자극이 가능합니다. 함께 성장하기 위해 서로를 자극하고 보조를 맞추어주는 삶을 되찾을 수 있습니다(上火下澤, 睽, 君子以同而異).

인류 초기의 성자들은 서로 경쟁을 하면서도 결국 인류는 함께 성장할 것이라고 생각했습니다. 인간의 의식이 낮아지지만 않았으면 그렇게 되었을 겁니다. 그러나 위험한 도박이었습니다.

■ 건(蹇) – 절뚝거리며 정의의 길을 걷는다

정치는 보복이 아니다

절뚝거리며 산을 넘고 물을 건넌다.
군자는 어떤 어려움 속에서도
몸과 마음을 돌아보고
덕을 키운다(山上有水, 蹇. 君子以反身修德).

그는 원수들의 핍박으로
수많은 죽음의 위기를 넘겼지만
용서하고 또 용서한다.
용서해야 국민을 살릴 수 있다.

정치는 보복이 아니다.

蹇, 利西南, 不利東北, 利見大人. 貞吉.

위험 앞에 섰을 때, 서남은 이롭고 동북은 불리하다. 대인을 보니 이롭다. 바름
을 지켜야 길하다.

(위험 앞에 섰을 때 위험을 벗어날 수 있는 길과 막다른 골목처럼 피할 수 없는 길
이 있다. 지혜로운 사람의 이야기를 듣고 마음을 바르게 해야 벗어날 수 있다.)

蹇, 難也, 險在前也, 見險而能止, 知矣哉.

건은 위험하다. 다가오는 험난함을 미리 알고 멈출 수 있다면 얼마나 지혜로운
사람인가.

山上有水, 蹇. 君子以反身修德.

산을 넘고 또 물을 건너야 하는 어려움 속에서도 건의 군자는 자신을 잃지 않도록
몸과 마음을 돌아보고 덕을 키운다.

—

1. 往蹇, 來譽. 宜待也.

나아가면 어려움이 있으나 돌아오면 명예롭다. 기다려야 할 때이기 때문이다.

2. 王臣蹇蹇, 匪躬之故. 終无尤也.

왕과 신하가 온갖 어려움을 마다하지 않는 것은 내 몸을 위한 것이 아니기 때문이다. 끝내 근심이 없어진다.

(국가를 위해 모두가 기꺼이 위험을 감내하는 건 공동의 가치를 지켜내기 위해서이니 마침내 위험한 일이 해결된다.)

3. 往蹇, 來反. 內喜之也.

나아갔다가 어려움에 부딪쳐 돌아온다. 안에서는 기쁜 일이다.

(위험에 맞서 나아가 보지만 극복할 수 있는 정도가 아니므로 물러선다. 그러나 위험에 맞서는 용기로 인해 자신과 많은 사람에게 희망과 기쁨이 된다.)

4. 往蹇, 來連. 位當實也.

나아갔다가 어려움에 부딪쳐 돌아와 연대한다. 자리를 지키며 내실을 기한다.

(어려움에 부딪쳐 힘을 키우고 연대하며 내실을 기한다.)

5. 大蹇, 朋來. 以中節也.

큰 어려움에 부딪치자 친구들이 찾아온다. 적절하게 자기를 절제하기 때문이다.

6. 往蹇, 來碩, 吉, 利見大人. 志在內也, 以從貴也.

나아가면 어려우나 돌아오면 크게 되니 길하다. 큰 사람을 만나 이롭다. 뜻이 자기 안에 있기에 결국 귀하게 된다.

(험난함에 맞서면서 큰 사람으로 성장해간다. 내면의 성장에 뜻을 두었기에 결국 세상 사람들이 그를 존경하게 된다.)

건괘는 절뚝거리며 고난의 길을 걸어가는 사람이 상징입니다. 그런 건괘를 보면 지팡이를 짚고 절뚝거리며 걷는 고 김대중 전 대통령 생각이 납니다. 김대중 전 대통령은 건괘의 길을 하나도 빼지 않고 걸었습니다. 그분의 삶을 기억하고 그분께 헌정하는 글을 쓰고 싶습니다.

노벨 평화상 수상자 김대중 전 대통령님.
당신과 같은 시대를 살았던 기억을, 당신과 함께 울고 웃었던 날을 돌아봅니다.

당신을 이해하고 생각으로 받아들일 수 있었던 것은 1980년 '서울의 봄'부터였습니다. 중학생의 눈에도 1980년의 봄은 새로운 활력이 움터 나오는 것 같았습니다. 18년 만에 유신 독재체제를 벗어난 설렘이 피어올랐습니다. 김영삼, 김대중, 김종필 삼김 시대가 시작된 때이기도 합니다.
우린 오랜 시간 '삼김'이라는 과제 앞에 서 있었습니다. 나중에는 '삼김 종식'이라는 구호가 나올 정도였으니, 우리의 젊은 날은 삼김이 무엇을 생각하고 어떤 판단을 하느냐에 온통 마음을 다 써야 했습니다. 삼김은 지역 차별과 분할의 상징인 동시에 각자의 지역 사람들에게는 자기를 대변하는 또 다른 자신이었습니다.

1987년 대통령 선거는 지금도 잊을 수 없습니다. 국민의 염원은 삼김이 힘을 합쳐 전두환 군부독재를 마무리 짓는 일이었습니다. 광주 학살의 원흉인 전두환, 노태우의 집권이 연장되는 것은 1987년 민주화 대투쟁과 직선제 개헌의 정신을 무너뜨리는 일이었습니다.

국민의 관심은 오직 후보 단일화였지만, 삼김은 누구도 양보하지 못했고, 결국 노태우 후보에게 대통령을 갖다 바친 꼴이 되었습니다. 삼김의 후보 단일화를 막기 위해 말할 수 없는 정치 공작이 있었을 건 안 봐도 알 수 있지만, 당신께 대한 가장 가슴 아픈 기억으로 남은 일이었습니다.

정치활동 중단을 선언한 당신은 동교동 자택에서 아시아태평양평화재단 사무실까지 늘 걸어서 다녔습니다. 먼 길에서 당신이 걸어가는 모습을 바라본 날도 있습니다. 지팡이를 짚고 비서들과 함께 걸어가던 당신의 모습이 지금도 머리에 남아있습니다(往蹇, 來連. 位當實也).

노태우·김영삼 정부 시기부터 전 세계는 바야흐로 신자유주의 세계화가 지배하기 시작했습니다. 삼성의 이건희 회장은 '마누라와 자식 빼고는 다 바꾸자'라고 말하며 신자유주의 세계화 전략에 적극적으로 뛰어들었습니다.
이때부터 정부가 국가를 경영하는 것이 아니라 기업이 국가를 지배하는 시대로 들어갔습니다. 박정희·전두환 시대에는 군사독재 정부가 재벌을 관리했지만 노태우·김영삼 정부 시기에는 이 관계가 역전되었습니다. 자질이 부족한 대통령을 돈으로 장악한 한국의 재벌들은 사업인지 취미생활인지 미래에 대한 아무런 비전이 없는 사업 확장을 일삼았지만 국가는 이들이 손해를 보지 않도록 외환과 산업 기반을 관리해주었습니다. 소위 말하는 기업하기 좋은 나라가 되었습니다.

외환관리 능력이 없었던 김영삼 정부는 결국 1997년 IMF환난을 맞았습니다. 기업 보호를 위한 환율관리를 하다가 은행에 돈이 없는 상황이 되었고, 결국 외환지급불능상황(국가 부도)에서 IMF가 한국 경제를 관리하게 된 것입니다.

수많은 기업이 무너지고, 노숙자가 길거리를 메우고, 길거리 무료 급식이 시작되었습니다.

당신은 70세가 넘은 나이로 이 고통스런 국가적 재난 상황을 책임지게 되었습니다. 당신이 아니었다면 한국은 IMF 환난을 그렇게 지혜롭게, 국민의 갈등을 최소화하면서 지나가지 못했을 것입니다(王臣蹇蹇, 匪躬之故. 終无尤也).

그때 당신이 아니라 이회창 후보가 대통령이 되었다면 한국에서 최소한 10만 명 이상이 더 희생되었을 거라는 분석에 저는 동의합니다. 아마 그때가 '이명박 대통령' 시기였다면 빚을 갚기 위해 남겨둔 돈마저 빼돌렸을 겁니다. 국가 부도는 말하나 마나입니다. 우리가 얼마나 위험한 기반 위에 서 있는지 모릅니다.

당신이 쓰신《김대중 자서전》한 부분을 같이 읽고 싶습니다.

"나라의 금고는 텅 비어 있었다. 언제 파산할지 몰랐다. 국가 운영을 책임진 사람들의 큰소리는 다 어디로 갔는가? 그동안 벌어놓은 국제적인 명성이 있다면 이를 팔아 모두 달러로 바꾸고 싶었다."

통일을 향한 당신의 노력에도 깊은 존경과 감사를 바칩니다. 평양비행장에 내려 김정일 국방위원장을 만나는 장면은 세계가 기억할 만한 일이었습니다. 당신께서 세계의 지도자로 서는 위대한 순간이었습니다.

남북한의 통일은 동아시아가 풀어야 할 세계사적인 과제 중 하나입니다. 남북한의 분단은 남북한의 문제가 아니라 늘 세계적인 긴장과 위험의 문제입니다. 이 문제를 풀기 위해 노력하고 애쓴 당신께 노벨평화상이 주어진 것은 너무나 당연한 일이고, 우리의 자랑이었습니다. 당신의 노벨평화상 수상은 당신과 함께 꿈꾸고 눈물짓고 기뻐했던 우리들 모두의 상이었습니다(往蹇, 來碩, 吉, 利見大人. 志在內也, 以從貴也).

당신은 무수한 고난과 죽음의 위기를 넘겨야 했던 험난한 길을 걸었지만, 행복한 분이었습니다(往蹇, 來反. 內喜之也). 지혜로운 아내와 사랑을 나누었고, 당신이 가진 경험과 재능을 한국 사회가 가장 어려울 때 사용할 수 있는 기회도 가졌습니다. 세계인의 존경을 받았고, 당신의 정치철학도 정립했습니다.

그런 당신께서 아마 생애를 두고 가장 슬퍼하신 일이 노무현 전 대통령의 죽음이었을 겁니다. 80세가 넘은 당신께서 휠체어에 앉은 채 권양숙 여사의 손을 잡고 가슴 밑바닥에서 올라오는 눈물을 흘리던 모습이 잊히지 않습니다. 삶과 죽음의 경계를 넘어본 사람, 자신의 몸과 영혼을 다한 삶을 살았던 사람만이 그런 슬픔을 가질 수 있습니다.

그날 당신은 노무현 전 대통령을 위해 울었던 것이 아니라 시장독재, 돈의 독재 속에 살아가야 할 우리들을 위해 우셨을 겁니다. 우리에게 다시 온

315

새로운 독재 앞에 무력한 당신이 슬퍼서 우셨을 겁니다(山上有水, 蹇. 君子
以反身修德).

당신과 함께했던 기억들 모두 소중했습니다.

당신을 사랑합니다.

주역 제40괘
■ 해(解) – 해방

광복은 아직 오지 않았다

주역 읽기의 어려움은 길흉회린(吉凶悔吝)의 판단이다.
길(吉)을 판단하는 건 누구나 할 수 있다.
말하는 사람도 좋고 듣는 사람도 좋다.
그러나 흉회린(凶悔吝), 불길한 이야기는 정말 어렵다.
흉하고, 후회하게 되고, 부끄럽게 될 것이라는 이야기를
담담하게 사실 그대로 이야기할 수 있으면
그는 실력 있는 주역 해석가이다.

길흉회린(吉凶悔吝),

실면시 이런 일 인 겪는 사람이 누가 있나?
모두 나름의 의미를 담고 있고,
어렵고 고통스러운 일이지만
그 일을 통해 성장하고 새로워질 수 있다면
꼭 나쁜 일로 볼 것도 없다.

그러나 '정길'(貞吉)은 다르다.
'바름을 지키니 길하다'로 읽는 '정길'(貞吉)은
그 책임이 100퍼센트 나에게 있다.
내가 어떻게 생각하고 행동하느냐가
외부적 조건이나 운명보다 훨씬 더 중요하다.
'정길'(貞吉)에서 자기 책임을 지지 않으면,
스스로 재난을 불러들이는
'정린'(貞吝)이 된다(致寇至, 貞吝. 自我致戎, 又誰咎也).

조선의 해방은 광복이 아니었다.
'정길'(貞吉)의 시험이었다.

해방 이후부터 지금까지 이어진 반민족행위자,
군사독재 협조 세력,
반민족 행위와
정경 유착을 통한 축재자들,
군사무기와 각종 개발 사업의 부정부패 사범들을

이제라도 제대로 처벌하고 재산을

환수해야 한다

(田獲三狐, 得黃失, 貞吉. 得中道也).

'하늘과 땅이 풀리니 천둥 번개 치고 비 내린다.

그러나 세찬 비바람을 맞으며 온갖 초목과 과일이

모두 껍질을 벗고 새싹이 돋아난다'

(天地解而雷雨作, 雷雨作而百果草木皆甲坼, 解之時大矣哉).

해방 이후, 천둥 번개 치며 처벌하는 시간이 지난 뒤에 오는

이 기쁨을 광복이라고 한다.

아직도 조선에는 광복이 오지 않았다.

그래서 여전히 거리에서 싸워야 하는 우리의 투쟁은

'해방 투쟁'이다(解, 險以動, 動而免乎險, 解).

解, 利西南, 无所往, 其來復吉, 有攸往, 夙吉.

서남쪽이 이롭다. 더 갈 곳이 없을 정도로 좋으니 돌아오면 길하다. 나아갈 바가

있다면 일찍 서두르는 것이 길하다.

(어려움에서 풀려나 해방되니 더할 나위 없을 정도로 좋다. 돌아오라. 아직 다 풀

지 못한 것이 있으면 빨리 풀자.)

解, 險以動, 動而免乎險, 解.

해(解)는 험난한 곳에서 움직여 그 험난함으로부터 벗어나는 것이다.

天地解而雷雨作, 雷雨作而百果草木皆甲坼, 解之時大矣哉.

하늘과 땅이 풀리면 천둥 번개가 치고 비가 내리지만 온갖 과일과 초목이 함께 껍질을 벗고 새싹과 순이 돋아난다. 위대한 해방의 시간이여!

雷雨作, 解, 君子以赦過宥罪.

어두운 구름이 풀리면 천둥 번개가 치고 비가 내리듯 해의 군자는 죄와 허물을 용서하고 사면한다.

一

1. 无咎. 剛柔之際, 義无咎也.

허물이 없다. 강하고 부드러운 것이 서로 사귄다. 의리가 있으면 허물이 없다.

(해방 초기에는 잘잘못이 크게 의미가 없다. 전체적으로 새로운 질서가 아직 자리를 잡지 못한 상태에서는 강하고 부드럽고, 선하고 악한 구분 없이 해방의 대의에 대한 공감만 있으면 누구나 문제를 해결하는 데 힘을 모을 수 있다.)

2. 田獲三狐, 得黃矢, 貞吉. 得中道也.

사냥을 나가 여우 세 마리를 잡는다. 황금 화살을 얻으니 곧으면 길하다. 중도를 얻었기 때문이다.

(해방이 되면 교활하고 잔인한 여우 같은 것들을 제거해야 한다. 이것들을 제거하기 위해서는 공정한 입장을 가지고 온정이나 사심에 흔들리지 않아야 한다.)

3. 負且乘, 亦可醜也. 致寇至, 貞吝. 自我致戎, 又誰咎也.

자루를 메고 수레에 타는 걸 보니 추하고 부패한 일이구나. 스스로 도둑을 불러들이니 한탄할 일이다. 스스로 불러들였으니 누구를 탓하랴.

4. 解而拇, 朋至斯孚. 未當位也.

엄지발가락을 떨쳐내니, 친구들이 믿고 찾아온다. 엄지발가락을 떨쳐버려야 하는 것은 아직 자리를 잡지 못했기 때문이다.

(해방의 때가 되어 동지들은 뭔가를 하고 싶지만 부담되는 부분이 있어 쉽게 못 온다. 과거의 부자연스럽고 부정적인 관계를 떨쳐내야 새로운 사람들이 자리를 잡을 수 있다.)

5. 君子維有解, 吉, 有孚于小人. 君子有解, 小人退也.

군자가 자신을 묶은 것을 풀고 해방되니 길하다. 소인에게서 믿음이 생겨난다. 군자가 해방되면 소인은 스스로 물러난다.

(해방의 지도자들이 권력 욕망에서 해방되어 공동체의 미래를 위해 헌신하면 독재와 식민지배에 협력했던 세력은 자연스럽게 물러나거나 반성한다.)

6. 公用射隼于高墉之上, 獲之, 无不利. 以解悖也.

왕이 존경하는 신하(公用)가 높은 담 위에 있는 매를 잡아 죽이니 이롭지 않음이 없다. 이로써 패역한 자를 떨쳐버리기 때문이다.

(반드시 제거해야 할 민족반역자들을 제거한다.)

일본의 식민지배에서 해방된 우리는 과연 '정길'(貞吉) 했을까요?

일본의 항복 선언과 함께 만수국이 해체되고, 조선이 독립되면서 거리마다 태극기 휘날리는 환희와 기쁨의 시간을 누렸을 겁니다. 해방을 당연히 '광복'이라고 생각했을 겁니다. 하지만 해방은 해방일 뿐, 광복이 아니었습니다. 광복이 되기 위해서는 험난한 속에서 지혜롭고 역동적으로 움직여 남아있는 위험을 극복해야 합니다(解, 險以動, 動而免乎險, 解).

해괘에서는 해방 뒤의 역동적 변화 과정을 자세히 볼 수 있습니다. 해방 뒤 남조선에 진주한 미군정은 의도적으로 한반도의 상시적 긴장 상태를 유지했습니다. 그리하여 해방 뒤의 변화가 중단되었습니다.

1945년 8월 15일.

조선은 일본의 지배에서 해방되고, 하루아침에 조선총독부의 지배가 무너졌습니다. 국가 전체의 질서를 바로잡을 힘의 공백이 생겼고, 여운형 선생은 발 빠르게 '건국준비위원회'(건준)를 구성했습니다. 여운형 선생은 거대한 힘의 공백을 국가를 통해 채울 수 없다는 것을 직감적으로 알았습니다. 그는 민중의 자발적인 질서 유지 능력과 지역 공동체의 힘을 믿었습니다(无咎. 剛柔之際, 義无咎也).

민중은 건준의 이름을 빌려 스스로 지역을 조직하고, 떠나간 일본인들의 재산과 생산시설을 관리했습니다. 만약 건준이 없었다면 해방된 조선에서 무고한 일본인들이 희생되고, 무장한 일본 경찰과 소모적인 충돌이 일어났을 겁니다. 조선인들은 지혜롭게 새로운 나라를 준비하고 있었습니다(解, 利西南, 无所往, 其來復吉, 有攸往, 夙吉).

미군정은 민중의 자발적인 국가조직 활동이었던 건준을 인정하지 않았고,

결국 남북한 단독정부 수립 후 정권을 한국인에게 넘겼습니다. '조선'에서 '한국'으로 전환되는 가장 중요한 시간에 미군정은 두고두고 한국에 위기를 불러올 실책들을 남발했습니다.

이승만 정부 수립 이후 그동안 미루어졌던 '민족 반역자 처벌'이 핵심적인 정치 의제로 등장했고, 국회는 국민의 염원을 담아 '반민족행위자 처벌에 관한 특례법'을 의결했습니다. 이 법에 따라 '반민특위'가 설립되고, 사회 전반에서 반민족행위자에 대한 조사가 시작되었습니다(田獲三狐, 得黃失, 貞吉. 得中道也).

그러나 반민특위의 활동은 이승만 정부의 조직적인 저항에 부딪쳤고, 반민특위에 적극적이었던 국회의원들은 간첩 혐의로 체포되었습니다. 결국 경찰의 무력 진압으로 반민특위는 해체되고 말았습니다. 반민족 행위로 재산과 권력을 얻은 집단을 기반으로 한 이승만 정부로서는 어쩌면 당연한 일이었습니다(負且乘, 亦可醜也, 致寇至, 貞吝. 自我致戎, 又誰咎也).

주역의 해괘는 보편적으로 해방의 시대를 통해 새로운 역사를 창조한 사람들의 이야기를 들려줍니다. 한국의 이승만 정부는 '해방의 이단자'였습니다.

만약, 주역의 해괘대로 해방이 진행되었다면 어떻게 되었을지 상상해봅니다.

광범위한 반민족행위 조사를 마친 반민특위는 반민족행위의 기준을 정하는 것이 쉬운 일이 아니라는 사실을 알게 됩니다. 결국 대부분은 용서할 수밖에 없습니다(雷雨作, 解, 君子以赦過宥罪). 따라서 민족정기 회복

323

이라는 관점에서 사회석 상싱이 되는 대상을 찾아 처벌하는 것으로 방향을 잡습니다(公用射隼于高墉之上, 獲之, 无不利. 以解悖也).

먼저 을사조약을 비롯한 조선과 일본의 조약과 협상 과정에서 국가의 이익을 침해해서 개인의 지위를 확보하고 권력을 취득한 정치인들의 행적을 공개하고 주어졌던 지위를 박탈합니다. 아울러 일본의 경제 수탈에 협조해서 재산을 늘린 중요한 기업가들, 징병·징용·정신대 동원에 협조했던 국가기구의 책임자들, 독립운동가들을 고문하고 탄압한 경찰조직의 책임자들, 일본 제국주의를 찬양했던 언론인과 지식인, 종교인, 문인들의 부역 내용을 공개하고, 그들의 재산을 환수했으며 사회적 명예를 박탈하고 심각한 범죄자의 경우에는 구속합니다.

이런 상징적인 사건 말고도 각 지역에서 다양한 반민족행위에 대한 조사와 함께 해당 지위와 명예를 박탈하는 일이 전국에서 일어납니다.

반민특위는 국가 전체의 불행이라는 조건에서 일어난 개인의 행동 모두를 처벌할 수 없다는 원칙을 밝히고, 대부분 언론과 반민특위 백서를 통한 사실 공개에서 마무리됩니다. 반민특위의 활동을 통해 정부와 국회 내의 정치인 중에서도 반민족행위 경력이 드러날 경우 여론의 압력으로 대부분 사임했고, 재보궐 선거가 치러집니다.

건국 정부는 대한민국 헌법 정신에 따라 정통성을 회복했고, 반민족행위자들에 대한 합리적인 처벌과 포용정책 덕분에 사회는 제자리를 잡아가기 시작합니다(雷雨作, 解, 君子以赦過宥罪). 또한 건국 정부는 반민족행위자뿐만 아니라 해방 이후 미군정 시기 4.3항쟁을 폭력적으로 진압한 군부 내 일본 제국 세력을 제압하는 데도 성공합니다. 일본 제국의 군사

학교를 졸업한 세력들이 장악했던 군부는 건국 정부의 입장에서는 늘 쿠데타 위협 세력이었지만, 광복군 출신의 장군들이 군을 재편하면서 어렵게 정비를 해냅니다. 반민특위와 광복군에 의해 반민족행위자 제거와 대한민국에 충성하는 군대로 재편한 이후에야 대한민국은 독립적인 국가의 위상이 잡히게 됩니다(解而拇, 朋至斯孚. 未當位也).

무력 통일을 기획했던 북한은 남한 정부의 독립국가 건설을 위한 진정성과 의지를 확인한 이후 남한 정부와 통일회담을 시작합니다. 남북한의 협상 대표단으로 임명된 김구, 여운형, 조만식, 박헌영 등은 민족의 미래를 위한 피 말리는 협상을 진행시켰고, 이승만을 대통령으로 김일성을 총리로 하는 이원집정부 연방제도에 합의합니다.
1950년 6월 25일 남북한 공동 정부군이 창설되고 남북한은 독립적인 경제, 정치 조직 운영이 가능한 연방정부로 재탄생합니다(君子維有解, 吉, 有孚于小人. 君子有解, 小人退也).

■ 손(損) – 넘치는 것을 덜어내어

세상의 평화를 꿈꾸는 이여!

세상의 평화를 꿈꾸는 이여!

자기를 덜어 하늘에, 약한 이들에게 더하라.

자기를 덜어내는 것은

새로운 세상에 대한 믿음이 있기에

가능한 일이다(損下益上, 其道上行. 損而有孚).

세상의 평화를 꿈꾸는 이여!

큰 산이 자기를 덜어

산 아래 연못을 채워가듯이

본노를 삭이고, 이루고자 하는
욕망을 눌러두라(山下有澤, 損, 君子以懲忿窒欲).

세상의 평화를 꿈꾸는 이여!
우리 함께 평화가 되자.

損, 有孚, 元吉, 无咎, 可貞, 利有攸往. 曷之用. 二簋可用享.

믿음으로 덜어내니 크게 길하고 허물이 없다. 바름을 지킬 수 있으니 나아감이 이롭다. 어떻게 할까? 두 바구니 제물로 제사를 지내도 되나?

損下益上, 其道上行. 損而有孚

아래에서 덜어 위를 더한다. 그 길은 위로 가는 길이다. 아래에서 덜어낼 수 있는 것은 믿음이 있기 때문이다.

(공을 위해 사를 희생하고, 작은 나를 버려 큰 나를 이루는 삶. 이런 삶은 평화로운 세상에 대한 믿음으로 가능하다.)

二簋可用享. 二簋應有時, 損剛益柔有時, 損益盈虛, 與時偕行.

두 바구니 제물로도 제사를 드릴 수 있는 것은 두 바구니 제물로도 하늘이 감응하는 때가 있기 때문이다. 강한 것을 덜어내어 부드럽고 연약한 것에 더하는 때, 덜어내고 더하고 채우고 비우는 일이 모두 때와 함께 가는 일이다.

山下有澤, 損, 君子以懲忿窒欲.

손(損)은 산 아래에 연못이 있는 것과 같다. 군자는 산이 자기를 덜어내듯 산과 같은 분노를 삭이고, 연못의 흙이 점점 차오르듯 이루고자 하는 욕망을 적당히 누른다.

–

1. 已事遄往, 无咎, 酌損之. 尙合志也.

이왕지사 덜어내야 한다면 빨리 해야 허물이 없다. 단지 자신의 형편에 따라 덜어낸다. 그 뜻이 하늘을 섬기는 마음과 합해졌기 때문이다.

(하늘의 뜻, 시대의 과제가 정해졌다면 빨리 실천하라. 다만 각자의 형편에 따라 헌신을 하면 된다.)

2. 利貞, 征凶, 弗損益之.

바름을 지키면 이롭다. 나아가면 흉하다. 덜지 않아야 이익이 된다.

(자기를 덜어 누구를 돕는 것이 크게 도움이 되지 않고 오히려 안 좋은 일이다. 자기 자리를 잘 지키기만 해도 된다.)

3. 三人行, 則損一人, 一人行, 則得其友. 三則疑也.

세 사람이 길을 가면 한 사람을 잃고, 한 사람이 길을 가면 친구를 얻는다. 세 사람이 갈 때는 의심이 생기기 때문이다.

(여러 사람이 함께 일하다 한 사람이 진정성을 가졌음에도 불구하고 배척당한다. 그러나 배척당한 그 사람의 진정성을 이해하는 사람이 있어 친구가 되길 원한다.)

4. 損其疾, 使遄有喜, 无咎.

병세를 덜어버리니 바로 기쁨이 생겨나고 허물이 없다.

(무의식의 질병인 내 안의 분노, 욕망, 탐욕을 덜어내고 억누른다. 영혼의 치유
그 자체가 기쁨이다.)

5. 或益之十朋之龜, 弗克違, 元吉. 自上祐也.

혹 십붕(十朋)짜리 거북이로 보태주기도 한다. 어긋남 없이 크게 길하다. 스스로
위로부터 오는 도움을 받기 때문이다.

(늘 자신을 덜어내어 헌신하다 보면 엄청난 힘과 돈을 가진 사람으로부터 후원을
받기도 한다. 하늘은 스스로 돕는 자를 돕는다.)

6. 弗損益之, 无咎, 貞吉, 有攸往, 得臣无家. 大得志也.

굳이 덜어내지 않더라도 도움을 줄 정도가 된다. 허물이 없고 바름으로 길하
며, 나아가면 이롭다. 신하는 얻지만 집은 없어진다. 큰 뜻을 얻었기 때문이다.

(덜어냄의 원숙한 경지에 이르러 삶 자체가 많은 사람에게 도움을 준다. 훌륭한
후계자를 얻어 하던 일을 물려준다. 내 집은 없지만 이 세상 내 집 아닌 곳이 없
다. 헌신하고 욕망을 억누르던 삶에서 벗어나 삶의 자유를 얻는다.)

주역은 1~30번까지를 상경, 31~64번까지를 하경으로 나누어서 읽습니다.
마치 책의 1부와 2부와 같은 개념인데, 1부 상경은 하늘과 땅에서 시작해
서 물과 불의 이야기로 끝납니다. 태극기는 상경의 시작과 끝인 건곤감리
(乾坤坎離)로 이루어졌습니다. 상경은 하늘과 땅, 우주적 관점으로 우리가

살아갈 삶의 길을 찾아갑니다.

하경은 남녀의 사랑과 결혼을 상징하는 함괘(咸卦)와 항괘(恒卦)에서 시작합니다. 사람이 이 땅에서 함께 살아갈 수 있는 길을 찾고 싶어 합니다. 상경과 하경은 각자의 이야기지만 한 번씩 교차하는 부분이 있습니다. 바로 상경의 11번째 괘인 태괘(泰卦)와 하경의 11번째 괘인 손괘(損卦)가 서로 이어지는 이야기입니다. 그래서 손괘를 읽기 위해서는 태괘를 먼저 읽어야 합니다.

태괘는 평화로운 세상을 꿈꾸는 사람들의 이야기입니다. 평화로운 세상을 꿈꾸는 사람들이 자신의 독선과 편협한 분파주의로 고립되는 과정을 보여줍니다. 진보의 분열에 대해 성찰할 때도 태괘는 많은 도움이 됩니다. 손괘는 평화로운 세상을 꿈꾸는 사람들이 분열을 극복하고 세상의 평화와 내 안의 평화를 함께 이루는 길을 찾아갑니다.

자기를 희생해서 세상의 평화를 이루려는 사람은 삶 자체가 고귀합니다. 그는 삶으로 제사를 드리는 사람이기에 제물을 넉넉하게 올리지 않더라도, 심지어 물 한 그릇을 올리더라도 흠이 되지 않습니다. 그는 일상적으로 자기 삶을 덜어내어 세상을 돌보는 사람입니다.

이런 헌신적인 사람이 빠지기 쉬운 함정이 있습니다. 진보적 의지를 가진 사람들 대부분이 이상을 따라가느라 상황을 이해하고 현실을 해석하는 눈이 약한 편입니다. '나는 이렇게 정성스럽게 사는데, 내 마음을 몰라준다' 하는 불만과 분노가 내면에서 생기기 시작합니다. 의외로 평화를 꿈꾸는 사람들이 화를 잘 내고 자기감정 조절에 실패하는 경우가 많습니다. 분노와 적대감을 해결하지 못해 안 만들어도 되는 적을 만들기 일쑤이고, 진보는 늘 그런 내부 적대감으로 분열합니다.

손괘는 평화를 꿈꾸는 사람의 그런 내면의식을 정확히 읽었습니다.

산이 자기를 덜어내듯 분노를 삭이고, 산에서 흘러내린 흙과 돌이 연못에 쌓여가듯 무엇을 이루고자 하는 욕망을 적당히 눌러두라고 권합니다(山下有澤, 損, 君子以懲忿窒欲). 마치 세 사람이 길을 가다 한 사람이 왕따를 당하듯, 최선을 다해 평화를 실천하더라도 억울한 일을 겪을 수 있지만 누군가는 내가 가진 평화의 염원을 알아주고 지켜보는 사람이 있다고 위로합니다(三人行, 則損一人, 一人行, 則得其友. 三則疑也).

손해 보는 것처럼, 바보처럼 살지만 손괘의 마음을 가지는 데 성공하면 우리 안의 무의식에 도사린 분노, 욕망, 어리석음의 병을 치료하게 됩니다.

이 병이 치유되고 나면 엄청난 일들이 벌어집니다. 십붕의 거북이는 내가 꿈꾸는 것을 실현할 수 있는 경제적 후원을 받는 것을 상징합니다(或益之 十朋之龜, 弗克違, 元吉. 自上祐也). 신하를 얻지만 집이 없어진다는 것은 훌륭한 후계자를 얻게 되어 내가 꿈꾸던 가치가 실현되므로 굳이 내 집이 없더라도 어디에 가든 머물 곳이 생긴다는 이야기입니다(弗損益之, 无咎, 貞吉, 有攸往, 得臣无家. 大得志也).

자기 내면의 평화와 함께 현실적인 사회적 변화를 이루는 데도 성공하는 최고의 삶입니다. 세상의 평화를 원하는 태(泰)는 내 안의 분노와 욕망을 다스리는 힘인 손(損)을 만나야 성공합니다.

'세상의 평화를 원한다면 내가 먼저 평화가 되자.'

■ 익(益) – 부족한 곳에 더해주어

독재와 억압에 저항하는 그대여!

하늘이 땅을 짓누르듯 지배자가 국민의 뜻과 분리되어
서로 말이 통하지 않는 시대를 살아야 할 때(天地否).

독재와 억압에 저항하는 그대여.
민중 속으로 들어가라.
아래로 아래로
내려가라(損上益下, 民說无疆, 自上下下, 其道大光).
그대가 가진 것은 처음부터 '내 것이 아니었다.
민중의 피와 땀으로 얻은 것을 그대는

값없이 누리고 있었다.

그대가 민중을 위해 헌신하는 것이 아니라

민중으로부터 받은 것을 돌려주는 것일

뿐이다(或益之十朋之龜, 弗克違, 永貞吉, 王用享于帝, 吉. 自外來也).

독재와 억압에 저항하는 그대여.

원치 않지만 폭력을 사용해야 할 때가 올 수도

있다(益之用凶事, 无咎, 有孚中行, 告公用圭. 固有之也).

폭력을 사용하지만 폭력에 물들지 않으면 민중의

사랑을 받지만(有孚惠心, 勿問元吉, 有孚惠我德. 大得志也),

자기를 잃어 폭력을 제어할 수 없으면

그대는 공격당한다(莫益之, 偏辭也, 或擊之, 自外來也).

처음 가졌던 마음을 잃고 민중의 지지를 권력으로 바꾸면

혁명과 평화로운 세상의 꿈은 무너진다(立心勿恒, 凶).

독재와 억압에 저항하며 세상의 평화를 꿈꾸는 이여,

바람처럼 베풀고 땅처럼

조직하라(益. 動而巽, 日進无疆, 天施地生, 其益无方).

그러나 사랑스런 그대.

아무리 세상을 돕는 일이라도 적절한 때를 알길…….

무엇보다 자기모순을 늘

돌아보길……(益. 凡益之道, 與時偕行. / 有過則改).

益, 利有攸往, 利涉大川.

나아가는 것이 이롭다. 큰 강을 건너는 것이 이롭다.

益, 損上益下, 民說无疆, 自上下下, 其道大光.

익(益)은 위를 덜어서 아래에 더한다. 민중들이 한없이 기뻐한다. 위로부터 아래로 내려보내는 것이니 그 삶이 밝게 빛난다.

益. 動而巽, 日進无疆, 天施地生, 其益无方. 凡益之道, 與時偕行.

익(益)은 운동을 일으켜 바람처럼 퍼뜨리듯이 날마다 끝없이 나아간다. 하늘과 땅이 베풀고 생육하는 힘을 주니 그 유익함이 온 세상에 미친다. 그러나 익의 길이라도 적절한 때와 함께 가야 한다.

(원하지 않는데 주는 것은 의미가 없다.)

風雷, 益, 君子以見善則遷, 有過則改.

바람처럼 유연하게, 우레처럼 힘차게 익의 군자는 선한 일을 보면 언제나 옮겨 다니고, 잘못이 있으면 즉시 개선한다.

—

1. 利用爲大作, 元吉, 无咎. 不厚事也.

농사를 짓게 하는 것이 이롭다. 크게 길하고 허물이 없다. 백성에게 큰일을 시켜서는 안 된다.

(봄이 되어 바쁜 농사철에는 농사에만 집중하도록 해야 한다.)

2. 或益之十朋之龜, 弗克違, 永貞吉, 王用享于帝, 吉. 自外來也.

혹 누군가 십붕짜리 거북이로 더해주기도 하지만 어긋나지 않게 사용한다. 오랫동안 바름을 지켜 길하다. 왕이 하느님께 제사를 지내니 길하다. 도움이 밖으로부터 온다.

(내가 누군가를 도울 수 있는 것은 내 것을 가지고 돕는 것이 아니라 나도 도움을 받았기에 도울 수 있는 것이다. 그러기에 하느님께 감사할 수 있는 것이다.)

3. 益之用凶事, 无咎, 有孚中行, 告公用圭. 固有之也.

흉한 일을 사용해서 유익하게 하니 허물이 없다. 믿음을 가지고 중도의 길을 걷는다. 흉한 일을 시용해야 했던 이유를 지도지 혹은 국민에게 알리고 결제를 받기니 결과에 대한 평가를 받는다. 이런 흉한 일은 어쩔 수 없는 부분이 있다.

(폭력에 대한 저항, 테러 등의 방법으로 악을 제거한다. 그러나 용납할 수 있는 범위 내여야 하고, 마친 뒤에는 결과에 대해 책임을 져야 하며 사회적 평가도 받아야 한다.)

4. 中行告公從, 利用爲依遷國.

중도를 행하고 공(公)에게 보고하고 따른다. 공의 지시에 따라 나라를 옮기는 것이 이롭다.

(국가적으로 규모가 큰 일을 할 때는 여론을 수렴하고 지도자의 지시를 따라 알맞게 한다.)

5. 有孚惠心, 勿問元吉, 有孚惠我德. 大得志也.

베풀려는 마음이 있으니 물을 것도 없이 길하다. 믿음이 생기고 내가 베푼 덕에 대해 민중이 은혜를 갚으려고 한다. 민중의 뜻, 큰 마음을 얻었기 때문이다.

6. 莫益之, 或擊之, 立心勿恒, 凶. 莫益之, 偏辭也, 或擊之, 自外來也

베풀려던 마음을 잃고 사사로이 나만의 이익을 차지하려고 하니 공격당한다. 한 번 세웠던 마음을 오래 이어가지 못하니 흉하다. 나만 이익을 얻으려 하므로 편협한 것이고, 밖에서 나를 공격해 들어온다.

손(損)괘와 익(益)괘는 이어진 짝입니다. 손괘가 태(泰)괘와 이어져 있다면, 익괘는 비(否)괘와 이어져 있습니다. 태괘가 평화로운 세상을 꿈꾸는 사람들 사이의 갈등과 분열을 극복하기 위한 노력이라면, 비괘는 독재와 억압에 저항하는 사람들의 연대에 대한 이야기입니다. 태괘와 비괘는 동일한 내용을 다른 시각에서 봅니다.

익괘를 읽기 위해서는 비괘부터 읽어야 합니다. 비괘는 하늘과 땅이 서로 소통하지 않고 꽉 막힌 상황입니다. 독재정권이나 억압적인 노사관계, 폭력적인 학교상황 등 우리 시대의 많은 일들이 비괘와 연결되어 있습니다. 익괘는 이런 꽉 막힌 상황을 극복하고 평화로운 세상을 다시 회복하고 싶은 사람들의 마음을 담고 있습니다.

혁명가들은 기본적으로 지식인들입니다. 이들은 누군가의 희생과 헌신에 의해 세계를 인식하는 눈과 변혁 의지라는 지성을 가지게 됩니다.

해방 정국의 중요한 사회주의 혁명가 중 한 사람인 김삼룡은 충주의 지주 집안 자녀였고, 아버지의 경제력에 힘입어 일본 유학을 하게 되었습니다. 일제시대에 이런 사람이 한둘이 아니었으니 크게 흠이 되지도 않고 죄의식을 가질 이유도 없었습니다. 일본에서 그는 사회주의 활동가들과 만나면서 사회주의자가 되었습니다. 그리고 자신의 삶을 성찰한 뒤, 자기가 사회주의라는 눈으로 세상을 바라볼 수 있게 된 것은 소작 농민들이 가난하게 살면서 자기에게 돈을 보내준 덕이라는 자각을 하게 되었습니다. 그리하여 김삼룡은 공부를 마친 뒤 그의 토지를 소작농들에게 분배하고, 자신은 사회주의 혁명가의 삶을 살기 시작했습니다(或益之十朋之龜, 弗克違, 永貞吉, 王用享于帝, 吉. 自外來也).

혁명과 폭력은 어려운 관계입니다.

익괘에서는 '흉한 일로서 유익하게 하는 것이다. 이런 일은 어쩔 수 없을 때가 있다'라고 말합니다. 혁명 과정의 폭력과 테러에 대해서는 쉽게 잘잘못을 평가할 수 없습니다. 삶에는 내가 원하든 원하지 않든 어쩔 수 없는 일들이 있습니다.

폭력을 사용하지만 그 결과가 너무나 필요한 일일 때는 주저할 수도 없습니다. 일제에 대항한 독립운동가들의 테러를 평가하는 건 그렇게 단순한 일이 아닙니다. 이런 일에 대한 평가는 민중의 마음에서 일어나게 됩니다. 용납되는 폭력도 있고, 용납되지 못하는 경우도 있습니다(益之用凶事, 无咎, 有孚中行, 告公用圭. 固有之也). 용납될 경우 사회적 과제가 주어집니다(中行告公從, 利用爲依遷國).

한국의 민주화 세대는 군부독재에 저항하면서 폭력을 사용했지만 그들의 저항은 민중으로부터 용납되어 사회를 바꿀 기회를 얻었습니다. 반면 일본 '전공투' 세대의 폭력성은 일본 사회가 용납하지 않았습니다.

그런데 한국의 민주화 세대가 국민의 지지를 받으며 이룬 성과에 대해서는 지금 냉정한 재평가를 하는 분위기입니다. 주어진 기회를 공공의 이익을 위해 조심스럽게 사용하지 않고, 자기 이익을 위해 사용한 것에 대한 실망 때문입니다.

한국의 민주화 세대는 '신자유주의'와 함께 성장했고, 중산층의 이익을 독점해왔습니다. 처음 가졌던 마음을 이어가지 못하고 흉해진 경우입니다(立心勿恒, 凶). 만약 한국의 민주화 세대가 자신의 마음과 실력을 민중을 위해 사심 없이 사용했다면 그들 스스로도 삶의 의미를 찾는 데 성공했을 것이고, 한국 사회는 동아시아 공동체의 중심 주체가 되어 통일의 길에 성큼 다가가 있을 것입니다(有孚惠心, 勿問元吉, 有孚惠我德. 大得志也).

저는 오랫동안 농민이라는 정체성을 가지고 살았지만, 역설적으로 한 번도 정착해보지 못했습니다. 대부분의 농민들이 자기 땅과 집, 농장을 가지고 정착하기 원하지만 제게는 그런 마음이 없었습니다. 그냥 바람처럼 인연 따라 흘러다녔습니다(益, 利有攸往, 利涉大川).

익괘는 풍뢰익(風雷益)으로 읽습니다. 바람처럼 유연하게, 우레처럼 빠르게, 도움이 필요한 곳에 유익하도록 힘을 보태는 것이 익괘의 마음입니다(風雷, 益, 君子以見善則遷, 有過則改).

미래 지식인의 가치 중 하나인 '노마디즘(유목주의)'의 오래된 이야기입니다(益, 損上益下, 民說无疆, 自上下下, 其道大光).

이런 게릴라 방식의 노마디즘(유목주의) 운동은 오랫동안 자본주의 폭력에 저항하며 돈으로부터 자유를 추구하는 가운데 익힌 삶의 기술입니다.

주역 제43괘

■ 쾌(夬) – 단칼에 잘라내야 할 것들

한 줌도 안 되는 악의 세력을 대할 때

사회를 지배하는 악의 세력은 한 줌도 안 된다.

그들이 가진 악마성도 대부분 다 드러났다.

무지하고 가난한 사람들도 알 건 다 안다.

그런데 왜 그들은 악을 지지하고 스스로 자기 삶의 토대를 허물까?

토건 마피아에 의해 산과 강은 파헤쳐지고 찢어졌다.

핵 마피아는 우리를 핵발전소 사고의 공포에 떨게 하고 있다.

모피아는 가난한 사람들의 삶을 부채로 몰아붙인다.

교육 마피아는 아이들이 삶을 포기하게 만든다.

관피아는 세월호 사고 정도는 교통사고처럼 가볍게 생각한다.
군부는 북한과의 적대감을 군부 유지를 위한 도구로 사용하는
통일 반대 세력이다.

좋은 사회는 완전한 사회가 아니다.
없는 것을 상상할 수 있어야 한다.

학교 없이도 아이들은 잘 자랄 수 있다.
은행이 없어도 우리는 직접 지역통화를 만들고
신용을 통해 거래할 수 있다.
공무원 없이 시민들의 자원봉사만으로 공공업무를 하는 사회도 있다.
스위스는 군대 없이 민방위만 가지고도 국가와 사회를 보호한다.
핵발전소 없는 사회를 만들기 위해 세계는 안간힘을 쓰고 있다.

한 발 한 발 걸어서
진실을 누구나 알 수 있는 데까지는 온 것 같은데,
하늘 위의 큰 연못처럼 실력과 에너지를 쌓아
악에 기대어서라도 하루하루 살아갈 수밖에 없는
가난한 사람들이 삶의 변화를 실감하는 데까지는
이르지 못한 것 같다(澤上於天, 夬, 君子以施祿及下, 居德則忌).

단칼에 끝낼 수 있을 것 같은데, 주저앉는다.

夬, 揚于王庭, 孚號有厲, 告自邑, 不利卽戎, 利有攸往.

왕의 뜰에서 정성껏 위험을 호소한다. 자신의 성읍에서 알리며 곧바로 무력을 사
용하는 것은 불리하다. 나아가는 것이 이롭다.

(악의 위험과 영향력이 아주 크다. 그런 위험을 합리적인 절차를 통해 고발하고
알린다. 그러나 폭력적인 방법을 쓰는 건 좋지 않다. 악에 대한 온건한 입장.)

夬, 決也, 剛決柔也, 健而說, 決而和.

쾌(夬)는 결단하는 것이다. 강한 것이 부드러운 것(부정적인 힘)을 명확하게 결단
낸다. 강경함과 부드러움(유화책)으로 결단하고 화합한다.

澤上於天, 夬, 君子以施祿及下, 居德則忌.

하늘 높은 곳에 있는 연못처럼 쾌의 군자는 녹을 베풀어 아래까지 미치게 하고,
덕에 머물러 있는 것을 피한다.

(높은 곳에 모아둔 연못 물이 아래로 흘러 멀리까지 골고루 미칠 수 있듯, 악이 지
배하는 세상에서 군자는 악을 넘어 실제로 의미 있는 영향력을 미칠 수 있어야 한
다. 쾌의 상황처럼 명확한 결단이 요구될 때는 체면만 차리고 있어서는 안 된다.
손발 걷어붙이고 악을 몰아내는 험한 일에 뛰어들어야 한다.)

—

1. 壯于前趾, 往不勝爲咎.

앞 발꿈치에 힘이 가 있다. 가서 승리하지 못하면 허물이 된다.

(실력 없이 의지만 가지고 악을 제거하려고 한다.)

2. 惕號, 莫夜有戎, 勿恤.

조심스럽게 호소한다. 한밤중에 쳐들어와도 근심하지 않는다.

(악이 스스로 변화하도록 정성껏 이야기한다. 이런 정성스런 마음을 가지고 자기

관리를 하면 한밤중에 갑자기 악의 공격을 당해도 걱정할 게 없다.)

3. 壯于頄, 有凶, 獨行遇雨, 君子夬夬. 若濡有慍, 无咎.

광대뼈에 힘이 들어가니 흉하다. 홀로 가다 비를 만난다. 군자가 과감하게 결단

하지만 비에 젖고 화가 난다. 허물은 없다.

(악의 세력에 대해 말할 수 없는 분노를 가지고 혼자서라도 처단한다. 분노를

제어할 수 없는 행동이었지만 사회적 용서를 받을 수 있어 허물은 아니다. 테

러리즘.)

4. 臀无膚, 其行次且, 牽羊悔亡, 聞言不信. 聰不明也.

엉덩이 살갗이 벗겨졌다. 그 움직임이 주저하고 머뭇거린다. 양을 몰아서 가면 후

회가 사라지지만, 말을 들어도 믿지 못한다. 총명하지 않기 때문이다.

(악을 제거하고자 하지만 엉덩이 살갗이 벗겨져서 앉지도 서지도 못하듯이 상황

판단을 못해 주저하고 머뭇거린다. 민중의 힘을 이용하여 힘으로 악을 밀어붙일

수 있지만 그 말을 받아들이지 못한다. 힘과 영향력이 큰 악의 세력을 제거하는

것은 그렇게 쉽게 결단할 수 있는 것이 아니다.)

5. 莧陸夬夬, 中行无咎. 中未光也.

밭에 가득한 비름을 과감히 걷어내듯이, 중도의 마음을 가지고 사심 없이 행동

하면 허물이 없다. 중도지만 빛의 길은 아니다.

342

(일반적으로 중도를 걸으면 길하지만, 악을 과감하게 제거하는 쾌괘에서는 중행이라도 허물이 없는 정도이다. 과감한 행동이 모범의 빛이 되기는 쉽지 않다.)

6. 无號, 終有凶. 終不可長也.

호소할 데도 없이 결국 망한다. 오래 갈 수 있는 게 아니다.

(선과 분리된 악, 민중으로부터 분리된 권력 마피아는 결국 망한다.)

한국 사회의 권력구조를 비판할 때 흔히 토건사회나 서울대의 나라, 핵 마피아 지배사회, 삼성공화국 등의 표현을 씁니다. 이런 표현들은 소수의 지배세력이 자신들의 집단 이익을 위해 사회 전체를 희생시키는 것을 개념화한 것입니다.

한국 사회의 지식인과 활동가들이 이런 현실을 알리고 문제를 풀기 위해 열심히 노력하지만 쉽게 풀리지 않고 더 깊어지는 이유는 소수의 집단에 지배당하는 다수의 민중들이 지배집단의 삶을 비판하기보다는 선망하기 때문입니다. 누구나 서울대를 비판하지만 서울대 안 가고 싶어 하는 사람은 거의 없습니다. '나도 저렇게 살아봤으면' 하는 게 보통 사람들의 마음입니다.

핵발전소 관련 권력집단을 '핵 마피아'라고 합니다. 핵 마피아는 자신들의 리더인 이명박 씨를 대통령으로 만들 수 있는 힘을 가진 집단입니다. 핵 마피아는 또한 핵발전소 건설과 전기 판매 이익금을 이용하여 한국 사회를 장악하다시피 하고 있는데, 이들에 대한 저항이 쉽지 않은 이유 역시 이들이 생산한 전기를 이용해서 우리 사회가 발전해왔다고 생각하는 경우가 많기 때문입니다.

그러나 3.11 후쿠시마 핵발전소 사고 이후 핵이 깨끗하고 저렴하며 효율적인 에너지라는 거짓말은 이제 대부분의 사람들이 믿지 않습니다. 핵은 위험하고 사후 처리가 불가능한 고비용 에너지입니다.

악의 지배를 넘어서기 위해서는 이런 논리적인 이해와 정보, 경험이 필요합니다. 사회 전체가 이런 합리적인 노력을 꾸준히 하면 악의 세력도 자기를 변화시킬 수 있습니다. 어쩌면 온건한 대화와 토론을 통해 악이 자신의 권력을 포기할 수 있다면 이보다 더 좋은 일은 없을 것입니다(夬, 揚于王庭, 孚號有厲, 告自邑, 不利卽戎, 利有攸往).

독일의 경우, 3.11 이후 국가적인 토론을 통해 '핵발전소 없는 사회'를 기획하고, 2022년을 목표로 재생에너지 중심의 에너지 전환 정책이 진행되고 있습니다. 한국은 그런 점에서 전 세계 누가 봐도 이상한 길을 가고 있습니다. 심지어 3.11 이후 일본의 핵발전소 산업이 주춤한 기회를 틈타 오히려 핵발전소 산업을 확대하고 수출하는 '원자력 르네상스'라는 정책까지 펼치고 있습니다. 이처럼 거꾸로 가는 정책은 이명박과 핵 마피아라는 개념이 아니면 설명이 쉽지 않습니다.

하지만 국민들은 핵 없는 사회를 원하는 동시에 경제가 불안정해지고 전기 비용을 더 많이 지불하는 건 원치 않습니다. 변화가 일어나기 쉽지 않은 조건입니다. 이런 조건이 되면 민중의 우매함을 참지 못하는 사람들이 생겨납니다.

일제 식민지 시기에도 민족독립을 위한 다양한 노력이 일어났습니다. 민족
교육과 산업을 일으키기도 했고, 임시정부를 통한 외교적 노력을 하기도
했고, 만주에서 무장항쟁을 펼치기도 했습니다. 이런 꾸준한 노력에도 불
구하고 3.1운동 이후 조선 민중은 일본의 문화정책에 동의하고 오히려 적
극적으로 일본 제국주의의 가치를 받아들이는 사람이 늘어났습니다. 테러
리즘은 바로 이런 조건에서 합리적 명분을 얻게 됩니다(壯于頄, 有凶, 獨行
遇雨, 君子夬夬, 若濡有慍, 无咎).

사회적 영향력이 큰 지배적인 악을 제거하는 것은 쉬운 일이 아닙니다. 사
회 공동선을 지향하는 사람들은 많은 사람들의 지지도 받아야 하고, 안
과 밖으로 자기 실력도 충분히 갖추고 있어야 합니다. 어떤 결정적인 순간
에 '품위 있게' 문제를 풀려고 하는 마음도 버려야 합니다. 논과 밭에 가
득한 잡초를 걷어내려면 손발 걷고 들어가 낫을 휘두르는 수밖에 없습니
다. 이런 행동은 옳고 그르고를 쉽게 판단할 수 없습니다(莧陸夬夬, 中行
无咎. 中未光也).

우리 사회를 지배하는 한 줌도 안 되는 악의 세력은 이제 대부분 다 드러
났습니다. 언젠가 우리는 지금과 같은 권력 마피아가 지배하는 사회에서
살지 않아도 될 겁니다. 그러기 위해서는 지금 새롭게 설정한 삶의 방식이
평범한 사람들에게도 의미 있게 받아들여질 수 있을 정도로 실제성이 있
어야 합니다.
예를 들어 실제 국가화폐 50퍼센트, 지역화폐 50퍼센트로도 생활이 가능
한 정도가 되어야 민중은 기존의 삶을 과감하게 뿌리치는 데 두려움을

느끼지 않게 될 겁니다. 대학을 가는 아이들과 가지 않는 아이들이 50대 50 정도 되고, 그들의 삶이 크게 차이 나지 않는다는 것이 눈에 보여야 학교로부터 자유로워질 수 있을 겁니다(澤上於天, 夬, 君子以施祿及下, 居德則忌). 결국 쉽지 않다는 이야기입니다.

■ 구(姤) – 악의 씨앗

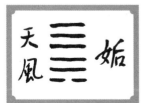

우리는 누구를 만나야 할까?
아니 누구를 만나게 될까?

오랜 시간 노력하고 투쟁해서 좋은 세상,

사람 사는 세상 만들고 나면 꼭 분탕질하는 연놈들 생겨난다.

예쁘장한 겉모습으로 이놈 집적거리고 저놈 집적거려서

어리석은 놈들 싸움 붙이고 즐기는 년이 있다(女壯, 勿用取女).

이런 것들 쇠말뚝에라도 매둬야 한다.

발정 난 암퇘지 같은 년이다(繫于金柅, 貞吉, 有攸往, 見凶, 羸豕孚蹢躅).

버드나무 잎으로 오이를 감쌀 수 있을까?

종이로 싸더라도 쉽지 않은데.

버드나무 잎으로라도 햇빛을 가려

악의 씨앗이 너무 빨리 자라지 않게

막고 싶다(以杞包瓜, 含章, 有隕自天. 中正也, 志不舍命也).

하늘 아래 바람이 분다.

그 바람에 버드나무 잎이 뒤척인다.

姤, 女壯, 勿用取女.

화장하는 그녀, 취하여 쓰지 말라.

(사귀지 않는 게 좋은 여자 혹은 남자.)

姤, 遇也, 柔遇剛也. 勿用取女, 不可與長也.

구괘(姤卦)는 우연히 만난다. 부드러운 것(음의 기운)이 강한 것(양의 기운)과 만

난다. 사귀지 않는 게 좋을 듯한 여자 혹은 남자는 오래 함께 가지 못한다.

天下有風, 姤, 后以施命誥四方.

하늘 아래 불어오는 바람처럼 구의 제후는 사방에 고해서 위험을 알리고 깨우

침을 베푼다.

—

1. 繫于金柅, 貞吉, 有攸往, 見凶, 羸豕孚蹢躅.

쇠말뚝에 매어둔다. 바름으로 길하다. 가게 되면 흉한 일을 보게 된다. 굶주린 암퇘지가 날뛰는 것 같다.

(강하게 견제하지 않으면 쉽게 다룰 수 없는 부정적 에너지에 대한 위기의식.)

2. 包有魚, 无咎, 不利賓. 義不及賓也.

물고기를 망 속에 가두어두니 허물이 없다. 손님을 초대하는 것은 이롭지 않다. 물고기를 망 속에 넣어두는 것은 그 영향이 손님에게까지 미치지 못하게 하기 위해서다.

(부정적인 에너지를 가진 상대를 일정 범위 안에 막아둬서 부정적인 기운이 밖으로 확산되지 않게 한다.)

3. 臀无膚, 其行次且, 厲, 无大咎. 行未牽也.

엉덩이 살갗이 벗겨지니 움직임을 주저하고 머뭇거린다. 위태롭지만 큰 허물은 없다. 부정적인 기운에 끌려가지 않았기 때문이다.

(엉덩이에 종기가 나서 앉지도 서지도 못하는 것처럼 이러지도 저러지도 못하는 조건이지만 흔들리는 자기 마음을 지켜 큰 문제를 일으키지 않았다.)

4. 包无魚, 起凶. 遠民也.

망 속에 물고기가 없다. 무엇인가를 일으키면 흉하다. 민중과 멀어졌기 때문이다.

(첫 번째 물고기는 부정적인 기운이고, 이번의 물고기는 민중이다. 민중 속에서 신뢰받지 못하고 멀어진 상황에서 할 수 있는 일은 없다.)

5. 以杞包瓜, 含章, 有隕自天. 中正也, 志不舍命也.

버드나무로 오이를 감싼다. 빛나는 것을 품으면 하늘로부터 선물이 떨어진다. 바름과 중도를 지켰기 때문이고, 하늘의 소명을 소중히 간직했기 때문이다.

(여름날 오이처럼 급속하게 성장하는 악의 성장 속도를 완화하기 위해 버드나무 잎으로 그늘을 만들어 감싼다. 소명을 가지고 최선을 다한다.)

6. 姤其角, 吝, 无咎. 上窮吝也.

뿔을 만나니 부끄럽지만 허물은 없다. 뿔을 만나는 것은 궁벽한 궁지에 몰려 인색하기 때문이다.

(궁지에 몰리듯이 극단적인 상황에 처해 있어 사람들을 만나기가 쉽지 않다. 이런 일은 부끄러울 수는 있지만 상황에 따라 어쩔 수 없는 일이어서 허물은 아니다.)

쾌괘(夬卦)와 구괘(姤卦)는 한 짝입니다.

쾌는 사회의 올바른 흐름을 왜곡하고, 특정 집단의 이익을 위해 사회 전체의 공동자산과 가치를 유용하는 강한 집단을 명쾌하게 제거해나가는 이야기입니다. 하지만 상당히 위험하고 신중해야 합니다. 성공할 가능성도 높지 않습니다.

이런 위험한 상태가 언제부터 시작되었을까요? 구괘는 쾌가 어디에서 시작했는지 그 근원을 찾아 들어가는 이야기입니다. 구괘도 쾌괘와 마찬가지로 악을 마주 대해야 합니다. 그런데 구괘에서 만나는 악은 그렇게 강한 세력은 아닙니다. 쾌처럼 사회 전체를 장악할 실력은 없고, 단지 이놈 저놈 집적거리고 이간질하고 민중들의 마음을 혼란하게 해서 어리석은 민중들이 선하고 좋은 세상의 꿈을 버리고 욕망에 휩싸여 살도록 부추기는 세력입니다(姤, 遇也, 柔遇剛也. 勿用取女, 不可與長也).

이런 사람들을 만났을 때는 어떻게 하는 게 좋을까요? 구괘는 한 손으로는 강하게 견제하지만, 또 한 손으로는 어루만집니다. 구괘가 가진 실력은 이처럼 양손을 동시에 사용한다는 점입니다. 아직 힘이 크지 않지만 강하게 견제하지 않으면 쉽게 다룰 수 없는 부정적 에너지의 기운을 구괘는 정확하게 이해하고 있습니다. 그리고 그 기운이 일정 범위를 넘어 확대되지 않도록 여러 가지 장치를 만들어둡니다(包有魚, 无咎, 不利賓. 義不及賓也). 어리석은 민중들은 선하고 좋은 것에는 관심이 없고, 나쁜 놈들이 가진 것만 부러워합니다(臀无膚, 其行次且, 厲, 无大咎. 行未牽也). 합리적인 견제에 실패하면 민중의 마음은 화장하고 발정 나서 돌아다니는 년에게 쏠려버립니다(包无魚, 起凶. 遠民也).

한국 사회가 현재 당하고 있는 여러 슬픔은 정치인 박근혜의 위험성을 제대로 평가하지 못한 것도 중요한 이유입니다. 그녀가 정치 활동을 시작했을 때 누구도 제대로 견제하지 못했습니다. 김대중·노무현 전 대통령은 권력을 가지는 과정에서 무수한 견제를 받았고, 심지어 김대중 전 대통령은 여러 번의 암살 미수를 겪었습니다. 게다가 노무현 전 대통령의 경우, 이미 권력을 내려놓은 상태였음에도 심한 견제를 받다 스스로 죽음을 택해야 했던 것을 생각하면, 박근혜 대통령은 정치인이 된 이후 여야를 불문하고 견제 세력이 거의 없었다고 할 수 있습니다.

구패를 만난 지식인들이 전력을 다해 부정적 에너지의 위험성을 알리고, 가치를 다시 회복하려고 노력하는 이유는, 이 문제를 잘못 다루면 무슨 일이 벌어지는지 알기 때문이었습니다(天下有風, 姤, 后以施命誥四方). 만약 부정적 기운의 견제에 실패할 경우 어떻게든 품어 안아서 악이 확산되는 속도를 최대한 줄이고 개선시키기 위해 노력합니다(以杞包瓜, 含章, 有隕自天. 中正也, 志不舍命也).

그러나 버드나무 잎으로 오이를 감싸는 건 쉬운 일이 아닙니다. 한다고 하지만, 어느 선을 넘어서면 더 이상 어떻게 해볼 수가 없게 됩니다. 이렇게 일정 정도 선을 넘어선 상태를 '뿔을 잡고 있는 것 같다'라고 하는데, 아마도 귀에 대고 이야기하는 게 아니라 벽에 대고 이야기하는 기분일 겁니다. 이럴 때는 가능한 한 세상과 접촉하지 않고, 좋은 세상 만들겠다는 꿈도 접어야 합니다. 이런 마음이 부끄러울 수는 있지만 허물은 아닙니다(姤其角, 吝, 无咎. 上窮吝也). 하늘 아래 불어오는 바람처럼 온 세상에 좋은 삶의 꿈을 정성스럽게 알려 민중들이 헛된 꿈에 사로잡히지 않게 도왔어야 했는데, 한다고 했지만 결국 미치지 못한 것입니다(天下有風, 姤, 后以施命誥四方).

슬픈 일이지만 견뎌야 합니다. 이 슬픈 시간을, 창조적으로 자기를 재구성하며 지나가야 합니다.

주역 제45괘

■ 췌(萃) – 조금씩 조금씩 모아서

사람 마음 모으는 게 쉬운 일인가?

새로운 세상에 대한 꿈을 가진 사람은
사람의 마음을 모을 수 있어야 한다.
사람의 마음이 사람의 마음만이 아니라
하늘과 땅의 조화가 드러난
결과이기에(觀其所聚, 而天地萬物之情可見矣)
사람 마음 모으는 것은 쉽지 않다.

울면서 호소해야 겨우 손
내밀어주고(有孚不終, 乃亂乃萃, 若號, 一握爲笑, 勿恤, 往无咎),

큰 희생 바쳐 제사를 지내거나(用大牲吉)

여력이 안 되면 소박한 제사라도 정성스럽게

드려야 한다(引吉, 无咎, 孚乃利用禴. 中未變也).

높은 자리에 앉으면 그 자리 덕분에라도

모으기 쉽지만(萃有位, 无咎, 匪孚, 元永貞, 悔亡. 志未光也)

자리조차 없는 이들이 꿈을 가지면

늘 의심받고 이리저리

치이게 된다(萃如嗟如, 无攸利, 往无咎, 小吝).

정말 정말 잘해야 겨우 자리를 잡을 수 있다.

이런 험한 일 겪고 사람 마음 모았으니

하늘에 감사드리지 않을 수 있겠는가?

큰 희생 제물 바쳐 감사 기도 드리고

축제의 시간을

즐긴다(萃, 亨, 王假有廟, 利見大人, 亨利貞, 用大牲吉, 利有攸往).

이 세상을 지배하던 한 줌도 안 되는 악의 세력,

자기 이익 위해 민중의 고혈을 빨던 놈들.

뭉쳐진 민중의 눈을 보며

눈물 콧물 흘리며

탄식하게 될 것이다(齎咨涕洟, 无咎).

萃, 亨, 王假有廟, 利見大人, 亨利貞, 用大牲吉, 利有攸往.

왕이 묘당(종묘)에 나가 제사를 드리니 형통하다. 대인을 보는 것이 이롭다. 형통하고 바름을 지켜 이롭다. 큰 희생 제물을 바치니 길하다. 나아가면 이롭다. (왕이 국민의 마음을 모으기 위해 종묘에서 제사를 지낸다. 큰 제사이므로 소처럼 큰 희생 제물을 바치고, 나누어 먹으며 축제를 벌인다.)

萃, 聚也, 順以說, 觀其所聚, 而天地萬物之情可見矣.

췌괘는 모으고, 모이는 것이다. 모이는 것을 바라보면 천지만물의 마음을 알 수 있다.

澤上於地, 萃, 君子以除戎器, 戒不虞.

땅 위의 연못(바다)처럼 잘 관리하지 않으면 둑이 터져 큰 피해를 입을 수 있다. 췌의 마음을 가진 사람은 사회의 질서가 붕괴되지 않도록 무기를 정비하고, 갑작스런 재난을 경계하고 관리한다.

—

1. 有孚不終, 乃亂乃萃, 若號, 一握爲笑, 勿恤, 往无咎.

믿음이 끝까지 이어지지 않는다. 그래서 생각이 흩어지기도 하고 모이기도 한다. 부르짖으며 도움을 청하면 손을 맞잡아 웃을 수 있으니 걱정하지 말고 나아가라. 허물이 사라진다. (사람의 마음을 모으기는 쉽지 않다. 그러나 모이고자 하는 의지가 있기 때문에 간절히 원하면 만나게 된다.)

2. 引吉, 无咎, 孚乃利用禴. 中未變也.

끌어주니 길하고 허물이 없다. 믿음으로 제사를 드리니 간략한 제물도 정성이 있어 이롭다. 중도에 변하지 않았기 때문이다.

(서로 믿고 끌어주며 모임을 만들기에 간략한 형식만 있어도 마음이 모아지고 변하지 않는다.)

3. 萃如嗟如, 无攸利, 往无咎, 小吝.

모이는 듯, 탄식하는 듯 이롭지 않고 나아가도 허물은 없으나 비난을 조금 받을 수 있다.

(모임에 함께하길 원하지만, 쉽게 받아들여지지 않는다.)

4. 大吉, 无咎. 位不當也.

크게 길해야 허물이 없다. 올바른 위치에 있지 않기 때문이다.

(불안한 자리에서 모임의 중심이 될 경우 늘 의심을 받게 된다. 이런 경우 사심 없이 충성스럽게 아주 잘해야 겨우 본전이라도 찾는다.)

5. 萃有位, 无咎, 匪孚, 元永貞, 悔亡. 志未光也.

자리가 있어서 사람이 모여든다. 허물은 없다. 믿음을 가지고 모인 것이 아니므로 크고 바른 마음을 가져야 후회가 사라진다. 뜻이 빛나지 않기 때문이다.

(비전 없이 자리만 가지고 사람을 모았지만, 이런 집단은 지도자가 자리에서 물러나기만 하면 사라진다.)

6. 齎咨涕洟, 无咎.

탄식하며 눈물 콧물을 흘린다. 허물이 없다.

(새로운 힘이 모이면서 구세력이 힘을 잃게 된다. 자신을 반성하면 허물이 없다.)

췌괘는 사람의 마음을 모으는 사람들의 이야기입니다.

흔히 쓰는 발췌라는 말은 여기서 조금, 저기서 조금 발췌해서 새로운 것을 창조하는 것을 말합니다. 췌괘 역시 조금씩 모아들여서 힘을 만드는 사람입니다. 그런데 사람 마음을 조금씩 모으는 게 생각처럼 쉽지 않습니다. 후원금으로 조직을 운영하거나 개인 생활을 해본 사람이라면 누구나 압니다. 조직의 성패는 후원금 모금의 성공과 바로 이어집니다. 모금에 실패하면 조직을 유지하기 위해 원하든 원하지 않든 이런저런 프로젝트 공모에 참가해야 하고, 그렇게 해서 얻은 성과는 원래 조직의 목적과 멀어진 전시성 결과물인 경우가 많습니다. 이런 프로젝트는 꼭 해야 할 과제가 있는데, 조직이 어려울 때 한두 번 사용하고 말아야지 프로젝트 자체가 목적이 되면 조직은 위험해집니다. 조직 자체가 프로젝트 기획 집단이 되어 민중과 멀어지게 됩니다. 프로젝트를 쓸 때와 쓰지 말아야 할 때를 구분하는 게 쉬운 일이 아닙니다.

이런 여러 과정을 거쳐서 사람 마음을 모으는 데 성공한 사람들은 대부분 사람 때문에 말할 수 없는 고통을 겪어야 합니다. 그래서 정치인들은 항상 민중 속으로 들어가지만 동시에 민중을 견제하기도 해야 합니다(澤上於地, 萃, 君子以除戎器, 戒不虞). 두 가지 마음을 동시에 써야 하므로 쉬운 일이 아닙니다. 울부짖기도 해야 하고, 어떻게 보면 정치적 쇼 같은 일도 해야 합니다.

무당이 작두 타는 게 무슨 대단한 일인가요? 작두 탄다고 쌀이 나오나요, 옷이 만들어지나요?

단순한 쇼일 뿐이지만 무당이 작두를 타면 사람들 마음이 모이고, 아픈 사람이 치유됩니다. 사람 마음을 모으는 일이 꼭 무당이 작두 타는 것과 같이 위험한 칼날 위에 서는 일입니다. 자칫 작두를 타는 중에 사심이 들어오면 발목이 잘립니다.

사람 마음을 모으는 사람은 자기중심을 가지고 변하지 않아야 하고, 진정으로 민중을 사랑해야 합니다. 엄청난 성공을 거두어도 자신이 잘한 게 아니라 많은 사람들 도움 덕분이라며 공을 미루고, 자기가 가져가선 안 됩니다(大吉, 无咎).

동학을 일으킨 수운 선생은 기도 속에서 하느님을 만났습니다. '내 마음이 곧 너의 마음이다(吾心卽汝心) 하는 하늘의 음성을 듣고 동학의 가르침을 전하기 시작했습니다. 수운 선생은 칼날 위에 선 것 같은 마음으로 민중의 마음을 모았고 엄청난 성공을 거두었지만, 그 자신은 아무것도 가져간 것이 없었습니다(大吉, 无咎). 오히려 민중을 하늘처럼 모신 그 마음 때문에 모진 고난을 겪어야 했고, 결국 사형을 당했습니다. 가족들은 뿔뿔이 흩어졌습니다.

민중의 마음을 모은 사람은 대부분 잘해야 본전이고, 고통은 당연하게 받아 안아야 합니다. 췌의 마음을 가진 사람은, 결국 자기는 없는 사람입니다.

주역 제46괘
■ 승(升) – 비약적 상승

높이 날아 멀리 가라

수운 선생께서 사도난정(邪道亂政)의 죄를 덮어쓰고
대구 감영에서 순도하시기 직전,
해월 선생께 도통을 물려준다(允升, 大吉. 上合志也).

'높이 날아 멀리 가라'라는 지령과 함께
36년 동안 이어지는 도피생활이 시작된다.
현상수배 도피자의 신분으로 해월은
보따리 하나 들고 언제든 떠나야 하는 조건에서 살아야 했기에
하늘에 제사 지낼 때 그 형식을 간략하게 할 수밖에 없었다.

'청수 모심' 제사법.

맑은 물 한 잔에 모든 정성을 담는 동학의 기도와 제사 형식은

해월 선생이 살았던 삶의 조건이었다(孚乃利用禴, 无咎. 有喜也).

스승의 순도와 함께

경주를 기반으로 한 조직이 다 무너졌지만

조선은 500년 정신적 기반이었던 유교가 의심받기 시작했고,

서학이라 불리는 기독교와 서구 자연과학이

지식인들 사이에서는 폭넓게 받아들여지고 있었다.

아편전쟁에서 중국이 패배했고,

일본은 군사대국으로 성장하고 있었고,

중국 중심의 전통적 동아시아 질서는 무너지고 있었다.

변화는 일어났는데

조선에는 변화에 대응할 정신세계가 없었다.

동학은 조선의 텅 빈 정신세계 속으로

들어왔다(升虛邑. 无所疑也).

동학의 시천주 사상은 내면의 신성을 자각하고

시천주 주문을 통해

한울님을 직접 만나는 길을 제안했다.

자기 안에 모신 신성을 자각한 사람들은 누구나

서로가 서로에게, 자연과 만물에게

사인여천(事人如天, 사람과 자연을 하늘처럼 모신다)
할 수밖에 없었다(王用亨于岐山, 吉, 无咎. 順事也).

해월 선생은 동학을 포접 조직으로 구성해서
한 발 한 발 조선 민중의 마음속으로 들어갔고,
당시 조선 인구의 3분의 1인
300만을 조직했다(貞吉, 升階. 大得志也).
사실상 조선의 정신세계를 재구성했고,
조선은 동학을 통해 비로소
근대의식인 인권 존중과 민주주의,
자치, 위생, 근대 어린이교육,
여성주의 등을 받아들일 수 있었다.

외세라는 변수가 없었으면,
동학은 자연스럽게 조선을 근대화하고
안정적으로 전제군주국가에서 입헌군주제,
혹은 공화제 국가로 전환하는 계기를 만들 수 있었다.
안타깝게도 동학은 원치 않는 청일 전쟁의 계기를 만들었고,
결국 조선이 일본 식민지로 전락하는
정치 과정의 한 부분이 되었다.

그러나 동학은 민중 속에서 민중과 함께 근대화를 이뤄
세계의 빛이 되었다.

조선에서 동학은 밝은 아침의 기운을 받은 새싹처럼
민중의 마음 하나하나를 모아 움트고 자라나
높고 큰 정신세계를 이루었다(地中生木, 升, 君子以順德, 積小以高大).

升, 元亨, 用見大人, 勿恤, 南征吉.
크게 형통한다. 대인을 보는 것이 이롭다. 걱정하지 말라. 남쪽을 정벌하는 것
이 길하다.

地中生木, 升, 君子以順德, 積小以高大.
땅속에서 나무의 싹이 움터 오르는 것처럼 승의 군자는 좋은 삶을 따라 살고, 작
은 것을 하나하나 쌓아 크고 높아진다.

—

1. 允升, 大吉. 上合志也.
진실한 마음을 믿고 오른다. 크게 길하다. 위의 뜻과 합해진다.
(높은 곳에 뜻을 두고 앞서간 사람들을 따라 더 높은 가치를 추구한다.)

2. 孚乃利用禴, 无咎. 有喜也.
진실한 믿음으로 약제사(간소한 나물로 드리는 봄제사)를 지내는 것이 이롭다.
그래도 허물이 없다. 내면의 기쁨이 있기 때문이다.

362

3. 升虛邑. 无所疑也.

텅 빈 마을로 올라간다. 의심할 것이 없기 때문이다.

4. 王用亨于岐山, 吉, 无咎. 順事也.

왕이 기산에서 제사를 지내니 길하고 허물이 없다. 순응하여 섬기기 때문이다.

5. 貞吉, 升階. 大得志也.

바름을 지켜 길하다. 계단을 오른다. 큰 뜻을 얻기 때문이다.

(한 단계, 한 단계 밟아서 최고의 자리에 오른다.)

6. 冥升, 利于不息之貞. 消不富也.

승진에만 눈이 어둡다. 쉼 없이 곧음을 이어가야 이롭다. 맹목적으로 위로 올라가고자 하면 사그라지며 풍요롭지 못하다.

오랫동안 보따리학교라는 이름의 교육운동을 했습니다. 처음 시작할 때부터 돈에서 자유롭고 마음을 일으키는 공부로 기획했기 때문에 성공과 실패를 떠나 마음을 일으키는 누군가 한 사람만 있으면 이어지는 학교입니다. 한국의 교육운동 중에서 가장 비용을 적게 쓰고, 또 원칙에 충실하면서도 유연한 방식입니다.

보따리학교의 운영 모델, 지향점 대부분을 해월 선생에게 배웠습니다. 해월 선생은 늘 보따리 하나 들고 도망을 다녔기에 별명이 '보따리선생님'이었습니다. 단순한 방식으로 근거지를 고정하지 않고 늘 이동했습니다. 함께 공부하고 기도하길 원하는 사람들이 모이면 그곳이 바로 교회가 되었고, 학교가 되었습니다.

수운 선생이 주신 '높이 날아 멀리 가라'는 권유 그대로 해월 선생은 내면의 정신세계를 높이기 위한 수련을 게을리하지 않았고, 한울님과의 직접적인 만남을 사회에 보편적으로 확산시켰습니다. 수운 선생은 자신을 이단으로 몰아붙이는 비판에 대응하기 위해 '유학의 인의예지를 지금 시대에 맞는 수심정기(修心精氣)로 바꾼 것이지 유학을 벗어나려고 하지는 않았다'라는 입장을 지켰습니다.

해월 선생은 노동자, 농민의 삶을 살았던 분이어서 그런 이단 논쟁에서 훨씬 더 자유로웠습니다. 해월 선생은 생각에서 자유로웠고, 그의 자유로운 사고는 사인여천(事人如天)으로 정리되면서 비약적으로 상승했습니다.

전통적인 제사에서는 마음과 정성이 중요합니다. 제사의 대상은 하늘님과 조상입니다. 하지만 해월 선생은 제사의 대상을 전환시켰습니다. 해월 선생의 '향아설위'(向我設位) 제사법은 벽에 있는 조상의 신위를 향해 제사를 지내는 '향벽설위'(向壁設位) 제사법과 달리 나 자신과 자녀들, 함께하는 공동체 구성원들 가운데 제사상을 놓고 둥글게 서서 드리는 제사입니다. 신과 조상을 향하던 마음과 정성이 하늘을 모시는 사람에게로 의식이 전환되고 상승합니다(孚乃利用禴, 无咎. 有喜也).

해월 선생은 달랑 보따리 하나 들고 다녔지만, 그는 큰 의지를 가졌습니다. 스승의 유지를 받들어 《동경대전》과 《용담유사》를 간행하는 것이었습니다. 해월 선생은 초인적인 노력과 의지로 《동경대전》과 《용담유사》 간행에 성공했고, 시천주 주문과 경전을 가지고 조선의 민중의식 속으로 들어 갔습니다.

조선의 농촌 마을 구석구석마다 시천주 주문을 외우며 자신의 신성을 자 각하고, 글을 모르는 여성들도 한글 《용담유사》를 노래처럼 외우며 여성 으로서 자신의 존엄성을 이해하고 삶으로 실천하기 시작합니다. 그렇게 바 닥에서 한 발 한 발 올라가며 시민들의 사회의식을 변화시킨 사례는 그렇 게 많지 않습니다(升階. 大得志也).

만약 동학이 농민혁명과 일제 탄압에 휘말려들지 않고 영성운동과 사회변 화를 위한 실천운동으로 자리를 잡았다면 어떻게 되었을까요?

일단 한국의 정신세계, 영성의식에서는 동학이 절대적인 영향력을 미치고 있을 겁니다. 오늘날 한국 기독교의 힘을 동학이 가지게 될 가능성이 높 습니다. 기독교는 자본주의적 성장의 정신적 바탕이지만, 동학은 생태주의 를 지향합니다. 어쩌면 한국이 북유럽 수준의 생태사회가 되어 있었을 가 능성도 높습니다.

해월 선생은 후천개벽의 중요한 의미 중 하나로 중국의 변화를 생각했습 니다. 중국에서도 동학은 만만하지 않은 세력을 가지면서 인간의식 진화 의 도구가 되었을 겁니다.

일본 사회는 신에 대한 의식이 열려 있습니다. 그들은 수많은 신들과 일 상을 공유합니다. 해월 선생은 '모든 만물은 그 자체 안에 한울님을 모시 고 있다'고 생각했습니다. 일본 사회가 동학을 이해하지 못할 이유가 없습 니다.

동학은 동국(조선)의 정신세계가 아니라 '동아시아학'으로 읽을 때 새롭게 보이는 것이 많습니다. '동학'이라는 거대한 성신세계를 찾아냈지만 한국인은 이런 거대한 것을 다룰 수 있는 힘이 부족합니다. 동학을 국가권력과 대항하는 데 썼다는 게 말할 수 없이 아쉽습니다. 높이 올라 멀리 갔어야 했는데, 높이 오르고도 너무 빨리 내려왔습니다(冥升, 利于不息之貞. 消不富也).

주역 제47괘

■ 곤(困) – 빈곤

피할 수 없는 가난 A와
자발적 가난 B

A.

도시에서는 숨만 쉬고 있어도 돈이 든다.

귀농이라는 걸 해서 살아봤지만

기울어진 나무 그루터기에 불편하게 앉아 있는 것 같았다.

이건 아무래도

내 길이 아니다(臀困于株木, 入于幽谷, 三歲不覿. 幽不明也).

IMF 재난이 휩쓸고 지나가던 그해는 어디 갈 곳이 없었다.

겨울 찬바람을 피하기 위해

지하철역 안에서 웅크려

잠들어야 했다(困于石, 據于蒺藜, 入于其宮, 不見其妻, 凶).

그때부터 지금까지 삶이라는 게 펴지지 않는다.

돈이 남아도는 이 세상에서, 나는 곤궁을 피할 수 없다.

B.

IMF 재난을 겪으며 나는 자본주의의 끝을 봤다.

나는 도시와 자본, 노동과 성장에 대해 회의하기 시작했다.

IMF 재난에 직접 책임이 없었던 노동자들이

정리해고, 비정규직을 받아들이며 가장 많은 책임을 졌다.

노동자들은 안정적인 고용을 생각할 수 없었다.

기업은 비정규직을 통해 해고의 자유를 얻었지만,

그들의 의무였던 고용 기회의 확대에 대한 책임은 지지 않았다.

기업은 IMF 재난에서 노동자들을 제압하는

기회를 얻었다(劓刖, 困于赤紱, 乃徐有說, 利用祭祀).

노동의 종말이었다.

나는 농촌을 도피하는 곳으로 생각하지 않았다.

깊은 성찰을 통해 생태적 인간으로 전환했고,

마을에서 미래를 구원할 길을

찾고 싶었다(困于葛藟, 于臲卼, 曰動悔有悔, 征吉. 吉行也).

가난했지만 삶의 기쁨과 평화를

잃지 않았다(困, 剛揜也. 困而不失其所亨, 其唯君子乎).

내 안에는 내가 몰랐던

선물이 있었다(澤无水, 困, 君子以致命遂志).

말랐던 연못에 다시 물이 차오르기 시작했다.

困, 亨, 貞, 大人吉, 无咎, 有言不信.

형통하다. 올바르니 대인은 길하다. 허물이 없으나 말을 해도 믿지 않는다.

困, 剛揜也. 困而不失其所亨, 其唯君子乎.

곤은 강한 것이 가리워졌다. 곤경 속에서도 평화로움을 잃어버리지 않으니 오직

군자라야 가능하다.

澤无水, 困, 君子以致命遂志.

연못에 물이 마른 것처럼 곤궁할 때라도 군자는 자기 안의 선물을 찾아내어 하

늘의 뜻을 따른다.

(힘들고 어려워도 고난을 극복할 힘을 자기 안에서 찾아내고 그 길을 따른다.)

‒

1. 臀困于株木, 入于幽谷, 三歲不覿. 幽不明也.

나무 그루터기에 불편하게 앉았다가 어두운 계곡 속으로 빠져 3년 동안 보이지

않는다. 깊은 골짜기 속이 밝지 않기 때문이다.

(곤궁한 때를 만났지만 지혜가 없고 밝은 마음이 없어 문제를 풀 수 없다. 조용한 골짜기에서 은거하듯 오랫동안 드러나지 않고 기다린다.)

2. 困于酒食, 朱紱方來, 利用享祀, 征凶, 无咎. 中有慶也.

술과 음식이 부족하나, 곧 종묘에 제사를 지내는 옷인 주불을 입은 왕이 찾아올 것이다. 제사를 지내는 것이 이롭다. 정벌은 흉하고 허물이 없다. 어렵지만 중도를 지키니 좋은 일이 생길 것이다.

(제갈량은 어렵게 살았지만 유비가 삼고초려의 예를 다해 찾아왔다. 곤궁한 가운데서도 자기를 지키면 찾아오는 사람이 있다.)

3. 困于石, 據于蒺藜, 入于其宮, 不見其妻, 凶.

위에서는 바위가 내리 누르고, 아래에서는 가시덤불에 앉은 것 같구나. 집에 돌아가도 아내를 볼 수 없다. 흉하다.

(피하고 의지할 곳이 없다.)

4. 來徐徐, 困于金車, 吝, 有終. 來徐徐, 志在下也, 雖不當位, 有與也.

머뭇거리며 오다가 쇠수레에 막혀 안타까워하나 좋은 결말이 있다. 머뭇거리면서도 아래에 뜻이 있다. 적합한 자리가 아니라도 함께하고자 하기 때문이다.

(곤경에 처한 사람을 돕고자 하나 이런저런 방해를 받고 누구를 도울 처지도 안 된다. 그래도 어려운 사람을 돕겠다는 마음이 있어 결국에는 함께할 수 있다.)

5. 劓刖, 困于赤紱, 乃徐有說, 利用祭祀.

곤궁한 상황을 극복하기 위해 코를 베고 발꿈치를 자르는 강한 형벌을 사용하지만, 종묘에 제사를 지낼 때 입는 적불을 입고 있는 어려움을 벗어나지 못한다. 그러나 서서히 기쁨이 오게 되니 종묘에 제사를 지내는 것이 이롭다.

(왕이 문제를 풀기 위해 강한 형벌을 사용하지만, 오히려 국민의 마음을 얻지 못하고 형식적인 권력만 가지고 있다. 그러나 곤궁한 상황을 이해하고 받아들이며 정성스럽게 제사 지내는 역할만이라도 제대로 하면 시간이 걸리더라도 곤궁한 상황을 벗어날 수 있다.)

6. 困于葛藟, 于臲卼, 曰動悔有悔, 征吉. 吉行也.

칡넝쿨에 얽매여 위태롭다. 움직이면 후회하게 되지만 뉘우치고 바로잡으면 길하다. 뉘우친 뒤에 행동하기 때문이다.

(칡넝쿨이 나무를 감싸 올라가듯 꼼짝할 수 없을 때 깊은 자기반성을 통해 자기를 바꾼다. 자기를 바꾸기 때문에 곤궁에서 벗어나게 된다.)

곤괘는 연못에 물이 없이 바싹 말라있는 모습에서 곤궁함을 생각했습니다 (澤无水, 困). 농경 시대의 물의 중요성을 생각하면 그 느낌이 와 닿습니다. 지금은 자본주의 시대니까 은행에 돈이 없는 상황 혹은 내 통장에 마이너스가 찍혀 가는 걸 보는 상황이라고 할 수 있습니다.

옛날 사람들의 '곤궁함'은 우리 시대에는 '빈곤'입니다. 곤괘는 곤궁하게 살던 시대의 사람들이 자기 품위를 지키기 위해 말할 수 없이 노력하는 흔적들을 여기저기서 볼 수 있습니다. 먹을 게 없어도 제사를 지내고, 형편은 안 되지만 똑같이 어려운 사람을 돕기 위해 안절부절못하기도 합니다. 칡넝쿨이 감싸듯 꼼짝할 수 없을 때에도 하늘을 원망하거나 다른 사람에게 책임을 떠넘기지 않고 자기반성을 통해 기회를 만들어갑니다.

가난하고 곤궁해도 품위를 잃지 않으면 삶에는 언제나 새로운 기회가 옵니다.

빈곤과 곤궁의 차이는 품위와 관련이 있습니다. 품위를 잃으면 빈곤의 나락에 빠져 좀처럼 헤어나지 못합니다. 노숙자들을 위한 잡지인 《빅 이슈》는 단지 노숙자들에게 돈을 벌 수 있는 기회를 주는 것 이상의 많은 의미를 담고 있습니다. 노숙자들은 《빅 이슈》를 자신들을 위한, 자신들의 잡지라고 생각합니다.

곤괘에서 빠져나올 수 없는 상황이 세 번째 이야기입니다.

'위에서 내리누르고, 아래는 가시덤불에 앉은 것 같구나, 집에 돌아가도 아내를 볼 수 없다. 흉하다(困于石, 據于蒺藜, 入于其宮, 不見其妻, 凶).

대부분의 노숙자들은 아래, 위 어디 한 곳 피할 데가 없어진 사람들입니다. 《빅 이슈》는 노숙자들이 최소한 가시방석에 앉지는 않게 해주는 장치입니다. 구걸에서 벗어나는 것만 해도 앉아 있는 게 훨씬 낫습니다. 길이 열리는 거죠.

한국의 IMF 금융재난은 국가 전체가 곤괘 속으로 들어간 것과 같은 상황이었습니다.

저는 IMF 재난 1년 전에 농촌으로 갔습니다. 물론 여러 해 동안 준비했기에 가능한 결과였지만, 도시생활을 접고 농촌으로 갈 때는 공황이 온다고 생각했습니다. 기업에서 일하면서 일정 정도의 성장이 꾸준히 되지 않으면 기업 조직을 유지하는 것이 쉽지 않다는 것을 알게 되었습니다.

그런데 지난해, 할 수 있는 힘을 다했는데 올해 성장 목표는 다시 더 높아집니다. 기업의 관리자들은 늘 높은 목표를 정해서 부하직원들을 다그치지만, 실제로 해보면 늘 안 되는 일이었습니다. 저는 부엌가구 만드는 회사에서 일했는데, 직원 교육에서 주방가구를 6개월 만에 바꾸도록 하는 영업전략을 기획하기도 했습니다. 제가 가진 관념으로는 이해가 잘 되지 않았습니다.

그런 일들을 겪으며 자본주의는 일정 단계에서 공황을 겪을 수밖에 없다는 것을 몸으로 느꼈습니다. 지금은 어느 시점이 되면 공황이 온다는 예측을 통해 변화를 준비하는 게 아닙니다. 아예 일상적인 공황 상태입니다. 다만 과거에 모아두었던 것과 기술의 진보 덕분에 비용을 적게 들이고 높은 효율을 올리는 것이 가능하기 때문에 고통이 적은 것뿐입니다.

예를 들어 과거에는 신문을 사서 봐야 정보를 알 수 있었지만 지금은 인터넷으로 큰 비용 없이 정보를 얻을 수 있습니다. 만약 인터넷도 없이 지금의 상태였다면 대부분의 사람들은 견딜 수 없는 고통을 겪고 있을 것입니다.

사실은 이게 딜레마입니다. 공황인데 공황의 고통은 없는 상태.

인간은 고통 속에서 자기를 알게 되고, 자기 삶의 길을 찾게 됩니다(澤无水, 困, 君子以致命遂志). 곤은 더 이상 떨어질 곳이 없는 바닥 상태에서 자기 길을 찾는데, 삶은 나락으로 떨어졌지만 고통이 없으니 그 상태가 계속 이어지게 됩니다. 인류가 수천 년 동안 상상하고 겪은 곤궁 중에서 가장 진화한 곤궁입니다. 이런 곤궁은 어떻게 벗어날 수 있을까요?

■ 정(井) – 마을 공동체의 중심, 우물

오래된 우물에는 새들도
날아오지 않았다

우물물은 먹을 수가 없었다.

마을은 폐허나 마찬가지였고,

오래된 우물에는 새들도

날아오지 않았다(井泥不食, 舊井无禽. 時舍也).

나무와 물, 숲이 사라진 곳에 사는 사람들은

마음도 황폐하고 거칠었다.

자살이 전염병처럼 번지고 사람들은 미쳐가고 있었다.

말없이 매일 매일 100개의 도토리를 심었다.

나무가 없어 땅이 죽어가고 사람들이 미쳐갔기에

나무를 심어야 했다.

40년 동안 나무를 심었다(木上有水, 井, 君子以勞民勸相).

우물가에 다시 사람들이 모여들었다(井洌, 寒泉食).

井, 改邑不改井, 无喪无得, 往來井井, 汔至亦未繘井, 羸其瓶, 凶.

마을은 바뀌어도 우물은 바뀌지 않는다. 우물은 줄어들어 잃는 것도 없고, 더

해서 늘어나는 것도 없다. 오가는 사람 누구나 우물물을 길어 먹을 수 있다. 두

레박으로 우물물을 길어 올려 거의 다다랐는데, 줄이 모자라고 두레박이 깨져

버렸다. 흉하다.

(우물물은 아무리 써도 줄거나 늘어나지 않는다. 우물물은 무한하지만, 우물물

을 길어 먹으려면 두레박이 필요하다. 두레박으로 우물물을 길어 먹으려면 처음

부터 끝까지 잘해야 한다. 끝에 마음이 바뀌면 흉하다.)

木上有水, 井, 君子以勞民勸相.

두레박으로 물을 길어 올리듯이, 정괘의 군자는 시민들이 서로 협력해서 부지런

히 노력할 것을 권한다.

(힘을 함쳐 물을 길어 올리자.)

—

1. 井泥不食, 舊井无禽. 時舍也.

우물이 흐려서 먹을 수 없다. 옛 우물에는 새도 오지 않는다. 시대의 버림을 받았기 때문이다.

(우물이 흐려서 버려지듯이 아무도 찾지 않고 버려진 삶.)

2. 井谷射鮒, 甕敝漏. 无與也.

우물 바닥 웅덩이에서 작은 고기를 잡는다. 옹기 두레박이 깨져 물이 샌다. 아무도 함께하지 않기 때문이다.

3. 井渫不食, 爲我心惻, 可用汲, 王明並受其福.

우물을 청소했으나 사람들이 와서 마시지 않으니 내 마음이 안타깝다. 함께 물을 길어먹을 수 있게 만들 정도로 왕이 현명하면 그 복을 여러 사람이 함께 받을 수 있다.

(우물을 쳐서 깨끗해졌다. 이제 현명한 지도자가 나와서 두레박을 새로 하나 달면 다 같이 먹을 수 있지만, 아무도 하는 사람이 없어 안타깝다.)

4. 井甃, 无咎. 脩井也.

우물 벽을 벽돌로 쌓으니 허물이 없다. 우물을 잘 수리하고 관리하기 때문이다.

5. 井冽, 寒泉食.

우물에서 맑고 찬 샘물이 나와서 먹을 수 있다.

6. 井收, 勿幕, 有孚, 元吉. 元吉在上, 大成也.

우물을 누구나 길어가도록 덮어두지 말라. 믿음이 있어 크게 길하다. 위로 올라

가 크게 완성했기 때문이다.

(아무리 써도 마르지 않는 샘이 되어 누구나 먹을 수 있게 되었다. 삶을 통해 인

격을 완성했다.)

주역 정괘의 이야기 구조는 장 지오노의 소설 《나무를 심은 사람》과 동
일합니다.

우물을 상징으로 사용한 정괘에는 버려진 우물처럼 버려진 마을이 등장
합니다. 우물을 청소하고 다시 물을 길어 먹는 과정은 마을이 살아나고,
마을을 살려낸 마을 활동가가 그 일을 통해 자신의 인격을 완성해가는 이
야기입니다.

소설 《나무를 심은 사람》 속 황폐해진 마을에서는 한 노인이 꾸준히 나무
를 심어 숲을 회복하고 사람들의 마음을 치유하여 마을을 회복합니다. 노
인은 그 과정을 통해 성자의 모습을 가지게 됩니다.

전국에서 마을을 회복하기 위한 다양한 운동이 일어나고 있습니다. 성공
한 마을운동의 공통점은 '샘물 같은 사람'이 있는가 없는가 하는 것입니다.
그런 사람이 있으면 성공하고, 없으면 오래가지 못합니다. 나무를 심는 사
람, 부피에 노인은 말없이 자신의 일을 해서 말년에는 결국 말을 잃고 말았
습니다. 그러나 샘물의 역할을 하는 사람들은 대부분 '수다쟁이'들입니다.
그들의 말이 사람을 불러모으고 마을에 활력을 일으킵니다.

377

2003년부터 지금까지 죽곡 남양마을에서 살고 있습니다. 10여 년이 지나고 보니 들어오는 사람은 거의 없고, 매년 마을 어른들이 한두 분씩 돌아가셨습니다. 그중에서 제일 아쉬운 분이 마을회관 집에 사셨던 어머님입니다. 도시에서 살다 나이 들고 병들어 고향마을로 돌아오셨는데, 성격이 밝고 이야기하는 걸 좋아하는 분이었습니다. 수다쟁이 어머니인데다 마을회관 옆집이어서 마을의 모든 이야기를 알고 있었습니다. 거기다 부녀회장 역까지 맡은 여성들의 지도자였습니다.

부녀회장님은 그렇게 알게 된 이야기를 마을에 골고루 잘 퍼뜨려서 누구나 서로서로 사정을 알게 했습니다. 잘못한 일은 비난받고 잘한 일은 격려하고 어렵고 힘든 사정도 서로 알 수 있게 했습니다. 이사 온 지 얼마 안 된 우리 가족도 회관 어머니의 도움으로 마을에서 쉽게 받아들여지고 마을 구성원이 될 수 있었습니다.

오래된 마을에는 누구나 이런 분이 한 분씩 있었습니다. 이런 분이 나이 들어 돌아가시면 또 누군가 한 분이 그 역할을 맡기 시작합니다. 누가 하라마라 말하지 않아도 수다쟁이 역할이 필요하기 때문에 저절로 생겨납니다. 그러나 이제는, 그런 일이 쉽게 되지 않습니다.

본래 수다쟁이 역할을 하는 게 쉬운 일이 아닙니다. 수다쟁이는 일종의 마을 치유자입니다. 사람들 이야기를 들어주는 걸 즐기고, 기쁨과 슬픔의 감정적 긴장을 버틸 힘이 필요합니다. 하지만 이제 농촌 어머니들은 대부분 70세가 넘었고, 그분들은 그런 긴장을 버틸 힘이 없습니다. 거기다 나이가 들면서 수다 떠는 것도 재미가 없어지게 됩니다. 이미 알 것 다 아는 사람들끼리 더 주고받고 할 말도 없어집니다.

마을의 샘물 같은 분들, 물 한 모금 얻어먹고 갈 수 있는 그런 분들이 죽거
나 떠나고 나면 마을은 힘을 잃습니다. 새로운 사람들이 그 자리를 대신하
지 않으면 마을은 아기 울음소리 없는 정도가 아니라 서로 말도 나누지 않
게 됩니다(井, 改邑不改井, 无喪无得, 往來井井, 汔至亦未繘井, 羸其瓶, 凶).

■ 혁(革) – 혁명

깊은 바다 속에서 마음의 불길을 만나자

거센 바람이 불어오는 동아시아의 바다 위에는
파도가 거칠고
바람과 파도는 떠다니는 것들을 다 집어삼킬 것 같았다.

깊은 바다 속으로 들어가자(澤中有火, 革)
그곳에는 풍랑도 없고
아름다운 생명들이 평화롭게 살아가고 있었다.

무엇보다 따뜻한 불길 속에

얼어붙은 마음을 녹일 수 있었다(革, 己日乃孚, 元亨, 利貞, 悔亡).

오랜 고통과 인내의 시간을 견디고,

내 안의 따뜻함으로 세상을 품어낸 그날이

오면(鞏用黃牛之革. 不可以有爲也. / 己日乃革之, 征吉, 无咎. 行有嘉也).

그도 변했고, 나도

변했다(大人虎變, 未占有孚. 其文炳也. / 君子豹變, 小人革面, 征凶, 居貞吉).

우리의 뜨거운 눈물이 파도를 잠재우고

드넓은 평화의 바다가

펼쳐졌다(天地革而四時成, 湯武革命, 順乎天而應乎人, 革之時大矣哉).

동아시아의 슬픈 역사는 치유되고

새로운 태양이 바다 속에서

떠올랐다(澤中有火, 革, 君子以治歷明時).

革, 己日乃孚, 元亨, 利貞, 悔亡.

기일(己日), 혁명의 그날이 오면 믿음이 있어 크게 형통한다. 바름을 지켜 후회

가 사라진다.

(혁명이 성공하는 그날이 오면.)

革, 水火相息, 二女同居, 其志不相得.

물과 불이 서로 숨 쉬듯이 두 여자가 같이 살지만 그 뜻이 같지는 않다.

天地革而四時成, 湯武革命, 順乎天而應乎人, 革之時大矣哉.

하늘과 땅이 변화해서 사계절을 만들듯, 탕왕과 무왕이 하늘과 백성에 순응해서

혁명을 일으키듯, 혁명은 그때가 가장 중요하구나!

澤中有火, 革, 君子以治歷明時.

연못 속에서 불길이 타오르듯 혁의 군자는 (자기 안에서 타오르는 불길로) 역사

를 치유하고 새 시대를 밝힌다.

(밖으로 드러나지는 않지만 세상을 밝히고 따뜻하게 품어 안는 마음의 불길.)

─

1. 鞏用黃牛之革. 不可以有爲也.

황소 가죽으로 단단히 묶는다. 사람 힘으로 할 수 있는 게 아니기 때문이다.

(혁명의 마음을 가진 사람들은 경솔하게 행동해선 안 된다.)

2. 己日乃革之, 征吉, 无咎. 行有佳也.

혁명의 그날, 나아가 정벌하면 길하고 허물이 없다. 아름다운 일이기 때문이다.

3. 征凶, 貞厲, 革言三就, 有孚.

더 나가는 것은 흉하다. 곧음으로 위험에 대비해야 한다. 혁명을 요청하는 말이

세 번 있으면 믿음이 있다.

(혁명이 성공한 뒤에 더 조심해야 한다. 일정 선에서 멈추고 대부분의 사람들이

동의하는 일을 우선으로 혁명사업을 시작해야 한다.)

4. 悔亡, 有孚改命, 吉. 信志也.

뉘우침이 사라지고 믿음을 얻어 천명을 바꾸니 길하다. 그 뜻을 사람들이 신뢰

하기 때문이다.

(헌법을 개정하거나 국가 구조를 바꿀 수 있다.)

5. 大人虎變, 未占有孚. 其文炳也.

대인은 호랑이처럼 변한다. 점을 칠 필요 없이 믿음이 있다. 그 무늬가 변하여 빛

나기 때문이다.

(훌륭한 지도자는 호랑이가 털갈이를 해서 윤이 나듯이 자기 자신과 사회를 맑고

밝게, 아름답게 변화시킨다.)

6. 君子豹變, 小人革面, 征凶, 居貞吉.

군자는 표범처럼 변하고, 소인도 얼굴빛을 바꾼다. 정벌은 흉하고 가만히 있으

면 길하다.

君子豹變, 其文蔚也, 小人革面, 順以從君也.

군자가 표범처럼 바뀌는 것은 그 무늬가 아름다워지는 것이고, 소인조차도 얼굴

빛을 바꾸어 군자에게 순종하고 따른다.

(대부분의 지식인들은 삶이 변하고 의식이 진화한다. 평범한 사람들조차 의식혁

명의 길에 동참한다.)

어떤 시대든, 청년들은 자기 시대를 변화시킬 혁명과제를 가지게 됩니

다. 1960년대와 1970년대 청년들은 근대화(산업화)라는 혁명과제를 안

았습니다.

한국의 근대화 세대는 동시대 지구의 어떤 인류보다 자신의 과제를 성공적으로 성취하고 기적을 이루었습니다. 혁명이 일어나면 삶이 변화하듯이 그들은 산업사회의 인간으로 재탄생했습니다.

1980년대와 1990년대 한국의 청년들은 근대화가 불러온 획일적인 규율과 통제, 독재와 억압을 넘어 누구나 자유롭고 평등한 사회를 만드는 것이 혁명과제였습니다. 지난 30년간 한국의 민주화 세대 또한 세계사에 기록될 찬란한 성공을 거두었습니다. 한국의 민주주의 성장 과정은 독재를 한 번도 제대로 극복해보지 못한 제3세계 청년들에게는 꿈의 실현이었습니다.

2000년대 초반 청년들의 혁명과제는 뭘까요?

1차적으로는 인터넷혁명입니다. 인터넷은 단순한 기술의 진보가 아닙니다. 청년 세대는 인터넷 네트워킹을 전 세계에 까는 데 성공했습니다. 이제 시간과 공간의 제약 없이 거의 제로에 가까운 극히 적은 비용으로 세계는 이어졌습니다. 인터넷혁명은 인류가 경험한 모든 혁명적 성취 중에서도 상당히 높은 위치에 자리 잡을 수 있을 겁니다.

신석기 농업혁명, 문명 발상지에서 시작된 문자혁명, 4대 종교가 일으킨 영성혁명, 근대 자유주의 시민혁명과 사회주의혁명에 비교될 수 있는 생활과 의식의 변화입니다.

앞으로 인류가 통과해야 할 중요한 혁명 중 하나는 국가와 민족, 종교, 계급, 인종 등에 갇혀 적대감과 차별을 조장하는 낮은 단계의 집단의식을 넘어서는 일입니다. '의식혁명'이라고 말해도 될 겁니다. 인터넷혁명은 의식혁명 이전 단계의 기능으로, 의식혁명에 이르는 도구 중 하나가 될 것입니다. 의식혁명은 여러 단계를 거치게 될 텐데, 그중 하나가 적대적인 역사 경험을 가진 국가와 민족, 계급이 서로를 용서하고 각자의 속에 가지고 있는 깊은 사랑의 불씨를 찾아내는 일입니다.

혁괘는 바다 속에서 타오르는 불길을 상징으로 씁니다(澤中有火, 革). 바다 위에서 아무리 풍랑이 몰아쳐도 깊은 바다 속은 평화롭고 서로 이어져 있습니다. 이 깊은 바다 속의 평화와 따뜻한 마음까지 가서 닿을 수 있으면, 우리 삶을 지배하는 거친 풍랑과 파도를 잠재울 수 있습니다. 혁괘는 그것을 '연못 속에 불이 있는 것처럼, 군자는 자기 안에서 타오르는 불길로 역사를 치유하고 새 시대를 밝힌다(澤中有火, 革, 君子以治歷明時)'라고 말합니다. 혁명이 단순히 권력을 장악하는 파워게임이 아니라는 이야기입니다. 우리 시대의 청년들이 동아시아의 슬픈 역사를 치유하고 새 시대를 밝히는 혁명을 가슴에 품길 기원합니다.

▪ 정(鼎) – 혁명 후의 안정

인민을 위해 봉사하다

1949년 10월, 중화인민공화국이 건설되었다. 새로운 중국은 빈곤과 낙후, 황무지, 전쟁의 상처, 빈사 직전의 경제를 물려받았다. 상처투성이의 땅에서 새로운 나라를 일으켜 세워야 했다. 게다가 혁명전쟁은 아직 끝나지 않았다. 중국 안에는 국민당 잔여 부대 200만이 저항하고 있었고, 토지개혁에 반대하는 자본가·지주 계급의 반발도 만만치 않았다.

무엇보다 힘든 것은 인플레이션이었다. 국민당 잔존 세력과 자본가들은 공산당 정부를 압박하기 위해 중요 생필품에 대한 투기를 일삼아 인플레이션을 조장했다.

신중국의 초대 총리인 저우언라이(周恩來)는 신중하게 문제 하나하나를 풀어가기 시작했다.

그는 구시대의 잔재를 제거하며 혁명의 이상을 실현했지만, 동시에 무엇을 보호해야 할지도 알았다(鼎顚趾, 利出否, 得妾以其子, 无咎. 鼎顚趾, 未悖也, 利出否, 以從貴也). 농민의 삶을 보호하기 위해 사회주의 집단생산뿐만 아니라 개별 농가의 독자적인 경영도 보장했다. 중국의 사회주의는 시작 단계에서부터 교조적인 공산주의 원칙만 따르지 않았다. 중국의 현실이 워낙 열악했기에 지나친 원칙론과 급진적인 혁명정책이 실현될 여지가 많지 않았다.

저우언라이 총리의 정치적 판단과 경제계획이 자리를 잡으며 중국은 조금씩 안정을 찾아가기 시작했다. 이런 안정 속에서 두 번의 재앙이 덮쳐왔다. 둘 다 인재였다.

첫 번째는 '대약진운동'.

마오쩌둥(毛澤東) 주석은 사회주의 건설 속도에 만족할 수가 없었다. 그리하여 1957년, 대약진운동이라는 이름으로 집중적인 중공업 생산량 증가 정책이 실행되었다. 현실성 없는 계획과 보고자료가 난무했고, 국가경제는 파탄 나고, 농업 생산량이 급감했다. 현실을 고려하지 않은 이상적인 목표 설정이 얼마나 무모하고 참담한 결과를 초래하는지 지켜본 첫 번째 경험이었다(鼎耳革, 其行塞, 雉膏不食, 方雨虧悔, 終吉. 鼎耳革, 失其義也).

대약진운동의 상처가 치유되어가던 1966년, 두 번째 재앙이 몰려왔다.

저우언라이 총리는 중국 사회주의의 성공적인 건설을 위해 가능한 한 모든 세력의 힘을 모아야 한다고 생각했고, 현실 문제를 놓치지 않아야 한다고 생각했다. 하지만 이 생각은 언제든 공격받을 수 있는 약점이 있었다. 무엇보다 마오쩌둥 주석이 이 생각에 완전히 동의하지 않았다. 사회가 일정 정도의 혁신을 꾸준히 하지 않으면 구시대 의식이 다시 살아나 혁명의 본질을 침해한다고 생각했던 것이다.

신중국 건국 17년이 지나면서 혁명세력의 기득권 현상도 나타나기 시작했다. 마오쩌둥의 이런 생각은 공산당 내부의 권력투쟁에 이용되었다. 장칭과 4인방은 마오쩌둥 이후의 권력 장악을 위해 모략을 짜기 시작했다. 마오쩌둥은 그들의 모략에 휩쓸려 들어갔고, 사회 전체가 광기에 휩싸이기 시작했다.

마오쩌둥의 친위세력인 홍위병은 '자본주의와 구시대 잔재(비림비공)로부터 혁명을 지킨다'는 명분으로 사회를 파괴하기 시작했다(鼎折足, 覆公餗, 其形渥, 凶. 信如何也). 장칭과 4인방은 이들을 뒤에서 조종했다. 대중 동원형 권력투쟁이었다.

10년을 이어간 문화대혁명 기간 동안 4인방과 저우언라이 총리의 권력투쟁은 숙청되었던 혁명 1세대와 지식인들이 복권되어 명예가 회복되고, 덩샤오핑이 국가 지도자가 되면서 마무리되었다.

중국 인민들이 진흙탕 싸움 같은 권력투쟁을 끝까지 지켜볼 수 있었던 것은 저우언라이 총리가 있었기 때문이었다. 만약 저우언라이마저 실각했다면 중국은 심각한 분열에 빠질 가능성도 있었다. 국민들은 저우언라이가 있는 한 기다릴 수 있었고, 그가 이 문제를 풀 힘을 가졌다는 것도 알고 있었다(鼎黃耳金鉉, 利貞. 中以爲實也).

1949년 중화인민공화국 설립부터 1976년 죽음을 맞을 때까지 저우언라이
는 27년 동안 중국의 총리였다. 그는 멸사봉공(滅私奉公)이라는 원칙을 끝
까지 지켰다. 그는 자신의 아이도 갖지 않았고, 자신을 위해 어떤 것도 남
기지 않았다.

그는 혁명가이면서 동시에 수행자였다. 중국의 오랜 수행자 모델인 '군자(君
子)'는 인민 속에서 인민의 삶과 함께하며 자기를 변화시키고 의식을 성장
시키는 수행법을 실천한다(鼎玉鉉, 大吉, 无不利. 玉鉉在上, 剛柔節也). 4인
방이 문화대혁명 과정에서 모질게 공자를 공격한 이유도 실제는 '저우언라
이'를 공격한 것이었다. 인민들은 저우언라이에게서 다시 살아난 공자를 보
고 있었기 때문이었다.

저우언라이는 마오쩌둥에게서 민중과 호흡하고 하나 되는 힘을 본 이후 마
오쩌둥을 넘어서겠다는 생각을 단 한 번도 하지 않았다. 그는 영원한 2인
자였지만, 마오쩌둥을 모신 것이 아니라 마오쩌둥이 상징하는 인민을 모시
는 데 평생을 바친 것이다.

그의 가슴에는 '인민을 위해 봉사한다'는 휘장이 늘 달려 있었다.

그리고 그는 실제 그 삶을 살았고, 그의 염원대로 중국은 안정된 국가가 되
었다(木上有火, 鼎, 君子以正位凝命).

鼎, 元吉, 亨.

크게 길하며 형통한다.

鼎, 象也. 以木巽火, 亨飪也. 聖人亨以享上帝, 而大亨以養聖賢.

세 발 달린 솥인 정(鼎)은 국가의 상징물이다. 나무에 불을 붙여 솥으로 국을 끓인다. 성인은 이 음식으로 하늘에 제사를 드리니 형통한다. 하늘에 제사 드리는 정성스런 마음으로 공동체의 훌륭한 지도자를 길러내니 크게 형통하다.

木上有火, 鼎, 君子以正位凝命.

쌓아둔 나무 위에 불을 붙여 음식을 요리하고 나누어 먹듯이, 정(鼎)의 군자는 자리를 바르게 하고 하늘의 선물을 나눈다.

—

1. 鼎顚趾, 利出否, 得妾以其子, 无咎.

솥을 뒤집어 좋지 않은 것을 쏟아버리니 이롭다. 첩을 얻어 아들을 얻으나 허물이 없다.

鼎顚趾, 未悖也, 利出否, 以從貴也.

솥을 엎었지만 패역, 패륜의 행동은 아니다. 부정적인 것을 쏟아내고 귀하고 좋은 것을 따라가길 원하기 때문이다.

(상한 음식이 솥 안에 들어있어 엎어버리는 건 잘못한 일이 아니다. 혁명 이후, 기존 인력 풀에서 쓸 만한 사람이 없고 부패에 연루되었다면 새로운 사람을 찾아내야 한다.)

2. 鼎有實, 我仇有疾, 不我能卽, 吉.

솥이 가득 차 있으나 내 짝이 나와 함께하지 못함을 원망한다. 그러나 길하다.

鼎有實, 愼所之也, 我仇有疾, 終无尤也.

솥에 음식이 많더라도 신중해야 한다. 내 짝이 원망하더라도 결국 우려할 일이 없어진다.

(혁명 이후 국가재정이 회복되고 안정되었지만, 설사 그가 나의 친구라도 과거의 부패세력과 연루되었다면 함께해서는 안 된다. 이것은 인민을 위한 것이다.)

3. 鼎耳革, 其行塞, 雉膏不食, 方雨虧悔, 終吉.

솥에 귀가 떨어져 나가니 옮기기가 어려워 꿩고기를 먹지 못한다. 때맞게 비가 내려 안타까움이 줄어든다. 결국 길하다.

鼎耳革, 失其義也.

솥의 귀가 떨어진 것은 혁명의 본질적 의미를 잃어버렸기 때문이다.

(혁명은 단순히 권력을 얻는 것이 아니다. 혁명의 본질을 이해하지 못해 자기 능력을 적재적소에 쓸 수 없었다. 그러나 비를 맞아 정신을 차리고 이성을 회복하면 솥 안에 가득한 꿩고기를 나누어 먹듯이 자기 역할을 제대로 할 수 있다.)

4. 鼎折足, 覆公餗, 其形渥, 凶. 信如何也.

솥 다리가 부러져 함께 먹을 음식이 쏟아졌다. 그 꼴이 흉하다. 이런 사람을 누가 믿을 수 있겠는가.

(실력 없는 사람이 높은 지위에서 혁명 이후의 혼란기를 수습하다 실패한다.)

5. 鼎黃耳金鉉, 利貞. 中以爲實也.

솥에 노란색 귀를 달고 쇠고리로 옮길 수 있으니, 바름을 지키면 이롭다. 노란색은 중도를 지켜 지나치지 않으며 내실 있는 삶과 정책을 상징한다.

6. 鼎玉鉉, 大吉, 无不利. 玉鉉在上, 剛柔節也.

옥으로 장식한 고리를 쓰니 크게 길하며 불리할 것이 없다. 높이 들 수 있는 옥고

리는 강함과 부드러움을 조절한다는 의미이다.

북한의 사회주의는 세습군주제가 되었는데, 중국의 사회주의는 중국 현실
에 맞는 동시에 미래 지향적인 사회 모델이 되었습니다. 그 차이는 무엇 때
문일까요?

동아시아는 오랫동안 군주에 의한 전제정치를 경험했기 때문에 민주공화
제를 받아들이는 게 쉽지 않습니다. 즉 북한의 세습군주제 사회주의는 전
근대적이라기보다는 동아시아에서 당연히 나올 수 있는 사회 모델이라 할
수 있습니다. 그만큼 사회를 바꾸는 게 쉽지 않습니다.

오히려 지금 동아시아 여러 국가의 현실을 보면 중국이 예외적입니다. 일
본, 한국 모두 일정 정도 세습제를 가지고 있을 뿐만 아니라 국민들 역시
세습에 대한 거부감이 약하고 오히려 지지하는 경우도 많습니다.

중국이 현재 누리고 있는 사회 모델을 설계하고 지켜낸 사람은 저우언라
이 총리입니다. 문화대혁명을 기획한 장칭과 4인방 역시 외형적으로는 '중
국의 사회주의 혁명정신을 지키고 구시대적 잔재를 척결한다'는 명분을 내
걸었지만, 실제 내면은 혁명 1세대를 제거하고 마오쩌둥을 신격화하여 세
습제로 복귀하려는 시도였습니다. 실제로 마오쩌둥에 대한 신격화는 지금
도 중국에서는 일정한 힘을 가지고 있습니다. 동아시아에서 전제군주 권
력과 신격화를 제거하는 게 쉬운 일이 아니라는 증거입니다. 문화대혁명을

기획한 4인방은 인민 속에 있는 그 마음을 읽고 이용하고자 한 것입니다. 저우언라이 총리가 없었다면 지금의 중국도 북한과 큰 차이가 없는 국가가 되었을 수도 있습니다.

북한은 동아시아인의 무의식 일부가 실제 권력으로 자리 잡은 경우이고, 중국은 권력의 신격화라는 무의식을 극복하고 미래지향적인 인민주권공화제 의식이 자리 잡아 가는 중이라고 보면 됩니다. 공화제와 군주제는 앞으로도 동아시아에서 상당히 오랜 기간 서로 자리를 맞바꾸며 우리 삶을 괴롭힐 겁니다.

주역의 정괘(鼎卦)는 혁괘(革卦)와 한 짝입니다. 혁명 뒤의 안정이라는 과제에 대한 이야기입니다(鼎, 元吉, 亨). 인류 역사 전체를 통틀어봐도 중국혁명 이후의 저우언라이 총리보다 정괘에 잘 어울리는 사람을 찾기는 쉽지 않습니다. 현대 중국은 사실상 저우언라이의 기획입니다.

마오쩌둥이 주도한 1957년의 대약진운동, 장칭과 4인방이 주도한 1966년 문화대혁명은 중국 인민들에게는 재앙이나 마찬가지였습니다. 저우언라이 총리는 인간과 집단에 이런 광기가 있다는 것을 알고 있었고, 그런 광기 속에서 자신을 어떻게 다뤄야 하는지도 알고 있었습니다. 그래서 그는 광기에 저항하는 길이 아니라 이 광기의 흐름을 바꾸는 길을 찾아내고자 했습니다.

만약 그가 이 광기에 저항하는 길을 택했다면 광기는 그를 집어삼키고 더 길길이 날뛰었을 겁니다. 하지만 저우언라이는 지혜로웠고, 국가의 분열을 극복하면서 하나하나 흐름을 다시 잡아내고 회복시켰습니다.

정(鼎)은 발이 세 개 달린 큰 솥입니다. 중국에서는 새로운 왕조가 탄생하면 정(鼎)을 새로 만들었습니다. 이 솥에 음식을 끓여 하늘에 제사 지내고 함께한 사람들이 음식을 나누며 관계를 돈독히 하는 것이 중요한 국가의 례였습니다. 정괘의 음식을 나눈다는 상징은 새로운 국가가 인민의 생활을 보호하고 사회적 안정을 이루기를 바라는 마음입니다. 또한 이러한 안정은 현명하고 지혜로운 사람, 성자의 마음을 가진 사람들이 이루게 될 것이라는 염원을 담고 있습니다.

저우언라이 총리는 정괘의 내용 그대로 인민의 삶을 보호했고, 스스로도 성자에 비견될 만한 삶을 살면서 중국을 이끌 미래 지도자들을 권력의 광기로부터 보호하고 훈련시켰습니다(鼎, 象也. 以木巽火, 亨飪也. 聖人亨以享上帝, 而大亨以養聖賢).

주역 제51괘

■ 진(震) – 흔들리며 자란다

흔들리며 자라는 아이들을
바라보는 마음

흔들리지 않고 자라는 아이들이 어디 있으랴.

아이들의 마음속에는

두려움과 깔깔거리며 웃는 즐거움이 함께 있다.

아이들은 그 거리만큼 흔들린다(震來虩虩, 笑言啞啞).

아이들 하는 짓을 보면

이게 앤가 할 때도 있지만,

자기 길을 알아서 찾아간다(震驚百里, 不喪匕鬯).

아이들이 정말 많이 흔들릴 때는

아이 몸 하나 건사하는 것으로

만족해야 한다(震來厲, 億喪貝, 躋于九陵, 勿逐).

무슨 짓을 하건 죽지 않은 것만으로 고마워해야 할 때가 있다.

흔들릴 대로 흔들리고 나면 자기 흐름을 찾는다(震行無眚).

반항으로 저지른 일 때문에

사랑하는 사람들, 가족과 친구들이 고통을 겪는 걸 보면서

이렇게 살아선 안 되지

바뀌기도 한다(震索索, 視矍矍, 震不于其躬, 于其鄰).

흔들린다고 해서 잃는 건 없다.

아이에게는 경험이고

성장의 기회이다("震往來厲", 危行也, 其事在中, 大无喪也).

다만 흔들리며 자라는 아이들을 바라봐야 하는

교사와 부모들이 안쓰럽다.

교육 불가능 시대, 교사와 부모는

천형(天刑)이다(洊雷, 震, 君子以恐懼脩省).

震, 亨. 震來虩虩, 笑言啞啞, 震驚百里, 不喪匕鬯.

형통하다. 벼락소리에 놀라고, 벼락이 친 뒤에 웃음꽃이 핀다. 벼락이 백리까지

놀라게 한다. 제사 지내는 술 비창을 흘리지 않는다.

(두려움으로 긴장하지만, 그 두려움으로 인해 활력이 생기기도 한다. 긴장

과 두려움 속에서도 종묘에 제사를 지내듯 흔들림 없이 정성스런 마음을 이어간다.)

震來虩虩, 恐致福也, 笑言啞啞, 後有則也.

벼락소리에 두려워 떨지만, 그 두려움이 복이 된다. 웃음꽃이 피는 것은 뒤에 규칙이 생기기 때문이다.

(두렵고 흔들리기도 하지만, 전체를 위한 규율이 잡혀 공동체의 힘이 생긴다.)

洊雷, 震, 君子以恐懼脩省.

계속해서 벼락이 치는 것을 보며, 진의 군자는 두려워하면서도 몸과 마음을 갈고 닦으며 반성한다.

—

1. 震來虩虩, 後笑言啞啞, 吉.

벼락소리에 두려워 떨지만 지나고 나면 웃음꽃이 핀다. 길하다.

2. 震來, 厲, 億喪貝, 躋于九陵, 勿逐, 七日得.

지진이 오니 위태롭다. 많은 재물을 잃게 된다. 쫓아가지 말고 높은 산으로 피하라. 7일이 지나면 다시 얻는다.

(재산 피해가 많은 재난을 겪게 된다. 목숨만 건져도 다행이다. 잃은 것들은 다시 회복할 수 있다.)

3. 震蘇蘇, 震行无眚.

지진에서 멀리 벗어난다. 빨리 벗어나니 재앙이 없다.

4. 震遂泥. 未光也.

벼락 치는 소리에 놀라 진흙에 빠진다. 밝지 않기 때문이다.

5. 震往來, 厲, 億无喪, 有事.

벼락이 쳐서 오고감이 위태롭지만, 잘 헤아려서 잃는 것이 없다. 제사를 계속 이

어간다.

震往來厲, 危行也, 其事在中, 大无喪也.

벼락이 쳐서 오고감이 위태로운 상태에서 위험을 감수하며 행동한다. 위험한

일을 합리적인 중도의 입장에서 잘 처리하므로 어느 하나 잃는 것이 없게 된다.

6. 震索索, 視矍矍, 征凶, 震不于其躬, 于其鄰, 无咎, 婚媾有言.

벼락소리에 다리가 후들거리고, 두리번거리며 불안해한다. 정벌하는 것은 흉하

다. 벼락이 자기 몸에 떨어지지 않고, 그 이웃에 떨어진다. 그것을 보고 조심하니

허물이 없다. 혼사에 말썽이 생긴다.

(심한 두려움과 이웃의 재난을 보며 조심하고 반성한다. 사업 확장이든 결혼이

든 잘 안 된다.)

한국은 전 세계에서 청소년 자살률이 가장 높은 나라입니다. 한국 청년 세

대의 문제는 대부분 청소년 시기에 시작됩니다.

행복한 삶을 살기 위해서는 자기 안에서 생겨나는 힘이 중요합니다. 이 힘은 대부분 10대 청소년 시기에 다양한 경험과 관계를 통해 자리를 잡습니다. 그러나 한국의 청소년들은 자기 안에서 생겨나는 힘, 자기 내면의 신성과 창조성을 청소년 시절에 경험하기가 쉽지 않습니다.

내면의 창조성이 드러나는 걸 극도로 억압하는 것이 한국의 교육입니다. 창조성이 강한 아이일수록 문제아가 되고, 학교에 자리 잡을 수 없습니다. 그는 거리로 나가서 교사의 보호 없이 자기를 찾는 험한 길을 걸어야 합니다.

누구나 21세기 인류에게 불필요한 것으로 생각하는 '획일성'이 한국 청소년 교육의 지침입니다. 모든 학생이 시험과 대학에 매달리는 건 누가 봐도 이상한 일입니다. 90퍼센트 이상의 청소년들이 이런 획일적인 목표에 매달려 있는 사회의 미래는, 이미 결정되어 있습니다. 한국은 한 세대 정도 사회적 후퇴를 경험하게 될 것입니다.

한국 청년 세대의 절망은 청년 세대의 문제가 아니라 이미 청소년 시기부터 내재해 있던 일입니다. 개인과 국가가 수많은 시간과 비용을 들여 절망을 교육하고 있습니다. 현재 한국의 교육구조를 만들고 유지한 개인과 집단은 미래 세대로부터 어떤 형태로든 보복을 당할 것입니다. 아니, 그 보복은 이미 시작되었습니다. 자살과 패륜, 무기력, 이민 준비, 결혼하지 않기, 살아가는 의미의 포기 등등이 바로 그것입니다.

학생들과 함께하거나 학생들을 바라봐야 하는 직업은 어떤 점에서는 천형입니다. 죄 많은 사람들의 삶입니다.

어느 아이 하나가 죽을지도 모른다는 걸 알고 있으면서 그 일을 멈출 힘을 갖지 못한 경우에는 그 고통과 악업이 내 인생에서 그치지 않을 수도 있습니다. 그런 점에서 청소년 자살의 위험을 늘 안고 살아야 하는 공교육 교사는 아무나 하려고 해서는 안 되는 직업입니다.

그나마 대안학교 교사는 '아닌 것'을 계속하지 않아도 됩니다. 그 아이를 살릴 수 있는 일이면 무엇이든 최선을 다할 수 있는 기회가 주어집니다. 그런데, 그런 기회를 가진 교사가 할 수 있는 일은 특별한 게 아니라 기다려주는 일입니다. 충분히 흔들리도록, 충분히 아파하도록 기다려주어야 때를 찾을 수 있습니다(震往來厲, 危行也, 其事在中, 大无喪也).

주역의 진괘(震)는 번개와 지진을 의미하는 우레(雷)가 두 개 이어져 있습니다. 요동치듯이 심하게 흔들리는 삶에 대한 상징입니다. 질풍노도의 시간을 지나는 청소년들은 대부분 우레(雷)의 상징을 가지고 있습니다.

시험 삼아 일정 집단의 청소년들이 가진 현재 삶의 과제를 주역 괘를 가지고 찾아본 적이 있습니다. 예상한 대로 거의 70퍼센트 가까운 아이들이 자기 괘 속에 우레(雷) 상징을 가지고 있었습니다. 아이들이 할 일은 가만히 앉아서 공부하는 것이 아니라 다양한 경험과 관계 속에서 충분히 흔들리는 것이라는 의미입니다.

흔들리지 않고 피는 꽃이 어디에 있겠습니까(洊雷, 震, 君子以恐懼脩省).

고마운 일은 이처럼 요동치는 흔들림 속에서도 아이들은 자신이 누구인지를 잃지 않는다는 겁니다. 이런 흔들림을 통해 자신과 우리 사회를 환기하는 역할까지 합니다(震來虩虩, 恐致福也, 笑言啞啞, 後有則也).

만약 지금과 같은 경쟁과 폭력을 내면화시키는 교육구조에서 모든 아이들
이 흔들림 없이 이 삶을 그대로 받아들인다고 생각해보세요. 정말 끔찍합
니다. 우리 아이들이 정말 많이 흔들렸기 때문에 그나마 대안교육이 시작
되었고, 교육구조의 변화가 생기기 시작했습니다.

■ 간(艮) – 바위처럼 흔들리지 않는다

늙은 농부의 노래

나 태어난 이 강산에 농민이 되어
꽃피고 눈 내리니 어언 50년.
무엇을 하였느냐. 무엇을 바랐느냐.
나 죽어 이 강산에 묻히면 그만인 걸.

농민이 되고 싶었다.
이 땅에서 가장 하찮은 존재.
그러면서 땅에 가장 가까운 사람이
되고 싶었다(艮其趾; 无咎, 利永貞. 未失正也).

농사지어 산다는 게 쉬운 일이 아니었다.

그렇게 하면 안 된다는 걸 알면서도 먹고 살아야 했기에

비료, 농약, 제초제에 의지하는 관행농법을

따라한 적도 있었다(艮其腓, 不拯其隨, 其心不快. 未退聽也).

자연농업으로 돌아서면서 이웃들도 이해하지 않았고

가족들 마음에도 얼마나 상처를 줬는지 모른다.

작물들은 병이 와서 시들어가고

마음은 타들어갔다(艮其限, 列其夤, 厲薰心).

뒤돌아보면 간신히 내 몸 하나

건진 것 같다(艮其身, 无咎. 止諸躬也).

양심을 저버리기 싫었고 자연을 따르고 싶었던 것뿐이다.

말이 무슨 소용이 있나.

몸으로 살 수밖에 없는 삶.

삶으로 말할 수밖에 없었던

세월(艮其輔, 言有序, 悔亡. 以中正也).

아! 다시 못 올 흘러간 내 청춘.

푸른 옷에 실려간

꽃다운 시간들(敦艮, 吉. 以厚終也).

艮有背, 不獲其身, 行其庭, 不見其人. 无咎.

등에 머물러 있어 그 몸을 잡지 못한다. 마당을 지나가도 그를 볼 수 없다. 허물이 없다.

(마음에 흔들림이 없어 욕망이 드러나지 않는 사람. 그를 보고 있지만 산처럼 큰 사람이어서 그의 참 모습을 다 볼 수 없는 사람.)

艮, 止也. 時止則止, 時行則行, 動靜不失其時, 其道光明. 艮其止, 止其所也.

간은 멈추는 것이다. 멈춰야 할 때 멈추고 나가야 할 때 나가는 것이다. 움직이고 머무르는 때와 장소를 놓치지 않으니 빛과 밝음의 길이다.

上下敵應, 不相與也, 是以不獲其身, 行其庭, 不見其人,

아래와 위가 맞서서 서로 함께하지 않는다. 그래서 그를 잡을 수도 볼 수도 없다.

(세상 속에 있지만 세상과 단절된 삶, 욕망에 지배받지 않는 삶을 살기에 그의 참 모습과 만나기는 쉽지 않다.)

兼山, 艮, 君子以思不出其位.

산 너머 또 산이 있는 것처럼, 간의 군자는 자기 자리를 넘어 생각하지 않는다.

(자기 욕망을 단속하고 또 단속해서 분수에 넘는 욕망을 가지지 않는다.)

—

1. 艮其趾, 无咎, 利永貞. 未失正也.

발꿈치에 머문다. 허물이 없다. 바름을 지켜 이롭다. 바른 길을 잃지 않기 때문이다.

404

(욕망이 시작될 때 관리를 잘해서 멈춘다.)

2. 艮其腓, 不拯其隨, 其心不快. 未退聽也.

장딴지에 멈춘다. 잘못 가는 것을 구하지 못하고 따라간다. 마음이 불편하다. 그
러나 받아들이지 않을 수 없다.

(허벅지가 움직이면 장딴지는 따라갈 수밖에 없다. 잘못 가는 걸 뻔히 알면서도
말을 듣지 않아 어쩔 수 없이 따라가는 상황이다.)

3. 艮其限, 列其夤. 厲薰心.

허리에 멈추지만 상하가 단절된다. 위험해서 마음이 타들어간다.

(생각과 생각이 분리되는 지점. 갈등과 대립의 현장이다.)

4. 艮其身, 无咎. 止諸躬也.

상반신에 멈추니 허물이 없다. 자신에게서 멈췄기 때문이다.

(대립과 갈등의 어려운 조건에서 자기 몸 하나라도 건사해냈다.)

5. 艮其輔, 言有序, 悔亡. 以中正也.

뺨에서 멈춘다. 말에 질서가 있고 후회가 사라진다. 중정을 지켰기 때문이다.

(말을 조심하고 합리적으로 이야기한다.)

6. 敦艮, 吉. 以厚終也.

머무름이 돈독하니 길하다. 끝까지 넉넉한 마음을 가졌기 때문이다.

(머무름과 나아감의 적절함을 진실하게 잘 지켜냈고, 마무리도 잘했다.)

1970년대부터 비료와 농약, 제초제를 사용하는 농업이 시작되었습니다. 식량 증산을 위해 보급된 통일벼는 수확량이 많았지만 동시에 많은 비료를 필요로 했고, 병충해도 많아서 농약도 많이 필요했습니다. 그래도 통일벼를 심을 수밖에 없었던 이유는 1970년대는 식량 증산이 절대적 중요성을 가지는 사회 전체의 공동 목표였기 때문입니다. 굶주림에서 벗어날 수 있다면 무엇이든 해야 했습니다.

비료가 공급되던 초기에는 배급제였습니다. 사고 싶다고 살 수 있는 게 아니라 마을마다 배급량이 정해져 있어서 이장은 바가지로 비료를 떠서 무게를 달아 나눠줬습니다. 이때만 해도 비료와 농약, 제초제는 농업의 보조수단으로서 농민의 생산을 지원하는 정도였습니다. 하지만 비료와 농약, 제초제 생산의 자급 기반이 갖춰지고 누구나 필요한 만큼 자유롭게 사 쓸 수 있게 되면서 농업의 흐름은 완전히 바뀌었습니다. 화학농업이 주류 농업의 자리를 차지하고, 퇴비와 미생물, 자연 해충 퇴치제를 사용하는 자연농업은 보조적인 생산방식이 되었습니다.

비료와 농약, 제초제, 비닐, 농기계의 사용은 농업 생산량을 늘리는 동시에 농업 노동을 감소시켰습니다. 농촌에서 남아도는 노동력은 자연스럽게 도시의 공장으로, 서비스업 일자리로 흘러갔습니다. 비료와 농약, 제초제, 비닐, 농기계는 생산구조를 1차산업에서 2·3차 산업으로 전환하는 도구였습니다.

자연농업 농부들은 1차산업 중심의 사회를 지키고 싶었습니다. 한 사회가 안정된 사회구조를 유지하기 위해서는 농업을 중심에 둔 1차산업 인구가 20퍼센트 정도는 되어야 합니다. 1차산업 20퍼센트, 2차산업 40퍼센트, 3차산업 40퍼센트 정도면 좋은 사회 구조일 것입니다.

1차산업이 어느 수준 이하로 떨어지면 안 되는 이유는, 농사가 단순한 농업생산 이상의 의미를 가지기 때문입니다. 농업은 농업생산에서 시작해서 국민의 건강과 환경의 보전, 지역 균형발전, 고용, 문화의 전승, 어린이와 청소년의 생태와 정서교육 등 수많은 의미를 가지고 있습니다.

그러나 오늘날 한국의 농민 인구는 5퍼센트, 국내총생산 대비 농업 생산량은 2.1퍼센트에 불과합니다. 단순한 농업의 몰락이 아니라 사회의 몰락입니다.

자연농업 농부들은 화학농업과 농업 기계화에서 이런 암울한 미래를 본 사람들이 많았습니다.

그래서 농약과 비료, 제초제를 버렸고, 비닐과 대형 농기계 사용을 억제했습니다. 시대를 거슬러간 삶이었습니다(上下敵應, 不相與也, 是以不獲其身, 行其庭, 不見其人).

40여 년의 저항 속에서 그들도 이제 대부분 나이가 들었습니다. 뒤돌아보면 참담한 삶이었습니다. 시대에 저항하고 양심을 지켰지만, 몸과 마음은 상처투성이입니다. 그러나 자기 자리를 지키고 또 지켜 욕망과 세상의 흐름을 따라가지 않았던 그들 덕분에 한국의 농민운동은 도덕성과 사회적 발언권을 얻을 수 있었습니다(兼山, 艮, 君子以思不出其位).

한국 자연농업의 역사는 정농회로부터 시작합니다.

40년의 역사를 가진 정농회는 한국에서는 처음으로 화학농법에 조직적인 저항을 했습니다. 정농회 회장을 역임한 김복관 선생은 삶과 생각, 실천이 성자와 같은 분이었습니다. 사실 정농회 회장을 맡은 것은, 그의 삶으로 보면 예외적인 경우입니다.

부농의 아들로 태어났지만 오랜 시간 공동체운동에 참여하고 자연농업 농민의 삶을 사는 가운데 가난한 삶을 받아들였습니다. 세상을 밝히는 선한 일에는 늘 몸으로 봉사하며 살았습니다(艮, 止也. 時止則止, 時行則行, 動靜不失其時, 其道光明. 艮其止, 止其所也).

농부이자 성자였던 그분을 누가 알아볼 수 있었을까요?

이 세상에서 농민으로 살며 삶으로 저항했기에 선생은 잡을 수 없는 사람, 옆에 있어도 볼 수 없는 사람이었습니다(艮有背, 不獲其身, 行其庭, 不見其人. 无咎).

주역 제53괘
■ 점(漸) – 점진적인 가족제도의 변화

정상 가족, 오래된 신화

가부장제와 결합한 일부일처제가 사회에 자리 잡는 건 쉬운 일이 아니었다. 일부일처제가 사회의 보편적 규범이 되는 건 오랜 시간이 필요했다. 여성들이 결혼과 가족의 규범을 비교적 빨리 받아들이고 순응한 데 비해 남성들은 지금까지도 사실상 거부하고 있다(漸, 女歸吉, 利貞). 한 번 짝을 맺으면, 특별한 경우가 아니면 짝을 바꾸지 않는 기러기는 정상 가족의 상징이었고 꿈이었다(漸之進也, 女歸吉也).

어린 기러기들의 연애는 물가에 내다 놓은 아기처럼 위태로웠다(鴻漸于干, 小子厲, 有言, 无咎). 그래도 어릴 때 짝을 찾는 연습을 충분히 하지 않으면 오랜 시간을 함께할 짝을 찾는 힘을 기를 수 없다.

10대의 연애는 '공부'처럼 생각해야 한다.

20~30대의 찬란한 젊음. 한순간이라도 더 오래 손을 잡고 있고 싶어 하
는 사랑하는 그들을 보는 것만으로도 아름답다(鴻漸于磐, 飮食衎衎, 吉).

그러나 사랑과 연애는 얼마나 불안한가. 화성에서 온 남자, 금성에서 온 여
자의 만남. 운이 좋아야 서로를 배려할 능력을 가진 상대를 만난다. 물가에
서 조개를 파먹는 걸 즐거워하는 그녀에게 화성에서 온 남자는 나무 열매
를 입에 물고 온다. 이 정도의 갈등은 사랑싸움이라 해줄 수 있을지도 모
른다(鴻漸于木, 或得其桷, 无咎).

가부장제는 근원적으로 여성과 가족에 대한 폭력이다. 사랑 없는 연애와
결혼 상태가 되면 폭력과 부도덕이 가족과 연인의 삶을 덮쳐온다. 아이를
가진 여성은 아이를 보호할 수 없고 키울 수 없다. 버려지는 아이들은 점
괘(漸卦)가 친 운명의 그물에 걸리고 만다(鴻漸于陸, 夫征不復, 婦孕不育,
凶, 利禦寇).

오랜 연애의 시간을 지나 작은 단칸방 하나라도 두 사람이 누울 자리를 마
련하면 이른 아침에 일어나 사랑하는 그녀의 얼굴을 바라볼 행운을 얻는
다. 그러나 가난한 청춘들이 자녀를 얻고 돌볼 수 있는 힘을 얻기까지는 여
러 해가 걸린다(鴻漸于陵, 婦三歲不孕, 終莫之勝, 吉. 得所願也).

아름다운 기러기 가족들이 하늘을 날아오르고 내려온다. 이 평범한 평화에 이르기가 이렇게 힘든가(鴻漸于陸, 其羽可用爲儀, 吉. 不可亂也). 정상 가족은 청동기 시대 인류부터 현대 자본주의 인류까지 오래된 신화다.

漸, 女歸吉, 利貞.

여자가 결혼하니 행복하다. 바름을 지키니 이롭다.

(여성이 결혼에 대한 기대감이 더 많다.)

漸之進也, 女歸吉也.

점(漸)은 조금씩 나아가는 것이다. 여자가 남자를 조금씩 알아가다 결혼해서 행복한 것처럼.

山上有木, 漸, 君子以居賢德善俗.

높은 산 위의 나무는 거센 비바람과 낮은 기온으로 조금씩만 자란다. 점의 군자는 산 위의 나무처럼 현명하고 도덕적인 삶을 살아간다. 그런 삶을 통해 조금씩 좋은 문화와 풍속을 만들어간다.

―

1. 鴻漸于干, 小子厲, 有言, 无咎.

어린 기러기가 차츰차츰 물가로 간다. 아이처럼 위태롭다. 말썽이 있지만 허물은 없다.

(연애든 공부든 변화를 위한 시도를 조금씩 하는데, 위험해 보인다. 그래도 이렇게 실수하고 야단을 듣기도 하면서 배우는 것이다.)

2. 鴻漸于磐, 飮食衎衎, 吉.

기러기가 너럭바위 위에 올라가서 즐겁게 먹이를 쪼니 길하다.

(조금씩 나아가며 변화를 즐길 수 있는 수준에 이르렀다. 행복한 결혼과 연애의 상태다.)

3. 鴻漸于陸, 夫征不復, 婦孕不育, 凶, 利禦寇.

기러기가 육지로 올라간다. 남편이 정벌을 나가서 돌아오지 않고, 아내는 아이를 잉태해도 키울 수 없다. 흉하다. 도적을 막는 것이 이롭다.

(물가에 사는 기러기가 물을 벗어나 너무 멀리 왔다. 남편의 가부장적인 의식과 폭력으로 아내와 아이가 보호받지 못한다. 내 삶에 도적처럼 들어와서 삶을 파괴하는 욕망, 부도덕한 성의식, 무책임, 폭력성을 치유해야 한다.)

夫征不復, 離群醜也, 婦孕不育, 失其道也, 利用禦寇, 順相保也.

남편이 정벌을 나가 돌아오지 않는 것은 무리를 떠나 추해졌기 때문이다. 아내가 아이를 잉태하고도 키우지 못하는 것은 바른 길을 잃었기 때문이다. 도적을 막는 것이 이로운 것은 서로 순응하고 보호해야 하기 때문이다.

(연애와 결혼의 총체적 위기, 무책임하고 이기적인 가족, 아이를 버리는 엄마.)

4. 鴻漸于木, 或得其桷, 无咎.

기러기가 나뭇가지에 날아오른다. 어쩌다 평평한 나무를 얻으면 허물이 없다.

(갯벌에서 조개를 잡아먹어야 할 기러기가 나무에 앉아 나무열매를 먹어야 할 상

황. 운이 좋아 그나마 편히 앉을 수 있는 자리라도 잡을 수 있으면 좋으련만, 화성 남자와 금성 여자처럼 서로를 이해하기 힘들다.)

5. 鴻漸于陵, 婦三歲不孕, 終莫之勝, 吉. 得所願也.
기러기가 구릉으로 올라간다. 아내가 3년 동안 아이를 갖지 못한다. 끝내 이겨 길하다. 소원이 이루어지기 때문이다.
(본래 머물러야 할 갯벌에 가까운 언덕에 둥지를 틀고 자리를 잡는다. 3년 동안 조금씩 노력하면 아이를 가질 수 있다. 끝내 삶은 안정되고 사랑이 이루어진다.)

6. 鴻漸于陸, 其羽可用爲儀, 吉. 不可亂也.
기러기가 육지로 내려간다. 그 깃털이 모범이 되니 길하다. 어지럽지 않기 때문이다.
(기러기가 높은 하늘을 질서 정연하게 날고 땅으로 내려오는 모습이다. 결혼과 연애의 질서가 잡히고 아름다운 가족을 이룬다.)

점괘(漸卦)는 일부일처 정상 가족의 결혼이라는 사례를 가지고 한 사회에서 제도와 가치가 자리 잡는 게 얼마나 힘든 일인지 설명합니다.
기러기는 한 번 짝을 맺으면 평생 변하지 않고, 한쪽이 먼저 죽어도 남아 있는 기러기는 다른 짝을 찾지 않습니다. 기러기는 일부일처 정상 가족의 상징입니다. 그래서 전통 혼례에서는 혼례상 위에 기러기 한 쌍을 올려둡니다. 죽음이 두 사람을 갈라놓기 전까지는 함께 살아가겠다는 맹세를 의미합니다. 이런 개념을 혼례 예식에 적용한 사람은 아마도 점괘의 기러기 상징을 알고 있었을 것입니다.

인류는 신석기 농업혁명을 지나 청동기시대에 이르러 물질적 부가 쌓이면서 모계사회에서 가족 중심 부계사회를 실험하기 시작했습니다. 남자와 여자가 가족을 이루어 사는 건 처음부터 쉬운 일이 아니었습니다. 사랑하고 연애를 할 수는 있지만 여성이 가진 모성과 달리 남성이 가족이라는 책임을 받아들이기까지는 오랜 연습과 자기 수련, 절제가 필요했습니다.

1만 년 정도의 연습 뒤에 현대 인류가 내린 결론은 '화성에서 온 남자, 금성에서 온 여자'입니다. 기러기가 상징하는 죽음만이 두 사람을 갈라놓을 수 있다는 결혼의 개념은 이제 서로에게 불편합니다. 결혼은 오래지 않아 계약관계가 될 것이고, 이혼이라는 개념도 없어질 것입니다. 사랑하는 두 사람은 기간과 조건을 계약하고 삶을 공유한다는 입장을 가지게 될 겁니다. 물론 계약기간이 지난 뒤에도 두 사람의 사랑이 유지되고 진화한다면 계약은 연장될 것이고, 사랑이 없다는 것이 확인되면 자연스럽게 종료될 겁니다.

고령화 시대는 단순히 오래 사는 것만이 아니라 우리 삶의 많은 가치와 제도를 변화시킬 것입니다. 가족은 남성, 여성, 자녀들이라는 정상 가족 개념도 벗어나게 될 것입니다. 이제 가족은 다양한 방식으로 구성되고 있습니다.

경제적 여건이 어려워진 청년들의 공동 주거 방식이 점차 확산되면 누구와 함께 삶을 공유하고 있는가 하는 점이 가족보다 더 중요해질 것입니다. 소규모 협동조합 기업의 경우에는 기업 자체가 가족의 역할을 할 수도 있습니다. 경제적 어려움 때문에 아이를 돌볼 수 없는 경우에도 지금처럼 베이비 박스에 버리는 일은 생기지 않을 것입니다.

414

아이들을 가족이 돌보지 못할 경우 사회가 보호하는 사회가족 개념도 자리 잡아 갈 것입니다. 또한 한 여성이 생애 동안 1명 정도의 아이를 가지는 수준이 세계의 보편적 출산 기준이 되고, 인류는 정상 가족, 종신 결혼, 가부장제라는 틀을 벗어나 사회가족과 공동체, 계약결혼, 여성 중심의 조화로운 가족, 점진적인 인구의 감소라는 새로운 가족 개념으로 진화해 갈 것입니다.

■ 귀매(歸妹) - 결혼은 미친 짓이다

허난설헌의 죄

지구별에 머물 날도 얼마 남지 않았다.

내 운명의 시간이 언제까지인지도 알고 있다.

부용꽃 스물일곱 송이.

찬 가을 서리에

붉게 떨어지네(芙蓉三九朶, 紅墮月霜寒).

지구에서 더 이상 머물러야 할 이유도 없었다.

두 아이의 죽음을 지켜봐야 했고,

사랑하는 사람과 결혼할 수도 없었고,

마음이 아파서 시를 썼다.

하지만 그 시가 무슨 의미가 있단 말인가?

내가 지은 시들은 모두 불태워 없애버려라.

나처럼 시를 짓다 불행해지는 여인이

다시는 없도록 하라.

나는 내가 무슨 죄를 지었는지 안다.

하늘나라 선녀가

조선에서 여자로 태어나

결혼을 한 것이다(歸妹, 征凶, 无攸利).

歸妹, 征凶, 无攸利.

결혼은 흉한 일이다. 좋을 게 없다.

歸妹, 天地之大義也. 天地不交, 而萬物不興, 歸妹, 人之終始也.

귀매는 하늘과 땅의 큰 뜻이다. 하늘과 땅이 만나지 않으면 세상 만물이 번성할

수 없다. 귀매는 인간 삶의 시작과 끝이다.

澤上有雷, 歸妹. 君子以永終知敝.

연못 위로 번개가 친다(남녀가 성관계를 한다). 귀매의 군자는 사랑을 오래 이어

가기 위해 가부장제에 의해 왜곡된 결혼의 폐단을 알고 있어야 한다.

–

1. 歸妹以娣, 跛能履, 征吉.

언니와 함께 시집을 간다. 한쪽 다리를 절더라도 걸을 수 있다. 나아가면 길하다.

歸妹以娣, 以恒也, 跛能履, 吉相承也.

언니와 함께 시집가는 것은 오래 이어가기 위해서이고, 한쪽 다리를 절더라도 좋은 것은 함께 받들기 때문이다.

(귀매혼은 자매가 한 남자와 결혼하는 것을 말한다. 아들을 낳는 것이 중요한 의미를 가지는 정략결혼에서는 언니가 아들을 못 낳을 경우 동생이 아들을 낳기 위해 이런 방식을 택한다.)

2. 眇能視, 利幽人之貞. 未變常也.

한 눈(애꾸눈)만 가지고도 볼 수 있다. 갇혀있는 사람의 마음을 가지면 이롭다.

한 마음을 변하지 않고 지키기 때문이다.

(외도에 빠져 밖으로 나도는 남편을 바라보고 있어야 하는 여성은 스스로 마음의 문을 닫고 산다. 단지 그가 마음을 돌리길 바라며 자기를 지킨다.)

3. 歸妹以須, 反歸以娣.

수염 난 남자에게 시집간다. 재혼한다.

(나이 차이가 많은 결혼, 재혼, 매매혼을 한다.)

418

4. 歸妹愆期, 遲歸有時.

결혼 시기를 늦추다 때가 되어 뒤늦게 결혼한다.

5. 帝乙歸妹, 其君之袂, 不如其娣之袂良, 月幾望, 吉.

제을 임금이 딸을 시집보낸다. 신부의 소매가 그를 따라가는 여동생의 소매보다 좋지 않다. 보름달처럼 길하다.

(은나라의 고종 즉 제을은 주나라의 문왕에게 딸을 시집보냈다. 고종은 당시 지방 영주에 불과했던 문왕에게 가능한 한 예의를 지키고 존중하고자 했다. 은나라는 제을의 아들인 주왕 때 문왕의 아들인 무왕에 의해 멸망한다. 고종은 주나라와 좋은 관계를 유지하지 않으면 은나라가 위험해진다는 걸 예측하고 있었다.)

6. 女承筐, 无實, 士刲羊, 无血. 无攸利.

여자가 이어받은 광주리에 과일이 없다. 남자가 양을 찔러도 피가 나지 않는다. 이로울 것이 없다.

(부부의 예를 올렸지만 사당에 제사 드릴 예물이 없는 상황. 가족과 친척들이 인정하지 않는 관계.)

주역은 3,000년 전 주나라 건국을 전후로 기본적인 틀이 잡혔습니다. 물론 주역이 생기기 1만 년 이전인 신석기 시대에도 신화적인 인물인 복희에 의해 음양팔괘가 만들어지고 부호로서 사용되었습니다.

주역은 인류가 수천 년 동안 사용해왔던 부호를 통한 의사소통 단계를 보여줍니다. 문자가 생기기 이전, 부호로 소통하던 시기에는 부호 속에 상징을 담았습니다. 마치 그림과 같은 셋이라고 보면 됩니다. 뇌택 귀매 같은 경우도 성관계를 가지는 남녀를 상징하는 것입니다(澤上有雷, 歸妹).

남성이 몸을 움직이는 것을 번개가 진동하는 것으로, 여성이 사랑의 기쁨을 느끼는 것은 잔잔한 연못에 물결이 출렁이는 것으로 표현한 것입니다.

주역의 상징들은, 상징을 이해하는 약간의 훈련만 하면 이렇게 그림처럼 그릴 수 있습니다. 인류는 오랫동안 이런 그림 같은 의사소통을 하면서 문자를 찾아냈습니다. 제가 주역을 '시'라는 관점에서 읽어야 한다고 생각하는 이유도 주역이 상징을 기반으로 하기 때문입니다.

3,000년 전 인간의 삶과 현재 우리의 삶은 큰 차이가 없습니다. 기술의 진보 외에 '의식'이라는 지점에서는 3,000년 동안 거의 제자리를 맴돌았습니다. 결혼은 대표적인 사례 중의 하나입니다.

귀매괘는 가부장제에 기반을 둔 결혼이 기본적으로 흉한 일이며 좋을 게 없다고 못 박고 시작합니다(歸妹, 征凶, 无攸利). 가부장제 하의 결혼은 해도 불행하고, 안 하면 차별을 받습니다. 권력을 가진 사람들은 대부분 결혼을 정략적으로 이용합니다.

언니와 동생을 함께 시집보내는 귀매의 풍습은, 정략결혼을 한 언니가 아들을 못 낳을 경우 정략적인 목표를 이룰 수 없기 때문에 이를 미연에 방지하기 위한 대책의 하나였습니다. 아들을 못 낳으면 영향력을 행사할 수도 없고 쫓겨나기도 했기 때문에 이걸 방지하기 위해 언니가 아들을 못 낳을 경우 동생이 형부와 다시 아들 낳기를 시도하는 겁니다. 언니로서도 다른 여자에게 기회가 가는 것보다 그게 낫다고 생각합니다.

이런 정략결혼은 한쪽 다리를 절며 걷는 것처럼 불편하고(跛能履), 한쪽 눈만 가지고 세상을 보는 것처럼 답답한 일입니다(眇能視).

오랜 세월 동안 여성에게 결혼은 다리 하나 묶어놓고, 눈 가리고 귀 막고 입 막고 살아야 하는 일이었습니다. 가부장제 사회가 되면서 여성은 매매되는 상품처럼 취급되기 시작했고, 나이 든 돈 많은 남자에게 팔려가기 일쑤였습니다(歸妹以須, 反歸以娣).

이런 부조리한 조건이 되면 어디서나 이런 현실에 저항하는 사람들이 생겨나기 마련입니다. 여성 수행 공동체는 이처럼 여성의 권리를 자각한 상태에서 결혼을 하지 않고 자기완성을 꿈꾸는 사람들이 시작한 경우가 많습니다(歸妹愆期, 遲歸有時).

결혼이 계급화되면 반드시 계급과 인종, 문화, 종교, 가치관을 넘어선 만남이 생겨납니다. 이런 사랑은 운명적이고 치명적인 부분이 있습니다. 잔치를 벌여 축복받지 못하는, 금지된 사랑입니다. 축복받아야 할 두 사람의 광주리에 과일도 없고, 잔치를 벌여 함께 나누어 먹을 양도 없습니다(女承筐, 无實, 士刲羊, 无血. 无攸利).

인류는 오랫동안 사랑의 경계를 넘어서기 위한 노력을 꾸준히 해왔습니다. 지금은 인종, 국가, 문화, 종교의 차이를 넘어선 결혼도 많이 늘었습니다. 하지만 인류는 이런 만남을 금기시하고 문화적인 규제를 해왔습니다. 마지막 남은 금기 중 하나가 동성 결혼입니다. 유럽은 오래전에 동성 결혼을 보호하기 시작했고, 미국도 연방대법원의 동성 결혼 합헌 판결이 나왔습니다. 세계적인 흐름이어서 아마 한국도 오래지 않아 받아들여야 할 것입니다. 결혼은 '남녀의 결합'이 아니라 '사랑하는 두 사람의 결합'으로 자리를 잡게 될 것입니다. 이미 대부분의 중요 사전들은 결혼 개념을 이렇게 바꾸었습니다.

그런데 결혼은 정말 뭘까요?

주역은 결혼을 '하늘과 땅의 큰 뜻이다. 하늘과 땅이 만나지 않으면 세상 만물이 번성할 수 없다. 결혼은 인간 삶의 시작과 끝이다(歸妹, 天地之大義也. 天地不交, 而萬物不興, 歸妹, 人之終始也)라고 말합니다. 우리도 이 말을 진정성을 가지고 할 수 있을까요?

사랑하는 사람들이 결혼의 부조리에 빠지지 않고, 사랑을 오래 유지하고, 결혼과 가족을 통해 진화하기 위해서는 제도의 모순과 폐단을 직시하고 가부장적 폭력과 욕망을 관리할 수 있어야 합니다(澤上有雷, 歸妹, 君子以永終知敝).

이걸 못하면 수많은 가정폭력과 성매매, 사랑 없는 결혼이 증명하듯 결혼은 미친 짓입니다.

허난설헌의 시집인 《허난설헌집》은 중국과 일본의 베스트셀러였습니다. 허난설헌은 조선의 남성 지식인들에게는 당혹스런 존재였습니다. 동아시아 최고의 여성 시인이었지만, 그녀의 시가 조선의 부조리한 모순을 배경으로 씌어졌기 때문에 그녀를 인정할 수도 부정할 수도 없었습니다.

현실에서 행복을 찾을 수 없었던 그녀는 도교의 이상세계, 신선의 삶에서 꿈을 실현하고자 했습니다. 그녀가 꿈꾼 이상세계에서 남성과 여성은 서로 존중하고, 여성은 세계를 구성하는 중요한 역할을 합니다. 그녀가 꿈꾼 이상은 대부분 현실이 되었습니다.

하지만 그녀를 억압했던 세 가지 가운데 '조선'은 무너졌고, '여성'은 해방되고 있지만, '결혼'은 아직 쉽게 평가할 수 없습니다. 여전히 우리는 3,000년 전 귀매 상황을 벗어나지 못하고 있습니다.

■ 풍(豊) – 풍요

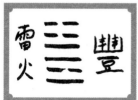

일본헌법 제1조, 천황제를 폐지하라

일본 후쿠시마를 생각하면 잠이 안 온다. 우리는 후쿠시마 사고를 일본의 일이라고 생각하지만 후쿠시마는 동아시아의 재난이다. 체르노빌이 우크라이나가 아니라 유럽의 슬픔이었던 것처럼.

후쿠시마의 재난은 어디서 시작했을까?

만약 히로시마에 핵폭탄이 떨어졌을 때, 아시아태평양전쟁의 책임에 대해 깊이 성찰하고 반성했다면, 후쿠시마 핵사고는 없지 않았을까? 전쟁과 핵에 대해 마음 깊은 곳에서 거부할 수 있는 조건을 가지고 있는데 일본은 왜 그 길을 갈 수 없었을까(日中則昃, 月盈則食, 天地盈虛, 與時消息, 而況於

人乎. 況於鬼神乎).

일본의 숨겨진 핵은 덴노(천황)이다. 덴노는 일정 주기를 두고 폭발한다. 한 번은 핵폭탄으로, 또 한 번은 핵발전소로.

만약 도쿄 전범재판에 덴노가 기소되고 사형되었다면 일본은 어떻게 되었을까(雷電皆至, 豐, 君子以折獄致刑).
일본도 유럽의 독일처럼 됐을 텐데……
전쟁 책임을 성실하게 지고, 아시아 평화를 위해 노력하고, 한국의 통일을 지원했을 텐데…….
세계적인 반핵운동과 평화운동의 거점이 됐을 텐데(來章, 有慶譽, 吉)…….

장막 뒤에 숨은 덴노, 그가 책임져야 한다. 일본헌법 평화조항 제9조를 지키고 제1조 천황제를 폐지하라(豐其蔀, 日中見斗, 往得疑疾, 有孚發若, 吉. 信以發志也)!

豐, 亨, 王假之, 勿憂, 宜日中.
형통하다. 왕이 관대하니 염려하지 않아도 된다. 한낮의 태양처럼 밝고 따뜻하다.

豐, 大也. 明以動, 故豐.
풍은 크다. 밝은 지혜로 움직이기에 풍요롭다고 한다.

日中則昃, 月盈則食, 天地盈虛, 與時消息, 而況於人乎. 況於鬼神乎.

해가 중천에 뜨면 기울고, 달도 차면 먹혀 들어간다. 하늘과 땅이 차고 비는 것은 때와 함께 숨 쉬는 것. 하물며 사람이 그렇지 않겠는가. 귀신이 그렇지 않겠는가.

雷電皆至, 豐, 君子以折獄致刑.

우레와 번개가 함께 오듯이 (밝음과 힘을 동시에 사용해서) 풍의 군자는 형벌을 절도 있게 사용한다.

–

1. 遇其配主, 雖旬无咎, 往有尙. 過旬災也.

짝이 되는 주인을 만난다. 서로 힘이 균등하기에 허물이 없다. 함께 나아가 하늘을 높인다. 균등함이 지나치면 재앙을 불러들인다.

(진보와 보수의 대타협으로 서로 다른 생각을 가진 사람들이 힘을 합쳐 풍요로운 사회를 만든다. 그들이 서로 대립하게 되면 위험해진다.)

2. 豐其蔀, 日中見斗, 往得疑疾, 有孚發若, 吉. 信以發志也.

태양이 크게 가려져 한낮에 북두칠성을 본다. 더 나아가면 의심을 산다. 오직 신뢰를 가지고 드러나면 길하다. 신뢰감을 주면서 자기 뜻을 드러냈기 때문이다.

(진보와 보수, 서로 생각이 다른 두 힘이 힘을 합쳐 풍요를 이룬다. 최상의 풍요로운 조건에서 의심의 싹이 틀 가능성이 있다. 서로를 믿고 사심 없이 자기 뜻을 펼쳐야 한다.)

3. 豐其沛, 日中見沫, 折其右肱, 无咎.

먹구름에 크게 가려져 한낮에도 작은 별을 볼 수 있다. 오른팔이 부러져도 허물이 없다.

豐其沛, 不可大事也, 折其右肱, 終不可用也.

먹구름에 크게 가려져 큰일을 할 수 없고, 오른팔이 부러지니 끝내 사용할 수 없다.

(진보와 보수 통합으로 큰 힘을 가지게 되었지만, 성장 일변도의 편중이 드러나고 사회적 모순이 시작된다.)

4. 豐其蔀, 日中見斗, 遇其夷主, 吉.

태양이 크게 가려져 한낮에도 북두칠성을 볼 수 있다. 이주(夷主)를 만나니 길하다.

(함께 연정을 구성할 수 있는 진보적 파트너를 만난다.)

5. 來章, 有慶譽, 吉.

모여들어 빛난다. 명예롭고 축하할 일이다. 길하다.

(훌륭한 인재들이 모여들어서 빛나는 활동을 하므로 풍요로워진다.)

6. 豐其屋, 蔀其家, 闚其戶, 闃其无人, 三歲不覿, 凶.

대궐 같은 집의 문이 모두 닫혀있다. 가만히 대문으로 들여다보니 인기척 없이 조용하다. 3년이나 들여다보는 사람이 없다.

(풍요의 끝에 다다르는 폐허와 절망.)

풍괘(豐卦)를 읽으면 아시아태평양전쟁 종전 이후 현재까지 일본의 모습이 보입니다. 도쿄 전범재판의 중심 의제 중 하나는 '덴노(천황)의 전쟁 책임'이었습니다. 연합군 사령부는 덴노의 전쟁 책임을 물어 사형 판결을 내릴 경우, 점령지 관리가 쉽지 않을 것이라는 위기의식을 느끼고 있었습니다. 안정적인 점령지 관리를 위해 맥아더 사령관에게도 덴노가 필요했습니다(豐, 亨, 王假之, 勿憂, 宜日中). 게다가 연합군으로 참전했던 소련과의 사이에 냉전이 시작됐고, 중국의 장제스 정부가 대만으로 밀려나고 중국 본토에 마오쩌둥의 사회주의 정부가 들어서면서 일본을 공산주의에 대항하는 동반자로 삼을 필요가 생겼습니다(遇其配主, 雖旬无咎, 往有尙. 過旬災也). 일본의 전쟁 책임과 미국의 전략적 동반자라는 상반된 가치를 수용하기 위해 '평화헌법'이 만들어졌고, 동시에 '일미안보방위조약'이 체결되었습니다. 일본의 55년 체제가 시작된 것입니다.

55년 체제란 자민당 보수정권이 미국과 전략적 동반자 관계를 유지하는 동시에 사회당이 헌법 개정 저지선인 의회의 1/3 이상을 확보해서 평화헌법 개정을 막는 체제를 말합니다(豐其蔀, 日中見斗, 往得疑疾, 有孚發若, 吉. 信以發志也).

37년간 이어진 일본의 55년 체제는 중국의 마오쩌둥과 저우언라이 집권 27년, 박정희 유신독재 18년과 비교될 수 있을 정도로 동아시아의 정치적 사회적 구조 형성에 있어 중요한 의미를 가집니다. 동아시아 3국은 이처럼 각자의 과정을 거치며 국가 정체성을 가지게 되었습니다.

55년 체제 이후 일본은 1980년대까지 넘쳐나는 경제적 부를 감당하지 못할 정도로 성장을 했습니다. 동시에 전 세계 어느 나라의 전쟁에도 관여

하지 않은 평화국가였습니다. 미국과 영국, 프랑스, 러시아, 이탈리아 같은 경제대국 대부분이 무기 수출이 국가의 중요한 산업이고, 무기 수출을 위해 일정 규모의 전쟁 기획을 계속해왔던 걸 생각하면, 자동차와 전자, 선박, 건설 등을 중심으로 한 일본의 경제정책은 신선하기까지 했습니다. 그래서 일본의 55년 체제는 비판과 함께 모범사례 연구(벤치 마킹)의 대상이기도 합니다.

일본의 덴노는 55년 체제가 가능했던, 보이지 않는 배경 중 하나입니다. 일본의 보수세력은 덴노를 보호하기 위해 평화헌법을 인정해야 했고, 일본 진보세력은 평화헌법을 지켰기에 일본의 군사적 확장과 대외전쟁 참전을 막아낼 수 있었습니다.

풍괘의 배주(配主)와 이주(夷主)를 지금 우리가 이해할 수 있는 가장 적합한 말로 바꾼다면 집권 보수 여당과 진보 야당 정도가 알맞은 것 같습니다. 적대감을 가진 이(夷)를 대화의 파트너(夷主)로 인정하는 모습입니다. 덴노는 이런 보수와 진보의 연정 속에서 전쟁의 책임을 피하고 장막 뒤에 숨을 수 있었습니다. 풍괘에서 태양을 가리는 이야기는 태양신인 덴노를 숨기고 보호하는 것과 일치합니다(豐其蔀, 日中見斗, 往得疑疾, 有孚發若, 吉. 信以發志也).

1960년, 일미안보조약 갱신에 반대하며 벌어진 안보투쟁은 55년 체제에 대한 가장 강한 도전이었습니다. 10만의 시위대가 국회를 둘러쌌고, 일미안보조약을 날치기로 통과시킨 기시 내각을 탄핵했습니다. 안보투쟁 이후 자민당과 사회당은 '주식회사 일본'이라는 관점에서 사실상의 연정을 시작했습니다(豐其蔀, 日中見斗, 遇其夷主, 吉).

일본 경제는 스스로 설정한 목표를 넘어설 정도로 급속하게 성장했고, 넘쳐나는 풍요 속에 일본 사회는 갈등할 필요가 없었습니다(來章, 有慶譽, 吉). 그러나 1992년, 37년간 이어졌던 자민당 집권이 무너지며 주식회사 일본을 이끈 55년 체제도 막을 내렸습니다.

일본은 경제성장 당시의 사회적 경제적 풍요 이후의 삶에 대한 성찰이 과제로 주어졌습니다. 그러나 이 기간 동안 일본에는 극우정치가 자리를 잡으면서 국민들이 정치적 관심을 끊었고, 청소년 교육의 실패, 고령화의 부담, 동아시아 국가들과의 불화, 지진 지역 핵발전소 확대 등 위험한 길로 들어서기 시작했습니다(豐其沛, 日中見沫, 折其右肱, 无咎).

일본은 어딘가에서 나락으로 굴러 떨어질 수밖에 없었고, 그것은 예상했던 대로 지진, 쓰나미와 함께 왔습니다.

2013년 3월 11일, 후쿠시마 대재난.

일본은 이 재난을 항구적으로 해결하지 못할 가능성이 높습니다. 장기적으로 일본은 도쿄를 포함한 동북지역 전체를 비워야 할지도 모릅니다. 언제까지 국민을 속일 수는 없기 때문입니다.

'대궐 같은 집의 문이 모두 닫혀있다. 가만히 대문으로 들여다보니 인기척 없이 조용하다. 3년이나 들여다보는 사람도 없을 정도로 흉하다(豐其屋, 蔀 其家, 闚其戶, 闃其无人, 三歲不覿, 凶).'

풍요 뒤의 일본, 후쿠시마 이후의 일본을 이것보다 잘 설명할 수 있는 말은 없습니다. 멸망한 모든 유적들이 보여주듯, 풍요의 절정은 어디나 똑같습니다(日中則昃, 月盈則食, 天地盈虛, 與時消息, 而況於人乎. 況於鬼神乎).

일본은 전후 70년을 지나며 덴노가 완전히 가려졌다고 생각하지만 그렇지 않습니다. 아시아의 피해자들뿐 아니라 일본 민중도 덴노가 전쟁의 책임을 져야 한다는 걸 알고 있습니다. 메이지 덴노에서 다이쇼, 쇼와, 지금의 아키히토에 이르기까지 그들은 청일전쟁, 러일전쟁, 아시아태평양전쟁, 전후 보상과 사과 모든 면에서 실제적인 책임을 져야 할 주체입니다.

일본인들은 그 사실을 알았지만 말하지 않았고, 말하지 않는 걸 불문율로 했습니다. 사회 전체에 거대한 심리적 부조리의 씨앗이 심어졌습니다.

일본은 헌법 제1조 '천황은 일본국의 상징이고 일본 국민 통합의 상징으로, 그 지위는 주권의 주인인 일본 국민의 총의에 근거한다'를 개정해야 합니다. 이걸 못하면 덴노는 일정 주기를 두고 또 폭발할 것입니다.

■ 여(旅) −지구별 여행

돌아오기만 해도 성공이다

시간과 공간이 만나는 어느 자리.
나는 우주의 어느 별에서 태어났다.
시간과 공간의 의미를 아는 우리들은
어릴 때부터 우주 시민으로 자랐다.

지구는 우주에서 가장 아름다운 초록별.
우리는 누구나 지구에서 공부하고 싶었다.
지구에서 공부하기 위한 조건.
'영혼이 성장하지 못하면 윤회의 쳇바퀴를 벗어날 수 없다.'

'가는 건 선택할 수 있지만 돌아오는 건 쉽지 않다.'

지구별 여행.
돌아오기만 해도 성공이다(旅, 小亨, 旅貞吉).

시간과 공간 속을
생각의 속도(思速)로 여행하던 나에게
몸은 감옥이었다.
몸은 끊임없이 매일 매일 먹어야 하고,
쉬어야 하고, 욕망을 따라 나를 끌고 다녔다.
정말 '몸뚱이'였다(旅瑣瑣, 斯其所取災. 志窮災也).

그나마 몸이 고통스럽지 않은 시간도 있었다.
집을 사고, 돈을 벌고,
사랑하는 아내와 행복한 삶을 꾸리기도 했다.
이 행복이 영원할 거라고
생각했다(旅卽次, 懷其資, 得童僕, 貞. 終无尤也).

지구별은 공부하는 별.
삶은 고통의 바다.

전쟁은 내 삶의 모든 걸 빼앗아갔다.
너무나 고통스럽고 정신이 없었던 나는

내가 잃은 것을 '내 것'이라고 생각했다.

착각이었다.

환상이 내 삶을 덮쳐왔다(旅焚其次, 喪其童僕, 貞厲).

나는 견딜 수 없었다.

나 하나 지키는 것도 고통스러웠다.

지금 이건 여행인데, 여행을 끝낼 자신이 없었다.

돌아가지 못하고

죽을 것만 같았다(旅于處, 得其資斧, 我心不快).

꿈을 꾸었다.

화살 하나를 쏘아 꿩을 잡는 꿈.

꿩은 내 품속으로 떨어져 지혜가 되었다.

꿩은 꿩이 아니라 지혜였다.

'아! 이건 여행이지.

내 몸이 내가 아니지'(射雉, 一失亡, 終以譽命. 上逮也).

시간은 나를 치유했고

나는 몸에 갇히지 않을 수 있게 되었다.

내 몸을 마음 가는 대로 이끌 수 있었다.

여행이 끝났다.

지구에서 가지고 갈 수 있는 건 아무것도 없었다.

힘든 여행을 잘 견뎌준 '몸'에게 고마웠고,

사랑하는 사람들과 함께할 수 있어서

기쁜 시간이었다(鳥焚其巢, 旅人先笑, 後號咷, 喪牛于易, 凶).

나는 고향으로 돌아왔다.

旅, 小亨, 旅貞吉.

조금 형통하다. 여행길에는 바름을 지켜야 길하다.

(여행은 죽지 않고 살아 돌아오기만 해도 성공이다.)

山上有火, 旅, 君子以明愼用刑而不留獄.

산 위에 불이 난 것처럼 (불길이 이리저리 날아다니는 것처럼) 여행은 이리저리

정처 없이 휘날리는 것. 여(旅)의 군자는 이를 보고 죄지은 사람의 삶이 오갈 데

없다는 것을 알아채고 신중하게 형벌을 사용하고, 가능한 한 감옥에 잡아두지

않는다.

−

1. 旅瑣瑣, 斯其所取災. 志窮災也.

여행 중에 자질구레한 것에 매달리니 재앙을 당한다. 생각이 막혔기 때문이다.

(여행 때는 이것저것 따져서는 안 된다. 있으면 있는 대로 없으면 없는 대로 받

아들여야 한다.)

2. 旅卽次, 懷其資, 得童僕, 貞. 終无尤也.

여행 중에 잠자리를 얻고, 경비도 넉넉하고, 심부름꾼도 얻었다. 바름을 지킨다. 걱정할 게 없다.

3. 旅焚其次, 喪其童僕, 貞厲.

여행 중에 숙소가 불타고, 함께 있던 심부름꾼도 잃었다. 곧음을 지켜 어려움에 대처해야 한다.

旅焚其次, 亦以傷矣, 以旅與下, 其義喪也.

숙소를 불태우며 상처를 입은 데다 함께 여행하던 아랫사람들과 의리마저 잃었다.

(돈 잃고, 사람 잃고, 오갈 데 없는 신세, 죽지 않은 것만이라도 다행이다 생각해야 할 상황.)

4. 旅于處, 得其資斧, 我心不快.

임시 처소에 머물렀다. 돈과 호신용 무기는 가지고 있지만 마음은 불편하다.

(정처없는 여행길, 처량한 마음.)

5. 射雉, 一失亡, 終以譽命. 上逮也.

화살 하나를 쏘아 꿩을 잡았다. 결국 하늘의 선물을 받는다. 위로 나아갔기 때문이다.

(오랜 여행이 끝나 얻고 싶었던 꿩, 즉 밝은 지혜를 얻었다. 여행을 통해 지혜로워지고 성숙해져서 돌아왔다.)

6. 鳥焚其巢, 旅人先笑, 後號咷, 喪牛于易, 凶.

새의 둥지가 불타버렸다. 여행자가 처음엔 웃다가 뒤에는 통곡한다. 유역에서 소를 잃어버리니 흉하다.

以旅在上, 其義焚也, 喪牛于易, 終莫之聞也.

여행 중에 높은 곳에 있고자 하니, 마치 불이 타오르는 것 같다. 유역 땅에서 소를 잃고 끝내 그 소식을 들을 수 없다.

(여행은 죽지 않고 살아 돌아오면 성공이다. 여행자가 조심하지 않고 지나치게 높은 곳, 높은 자리에 있는 것은 불타는 둥지에 앉아 있는 것과 마찬가지다. 유역 땅에서 소를 방목하던 상나라의 조상 왕해가 소를 빼앗기고 죽임을 당한 것처럼 여행은 위험하다. 여행의 초기엔 웃을 일이 많지만, 여행의 끝에 이르면 통곡할 일이 많다.)

우리 아이들은 삶을 뒤돌아보면 여행으로 가득 채워졌다고 말합니다. 언제나 여행을 준비하고, 여행하고, 다시 돌아와 공부하고, 또 한 단계 더 높은 여행을 떠났던 것이 청소년 시기의 기억입니다. 한국의 청소년이라면 극소수 0.01퍼센트 정도만 경험할 수 있는 삶을 살았습니다. 대부분의 시간 동안 학교로부터 자유로웠습니다. 대안학교를 다녔기에 가능한 경험이었습니다.

아이들이 먼 여행을 떠날 때마다 주역의 여괘를 읽어주었습니다. 여행 중에 무수 일을 겪을지, 인간관계는 어떻게 파괴될지, 말할 수 없이 자신이 처량해 보일 때 어떻게 대처해야 할지 등등의 이야기를 합니다. 그리고 끝에 반드시 붙이는 말. '죽지 않고 살아서 돌아오면 성공이다.'

큰아이는 여행 중 가끔 제게 메일을 보냈습니다.

'아빠, 나 죽지 않고 살아서만 돌아가면 되는 줄은 아는데, 이렇게 힘들 줄은 몰랐네.'

작은아이는 많은 사람들이 기대하고 지원하는 여행을 떠날 때 부담을 느끼곤 했는데, 아빠가 해주는 말에 힘을 얻었다고 합니다.

'살아서 돌아오기만 하면 되는구나. ㅎㅎㅎ.'

아이들 모두 여괘를 읽은 게 큰 힘이 되었다고 말합니다. 여행 중에 '집이 불타고, 가까운 사람들이 떠나고, 소를 잃어버린다'는 것을 알고 있었기에 실제 그 일이 일어났을 때 침착하게 대응할 수 있었습니다.

여괘는 여행자들에게 '살아서 돌아가기만 하면 돼. 말할 수 없이 힘든 시간을 보낼 수도 있지만, 모든 건 다 지나가는 거야. 이 여행이 지나면 지혜를 얻게 돼. 영혼이 몸에 갇히지 않고 자유를 얻게 돼. 두려워하지 말고, 몸에 휘둘리지 말고, 오늘도 걸어봐. 고향으로 돌아갈 시간이 얼마 남지 않았어' 이렇게 속삭입니다.

이 속삭임을 들은 아이들은 삶을 여행으로 만듭니다. 우리는 지구별에 여행을 왔고, 여행 속에서 다시 여행을 합니다. 여괘는 여괘를 설명하면서 다시 여행을 이야기합니다.

주역의 저자는 '여행 속의 여행'이라는 의미를 이해하고 있었습니다(旅, 小亨, 旅貞吉).

우리들 누구나 우주가 고향입니다. 우리는 몸을 벗게 되면 우주로 돌아갑니다. 몸을 위해 한 일은 어느 것이나 남김없이 허망합니다. 내 몸이 내가

아니라 '몸뚱이'라는 사실의 자각이 우리를 책임 있는 지구인으로, 우주의
식을 가진 깨달음의 존재로 성장하게 합니다.

■ 손(巽) – 내 안의 신성과 만나는 자율적 영성

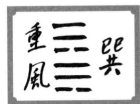

작은 것이 아름답다

우리 마음 안에는 신성의 밝은 빛이 살아있다.

맑고 밝고 따뜻한 마음들은

서로 감응하고 따른다(重巽以申命).

그 마음이 어우러지면 우리 삶에 자율성이 생긴다.

제도를 넘어 마음과 마음으로 할 수 있는 일이 생긴다.

학교가 아니라도 아이들은 배움의 축제를 즐긴다.

내 몸을 스스로, 함께 돌보며 건강한 삶을 살 수 있다.

서로를 지배하지 않고도 기업을 운영할 수 있다.

국가가 아니라 우리 서로를 위해
공동체에 충성할 수 있다(隨風, 巽, 君子以申命行事).

결국 용기였다.
학교, 병원, 교회, 국가 모두 두려움에서 생겨났다.
'이게 아닌데······' 하면서도
끌려가버렸다(頻巽, 吝. 志窮也).

바람이 서로 어우러지고 감응하듯이 사는 이들은
대안학교를 만들어내고, 다양한 협동조합을 조직하고,
생태공동체를 만들었다(悔亡, 田獲三品. 有功也).

작은 것이 아름답다.
우리 삶은 우리 스스로
선택할 수 있다(巽, 小亨, 利有攸往, 利見大人).

巽, 小亨, 利有攸往, 利見大人.
작은 것이 아름답다. 나아가는 것이 이롭다. 대인을 보는 것이 이롭다.

重巽以申命.
두 개의 바람이 만나기에 신명이라고 한다.
(나의 바람과 하늘의 바람이 서로 어우러져 하나가 된다. 내 마음의 신성과 사회

적 과제가 만나 서로 조화를 이룬다.)

隨風, 巽, 君子以申命行事.

바람이 살랑살랑 이어서 불어오는 것처럼, 손의 군자는 기억하고 또 가르치면서

내가 가진 선물을 나누고 실천하는 삶을 산다.

—

1. 進退, 利武人之貞.

나아갈지 물러갈지 망설인다. 군인의 마음을 가지는 것이 이롭다.

(두려움 없이 나아가라.)

2. 巽在牀下, 用史巫紛若吉, 无咎.

상 아래에서 제사장이 정성을 드리듯 하니 길하고 허물이 없다.

(하늘에 제사 드리는 제사장이 제단 앞에서 자기 몸을 낮추고 정성을 드리듯이

순종하라.)

3. 頻巽, 吝. 志窮也.

마지못해 순종하니 답답하다. 내 생각과 의지가 막혀있기 때문이다.

(순응해야 하니까 순응을 하지만, 내 생각과 달라 쉽지 않다. 자율적 삶을 살 수

없다.)

4. 悔亡, 田獲三品. 有功也.

후회가 사라진다. 사냥을 나가 삼품을 얻었다. 공을 세운 것이다.

(더불어 사는 자율적 삶을 통해 구체적인 성과를 얻는다.)

5. 貞吉, 悔亡, 无不利, 无初有終, 先庚三日, 後庚三日, 吉.

곧아서 길하다. 후회가 사라진다. 불리할 것이 없다. 처음엔 어렵지만 나중에는

좋아진다. 어떤 일의 앞뒤를 잘 살펴서 실행하니 길하다.

(무슨 일이든 처음 자리 잡는 건 쉽지 않다. 자율적 삶일수록 합리적인 판단이

중요하다.)

6. 巽在牀下, 喪其資斧, 貞凶.

상 아래에서 순종하다 재산과 도끼를 잃는다. 바르더라도 흉하다.

巽在牀下, 上窮也, 喪其資斧, 正乎凶也.

상 아래에서 순종하는 건 윗자리에 있는 사람으로는 궁색하다. 재산과 도끼를 다

잃었지만 문제를 바르게 처리할 수 있을까? 흉하다.

(높은 자리에 있는 사람은 순종하기 위해 있는 것이 아니다. 자리가 가진 역할

이 있다. 지나치게 순종하다 자기의 자리와 역할을 다 잃고 나면 문제를 풀 수

있을까.)

모세가 쓴 성경에 〈신명기〉(申命記)가 있습니다. 구약성경의 다섯 번째 이

야기입니다.

〈신명기〉는 이스라엘 민족이 이집트의 폭력적인 지배질서를 벗어나서 가

나안으로 가는 가운데 광야에서 공동체의 질서를 세워가는 이야기입니다.

유명한 모세의 '십계명'도 〈신명기〉에 나옵니다.

모세는 40년 동안의 광야 생활을 통해 이스라엘 민족을 왕의 지배에 따르는 노예 같은 신민이 아니라 야훼 하느님을 마음에 모신 자율적이고 민주적인 공동체 구성원으로 다시 탄생시킵니다. 이스라엘 민족은 사울과 다윗을 왕으로 선출해서 왕국을 건설하기 전까지 위기가 닥치면 부족 전체를 지휘하는 판관 체제를 오랫동안 유지했습니다.

유명한 판관 중의 한 사람이며 이스라엘의 민족적 위기를 이겨낸 영웅 기드온에게 왕이 되어줄 것을 요청하는 이야기가 있습니다.

"당신께서 우리를 미디안의 손에서 구원해주셨으니, 당신과 당신의 자손들이 우리를 다스려 주십시오."

"내가 여러분을 다스릴 것도 아니고, 내 아들이 여러분을 다스릴 것도 아닙니다. 여러분을 다스리실 분은 주님이십니다."

(〈판관기〉 8장 22~23)

판관이 기본적으로 하는 일은 재판과 조정입니다.

모세가 판관들에게 하는 이야기는 3,000년이 지난 지금 들어도 명연설입니다.

"너희 동족 사이에 문제가 생기면 잘 듣고 의롭게 재판하여라. 동족뿐 아니라 동족과 이방인 사이도 그렇게 하여라. 너희는 재판할 때 한쪽을 편들어서는 안 된다. 낮은 자의 말이나 높은 자의 말이나 똑같이 들어주어라. 재판은 하느님에게 속한 것이니 사람을 두려워하지 마라."

(〈신명기〉 1장 16~17)

444

손괘(巽卦)는 주역의 〈신명기〉입니다.

두 개의 바람이 이어진 모습을 가진 손괘는 두 개의 바람이 서로 어우러진 모습을 통해 하늘의 바람과 땅의 바람이 서로 교류하는 사회(重巽以申命), 하늘의 뜻과 사람의 의지가 서로 호흡하듯이 조화롭게 만나는 사회를 그립니다.

'신명'의 사회는 작은 것이 아름답고, 용기를 내어 누구나 좋은 삶을 실천하고, 지혜로운 이들이 존중받는 사회입니다(巽, 小亨, 利有攸往, 利見大人).

이런 사회에 사는 사람들은 자전거나 오토바이를 타면 갈 수 있는 정도의 거리에서 친밀한 관계를 유지하고, 저녁마다 마을 도서관에 모여서 책 읽고 토론하고, 좋은 영화를 봅니다. 자신의 삶을 자연과의 관계 속에서 바라보기에 누구나 시적인 감성이 개발되어 시를 쓸 수 있게 됩니다. 인구 2,000~3,000명 정도, 면 단위 규모에서 구상할 수 있는 미래사회의 모습입니다.

법과 제도의 규제, 국가의 독점이 풀리면 면 단위 정도의 규모에서 주민들이 자율적으로 학교를 운영할 수도 있고, 생산공동체를 운영해서 소비자들과 직접 만날 수도 있고, 다양한 문화적 경험들을 시와 노래, 그림, 연극과 영화, 소설과 수필로 표현해낼 수도 있습니다. 마을 도서관은 이런 공동의 기획을 위해 공부하고 연구하고 토론하는 공간이 될 수 있습니다. 손괘는 이런 삶을 신명행사(申命行事)라 했습니다(隨風, 巽, 君子以申命行事).

신명은 흔히 '지켜야 할 명령'이라고 해석하는데, '기억하고 또 기억해야 할 하늘의 선물'이라고 해석하는 게 의미가 살아납니다. 실제로 '명'(命)이라는 말은 대부분의 경전에서 명령이라는 의미보다는 선물이라는 의미로 쓰입니다.

우리는, 우리가 얼마나 많은 선물과 은혜 속에 사는지 잊어버리고 금세 더 많은 것이 필요하다는 거짓에 빠져서 국가와 자본의 통제에 휩쓸려 들어가 버립니다. 내 삶의 선물을 잊어버리면 우리는 다시 기억해야 할 때까지 거친 삶을 살아야 합니다.

모세의 이야기를 하나 더 읽어봅니다.

"그분께서는 너희를 낮추시고 굶주리게 하신 다음, 너희도 모르고 너희 조상들도 몰랐던 만나를 먹게 해주셨다. 그것은 사람이 빵만으로 살지 않고 주님의 입에서 나오는 모든 말씀으로 산다는 것을 너희가 알게 하시려는 것이었다. 이 40년 동안 너희 몸에 걸친 옷이 해진 적이 없고, 너희 발이 부르튼 적이 없다. 너희는 마치 사람이 자기 아들을 단련시키듯, 주 너희 하느님께서 너희를 단련시킨다는 것을 마음 깊이 알아두어야 한다."
〈신명기〉 8장 3~5)

모세의 연설은 몇 번을 읽어도 감동적입니다. 그런데, 이런 삶을 신앙하는 유대인들이 어째서 오늘날 팔레스타인 사람들을 그토록 모질게 대할까요? 왜 자율성은 유대인의 권리라고만 생각하게 되었을까요?

자율성을 좁은 범위에 가두는 것, 타 민족을 차별하고 억압해서 얻는 신앙과 자율성.

답을 찾을 수 없는 딜레마입니다(巽在牀下, 喪其資斧, 貞凶).

■ 태(兌) – 기쁨

重澤 兌

이어진 연못처럼

동아시아의 바다는 동해, 서해, 남해,
일본해, 동중국해가 아니다.
동아시아 지중해이다.
바다의 눈으로 우리 삶을 바라보면 다른 세계가 보인다.
한국, 중국, 일본은 동아시아 지중해를 사이에 둔 형제.

우리의 의식이 낮을 때는 전쟁을 일으키고
힘과 권력으로 끌어당겨서
승리하고 빼앗는 걸 기뻐했다(引兌. 未光也).

형과 동생이 이익을 따지고

서로를 착취하고 이용하면서

기뻐한 때도 있었고(商兌未寧, 介疾有喜),

형제가 잘되면 샘이 나기도 하고 부럽기도 했다(來兌, 凶).

우리는 동아시아 지중해를 사이에 둔 형제.

서로에 대한 믿음과 진심으로(孚兌, 吉, 悔亡. 信志也)

평화와 조화를 위해(和兌, 吉. 行未疑也).

이어진 연못처럼 서로가 서로에게 배우고

가르치는 기쁨을 나눌 수 있다(麗澤, 兌, 君子以朋友講習).

兌, 亨, 利貞.

형통한다. 바름을 지키니 이롭다.

兌, 說也. 剛中而柔外,

태는 기쁨이다. 강한 것이 안에 있고 부드러운 것이 밖에 있어 외유내강이다.

麗澤, 兌, 君子以朋友講習.

이어진 연못처럼, 우리는 서로 배우고 가르친다.

(이어진 연못에 물이 들어오면 두 연못이 평평해지듯이, 새로운 것을 배우면 서

로 가르쳐주고 함께 성장하는 기쁨을 누린다.)

━

1. 和兌, 吉. 行未疑也.

누구와도 조화롭게 기쁨을 나누니 길하다. 그 행동에 의심할 것이 없다.

2. 孚兌, 吉, 悔亡. 信志也.

진심으로 대하니 기쁘고 길하다. 후회가 사라진다. 그 뜻을 믿을 수 있기 때문
이다.

3. 來兌, 凶.

찾아가서 기뻐하니 흉하다.

(남의 것을 부러워한다.)

4. 商兌未寧, 介疾有喜.

이익을 따져 기뻐하니 편안하지 않다. 아첨을 막으니 기쁘다.

5. 孚于剝, 有厲.

각박한 것을 믿으려 하니 위험이 있다.

(말려들지 말아야 할 것을 믿고 따라가는 상황이다.)

6. 引兌. 未光也.

끌어와서 기뻐한다. 밝지 않기 때문이다.

(돈과 권력으로 누리는 기쁨, 제국주의 지배자의 기쁨을 말한다.)

태괘는 진정한 기쁨에 대한 상상입니다. 태괘의 상징은 이어진 연못입니다 (麗澤). 왜 이어진 연못을 진정한 기쁨이라고 생각했을까요?

경제성장을 말할 때 흔히 낙수 효과(트리클 다운)를 이야기합니다. 그릇에 물이 차면 넘쳐서 다른 곳에도 도움이 되니, 우선 성장 대상을 집중 지원하자는 논리입니다. 즉 성장 가능 기업이 이익을 남겨야 사회 전체로 확대되니까 잘하는 기업을 더 많이 지원하고, 그 기업이 고용을 확대하길 기대하는 것입니다. 이와 같은 논리를 한국에서는 오래전부터 아랫목, 윗목 이론으로 설명했습니다. 방에 불을 땔 때는 아랫목이 먼저 따뜻해져야 윗목도 따뜻해진다는 생각입니다.

낙수 효과나 아랫목 이론은 모두 사회적 차등을 전제로 합니다. 반면에 주역은 '여택'(麗澤) 즉 이어진 연못처럼 해야 한다고 말합니다. 이어진 연못에서는 한쪽 연못으로 물이 들어오면 바로 이어진 다른 연못으로 물이 들어가 평평해집니다. 차등을 최소화할 뿐만 아니라 가능한 한 빠른 시간 안에 서로 같은 수준이 됩니다.

이어진 연못은 단순히 서로 공평해져야 한다거나 평등해져야 한다고 말하지 않습니다. 이어진 연못을 설명하면서 '붕우강습'(朋友講習)을 말하는 건 벗들이 서로 배우고 가르쳐서 성장하는 걸 지향하기 때문입니다. 함께 성장해서 모두가 더 나은 실력과 힘을 가지는 것입니다.

동아시아인들은 오랫동안 이어진 연못처럼 서로가 서로에게 배우고 가르치며 함께 성장해왔습니다. 하나의 새로운 생각이 어딘가에 자리를 잡으면 오래지 않아 이웃나라가 배워서 처음 시작할 때보다 더 정교하고 세련된 모습으로 진화해갔습니다. 이 때문에 고고학 연구의 중요 주제 중 하나가 세 나라의 문화와 생각이 이어지는 고리를 찾는 것이기도 합니다.

20세기 근대는 동아시아인들에게는 서로가 서로에게 분노와 치욕의 경험이었습니다. 이어진 연못이 아니라 트리클 다운 같은 개념이 적용되었습니다. 일본과 한국, 중국의 제국주의 지배세력의 그릇에 물이 가득 차면, 거기에서 떨어지는 물방울을 협력세력이 핥아먹고, 한국과 중국, 일본의 민중들은 억압당하고, 죽임을 당하고, 모욕을 당했습니다(引兌. 未光也). 아시아태평양전쟁, 한국전쟁이 끝난 뒤에도 냉전과 경제제일주의가 지배하면서 동아시아의 관계는 동아시아 지중해를 사이에 둔 형제의 나라가 아니라 적대감으로 대립하고, 돈만이 의미를 가지는 냉혹하고 이기적인 관계였습니다(商兌未寧).

21세기 동아시아는 바다의 이름부터 바꿔야 합니다. 동아시아 지중해를 사이에 두고 진정으로 사랑하는 평화로운 형제의 삶을 살아야 합니다. 매년 중국 상하이에서는 동아시아 지구 시민촌 회의가 열립니다. 동아시아 평화활동가들의 국제회의입니다. 동아시아 지중해를 사이에 둔 형제들이 서로의 경험을 공유하고 지향해야 할 미래 비전을 찾는 만남입니다. 이 회의를 기반으로 다양한 동아시아 네트워크가 만들어지고 있습니다. 동중국해와 일본해, 동해, 서해로 갈라졌던 바다가 이어지고 있는 겁니다.

20세기 인류의 지혜를 모아 유럽연합을 탄생시켰듯 우리는 동아시아연방을 이루어낼 겁니다. 그리고 우리 인류는 마침내 이웃한 나라 사이에 수천 년 동안 쌓였던 고통의 트라우마를 극복하고 진정한 기쁨과 평화의 세상, 모든 지구인들이 형제라는 깨달음을 얻게 될 겁니다.

손괘(巽卦)와 태괘(兌卦)는 서로 짝입니다. 손괘는 민주적이고 자율적인 삶을 살게 되지만, 작은 공동체 안에 갇히는 경향이 있습니다. 손괘의 가치는 확대되지 않고 제자리를 맴돕니다.

태괘는 자기를 막았던 장막을 걷어내고 넓은 바다로 나아갑니다.

손괘에서 볼 수 있었던 이스라엘과 팔레스타인의 차별과 억압 같은 부정적인 모습은 태괘에 와서 적대감 없는 평등과 평화의 바다가 열리며 풀어집니다.

동아시아 평화의 바다는 지역 갈등으로 인해 고통을 겪고 있는 수많은 인류에게 빛이 될 것입니다.

■ 환(渙) - 쌓지 말고 골고루 뿌리자

소유는 도둑질이며 살인이고 전쟁이다

오랫동안 인류는 전쟁을 범죄로 생각하지 않고
국가전략의 하나로 여겼다.
심지어 유목민과 해적들은
힘이 있는 집단이 약한 집단에게 빼앗는 것을
당연한 사회윤리처럼 생각했다.
북미 원주민의 땅을 빼앗고 죽인 것도
미국의 입장에서는 서부개척 정책일 뿐이었다.

상업이 시작되고 원거리무역이 이루어지던

초기의 국제무역은 대부분 사기와 조작,
거짓과 협박이 실력으로 평가받았다.
노예거래는 국가가 공인하는 무역이었다.
인류가 이런 낮은 의식단계를 벗어나
약탈과 사기, 노예거래를 규제하고
합리적인 질서를 세우기까지는 오랜 시간이 걸렸다.

약탈이 규제되자 약탈은 합리성 속으로 들어왔다.
빨대를 꽂아 피를 빨듯이
드러내지 않고 지속적으로 약탈하는 방법이 개발되었다.
지대, 임대료, 집세, 주식, 부당한 상거래,
적게 일하고 많이 받는 초과보수……
이걸 도둑질이라고 생각하기는 쉽지 않다.
사회의 합리적인 작동원리라 생각하고 권장되기도 한다.
누구나 조금 일하고 많이 얻는 게 당연하다고 생각한다.

소유와 돈에 대한 인류의 마지막 성찰 과제는
'소유와 약탈'이다.
'소유가 도둑질이고 살인일 수 있을까?'

최소한의 기본생활이 보장되지 않는 사람들이 많고,
그들이 삶의 고통을 이기지 못하고 스스로 목숨을 끊고 있다면,
자살하는 사람이 전쟁 국가의 희생자보다 많다면,

소유는 도둑질이다.

소유는 살인이다.

소유는 전쟁이다.

渙, 亨, 王假有廟, 利涉大川, 利貞.

형통한다. 왕이 종묘에서 제사를 지낸다. 큰 강을 건너는 것이 이롭다. 바르므
로 이롭다.

(흩어지는 마음을 모으기 위해 왕이 종묘에서 제사를 지낸다. 이렇게 힘을 모은
다음 어려운 과제를 해낼 수 있다.)

風行水上, 渙, 先王以享于帝立廟.

바람이 물 위를 지날 때, 바람 따라 물이 흩어지는 것을 보면서 옛 임금들은 종묘
에서 하늘에 제사를 드렸다.

━

1. 用拯馬壯吉.

튼튼한 말을 얻어 흩어지는 상황을 극복한다. 길하다.

(어려울 때 도와줄 사람을 만난다.)

2. 渙奔其机, 悔亡.

밀려서 흩어질 때 책상에 기댄다. 후회가 사라진다.

(사방으로 흩어지는 상황에서 기대어 안정을 얻을 곳을 찾는다. 책상에 기대어 공부한다.)

3. 渙其躬, 无悔. 志在外也.
몸을 바꾼다. 후회가 없다. 뜻과 의지가 밖에 있기 때문이다.
(병이 들거나 해서 몸을 바꿔야 할 상황이다. 자기만 생각했던 삶을 반성하고 더 넓게 마음을 쓰는 기회를 만든다.)

4. 渙其群, 元吉, 渙有丘, 匪夷所思. 光大也.
무리를 흩으니 크게 길하다. 흩고 나니 언덕이 생긴다. 평범한 사람이 생각할 수 있는 게 아니다. 크고 밝기 때문이다.
(사적인 욕망을 가진 집단을 흩어버리고 나면 좋은 사람들이 인산인해를 이루며 모여든다.)

5. 渙汗其大號, 渙王居, 无咎.
땀을 흘리며 중요한 명령을 내린다. 왕의 재물을 골고루 나누어준다. 허물이 없다.
(국가의 재난 같은 상황에서 국가재정을 필요한 곳에 알맞게 흩뿌리듯이 골고루 나눈다.)

6. 渙其血去逖出, 无咎.
근심을 흩뿌려 멀리 사라지게 한다. 허물이 없다.

제게 주역 강의를 들은 어떤 분의 이야기를 하고 싶습니다.

주역은 결국 점(占)이라는 문제와 만나게 됩니다. 주역의 철학적 의미를 이해하는 분들도 점(占)에 대한 입장은 다 다릅니다. 주역 이론가들은 점의 의미를 중요하게 생각하는 사람들을 '상수학파'(像數學派)라고 하고, 주역의 철학적 의미를 우선하는 사람들을 '의리학파'(義理學派)라고 합니다. 오랫동안 두 집단은 서로 대립하기도 하고 의지하기도 하면서 주역을 발전시켜왔습니다. 이른바 적대적 공생의 전형적인 관계로. 서로 의지해왔던 것입니다.

저는 어느 수준까지는 점이 중요하다고 생각하고, 일정한 이해가 넘어가면 점은 선택적이라고 생각합니다. 점 없이도 주역에서 이야기하는 상황을 대부분 알 수 있고, 꼭 필요한 경우나 연습으로 보여주기 위해 점을 사용합니다.

연애하는 사람들은 주역 괘를 찾을 것도 없이 연애를 상징하는 함괘를 읽으면 연애에서 자기가 어떤 상황에 있는지 대부분 알 수 있습니다. 이런 판단이 잘 안 될 때 점을 쳐서 괘를 찾을 수 있다고 생각하는 겁니다.

아직 젖을 먹는 아이가 있는 아기 엄마였습니다. 어느 날 병원에서 암 진단을 받았습니다. 너무 어이가 없고, 아기가 불쌍해서 사흘 밤낮을 울었답니다. 그러다 문득 저와 주역 공부하던 게 기억이 나서 마음을 모아 질문을 만들고 동전점을 통해 주역 괘를 찾았습니다.

'제게 온 암은 무슨 의미입니까? 어떻게 해야 몸을 회복할 수 있습니까? 하늘의 지혜를 구합니다.'

주역은 이 질문에 대해 환괘(渙卦) 2효와 3효를 답으로 줬습니다.

삶이 전환될 시간이 왔다는 의미입니다. 치유를 위해서는 자신의 상황을 깊이 성찰하고 공부해야 하고, 수련으로 몸을 단련해야 한다는 권유를 받았습니다(渙奔其机, 渙其躬). 조금 더 읽으면, 이 과정을 거쳐 몸이 회복된 이후에는 자신이 가진 것을 사회를 위해 봉사하고 나누어줄 기회를 가질 수 있다는 것까지 알 수 있습니다.

아기 엄마는 환괘를 읽으며 자신을 깊이 성찰하게 되었고, 무엇보다 자신이 가진 것이 그렇게 많은 걸 몰랐다는 자각이 생겼습니다. 암이 온 이유는 그에게 이걸 보여주기 위한 하늘의 선물이었습니다.

암이 치유되기 위해서는 여러 가지 힘이 함께 어우러져야 합니다. 좋은 약과 의사, 보호자, 깨끗한 자연환경, 좋은 음식……. 그러나 가장 중요한 것은 환자의 의지와 병에 대한 마음가짐입니다.

아기 엄마는 가끔씩 암 치료 과정에서 일어나는 마음의 변화를 글로 써서 제게 보내줍니다. 병원에서 함께 치료받는 환자들 가운데 제일 즐겁게 생활한다는 자랑도 했습니다. 삶을 대하는 개인의 자각을 넘어 사회를 바라보는 눈도 바뀌고 있습니다. 작은 자아에서 큰 자아로 진화하는 중입니다. 주역의 이해를 통해 자신의 삶을 변화시키는 전형적인 사례입니다.

환괘는 지금 우리 사회에서 일어나는 많은 문제의 답을 가지고 있습니다. 지금은 공기를 전환해야 할 환(渙)의 시대입니다. 돈과 기회가 한 곳에 쌓여있지만 제대로 나눌 수 있는 지혜가 없습니다. 이렇게 되면 개인과 사회가 병들게 됩니다.

이런 경우는 합리적인 판단보다 우리 삶의 공기를 환기하는 게 더 중요합니다. 가난과 실업은 누구도 답을 찾을 수 없고, 어떤 정책으로도 이 문제를 풀 수 없습니다. 안 되는 걸 억지로 하려고 하면 문제만 더 꼬이게 됩니다. 조건 없이 전 국민에게 기본소득을 지급할 필요가 있습니다. 골고루 흩뿌리면 기적처럼 삶이 꿈틀대기 시작합니다(渙汗其大號, 渙王居, 无咎). 공기가 바뀌면 맑은 공기로 숨을 쉴 수 있고, 새로운 공기로 숨을 쉬면서 창의적인 활력이 생기기 시작합니다.

■ 절(節) − 절약

전기는 눈물을 타고 온다

둘째아이가 태어나던 시기에 나는 명상을 시작했다.

명상과 기도 속에서 아이를 만나고, 이름도 지었다.

그림처럼 아이의 이름이 떠올랐다.

한 아이를 맞는다는 건 얼마나 거룩한 일인가.

그 시기를 전후로 삶을 전체적으로 다시 점검했다.

지금처럼 살면 내 아이가 어떤 고통을 겪을지

하나하나 눈에 보였다.

핵발전소는 큰 두려움으로 다가왔다.

고압 송전탑은 눈물을 깔고 지나간다는 것도 알게 되었다.
우리 아이의 미래가
핵으로 파괴되는 삶일 수는 없다고 생각했다.

대부분의 전기제품을 없애고,
라디오 하나 정도만 남겨두는 생활을 시작했다.
아기의 기저귀를 손빨래하고, 아내는 젖을 먹이며
우리 가족은 새로운 세계 속으로 들어갔다.
결국 깊은 산 속 전기 없는 곳에 집을 지었다.

사람이 상상할 수 있는 모든 행복을 다 누렸다.
지금처럼 전기를 쓰면서 행복을 바랄 수는 없다.
전기는 눈물을 타고 오기 때문이다.

節, 亨, 苦節不可, 貞.

형통하다. 지나치게 절제하면 바름을 지킬 수 없다.

澤上有水, 節, 君子以制數度, 議德行.

**연못에 물이 가득 차 있는 것을 보며, 절(節)의 군자는 적절한 정도가 어느 정도
인지 정하고, 그 물을 어떻게 써야 좋을지 의논한다.**

—

1. 不出戶庭, 无咎. 知通塞也.

방 안에 박혀 집 밖으로 나가지 않는다. 허물이 없다. 나갈 때와 막힌 때를 알고 있기 때문이다.

2. 不出門庭, 凶. 失時極也.

집 밖으로 나가지 않으니 흉하다. 때를 완전히 잃어버렸기 때문이다.

(적절한 때를 찾아 나가야 했는데 시기를 놓쳐버렸다.)

3. 不節若, 則嗟若, 无咎. 又誰咎也.

절제하지 못해 탄식하게 된다. 허물이 없다. 자기가 절제하지 못해 생긴 일이니 누구를 탓할 수 있으랴.

4. 安節, 亨.

편안하게 절제한다. 형통하다.

(절도가 있어서 편하고 만족할 수 있다.)

5. 甘節, 吉, 往有尙.

즐겁게 절제하니 길하다. 나아가 하늘을 섬긴다.

(알맞게 아끼고 적절하게 사용해서 위대한 성과를 얻는다.)

6. 苦節, 貞凶, 悔亡. 其道窮也.

절제가 지나치다. 바름으로 흉함에 대처해야 후회가 사라진다. 그 길이 궁색하다.

(써야 할 때 쓰지 못하고 지나치게 절제해서는 안 된다.)

절(節)괘는 절제하는 삶, 아끼는 삶에 대한 이야기입니다.

옛날에는 농사를 주로 지어서 물이 가장 중요했기 때문에 '연못에 물을 모아뒀다가 필요할 때 잘 쓰는 것'을 절괘의 상징으로 사용했습니다(澤上有水, 節, 君子以制數度, 議德行). 그러나 우리 시대의 절(節)은 물보다는 전기입니다.

한국전력과 국가는 핵에너지가 석유에너지보다 안정적이고 저렴하게 생산할 수 있다고 홍보합니다. 그러나 이제는 누구나 알듯이 핵에너지는 에너지를 아끼는 효율적인 방법이 아닙니다(苦節 不可貞).

밀양 송전탑 투쟁에서 경험했듯이 전기는 눈물을 타고 흐릅니다. 많은 사람들의 고통으로 생산되는 에너지를 사용하면서 에너지를 싸고 넉넉하게 쓴다고 좋아할 사람은 없습니다. 에너지도 마음 편하게 쓸 수 있어야 합니다. 할 수만 있다면 농사를 짓는 과정에서 자연에 대한 자각이 일어나듯이 에너지와 자연이 연결되어 자연의 도움 속에 살아간다는 자각이 일어나는 것이 가장 좋습니다(安節, 亨).

밀양 송전탑 반대 운동은 가난한 사람들의 자각에서 시작되었습니다. 첫 시작은 송전탑이 지나가는 땅은 담보 대출이 안 된다는 문제, 즉 재산권 투쟁이었지만 그 전선의 끝에는 핵발전소가 있다는 것을 알게 되었습니다. 핵발전의 원료인 우라늄은 세계의 핵발전소가 사용할 경우 50년 정도의 매장량만을 가진 한정된 자원입니다. 합리적인 생각을 가진 사람이라면 누구나 핵발전에서 빠져나오는 길을 찾아야 한다는 사실을 알 수 있습니다. 한국의 전력산업은 핵 마피아에 장악되어 새로운 에너지정책으로 전환할 수가 없습니다(不出門庭, 凶. 失時極也).

한국전력은 전력산업 민영화 위기 속에서 국민의 지지를 받으며 민영화의 위기를 극복해나가야 합니다. 국민에게 고통을 준 핵폐기물과 고압 송전탑 문제를 해결하기 위해 노력하고, 핵발전소를 장기적으로 폐쇄하고 재생 가능 에너지로 전환하는 노력을 해야 합니다. 하지만 그들은 게으르고, 무엇보다 거대한 몸을 제대로 가누려고 하는 자기의지가 없습니다(不節若, 則嗟若, 无咎. 又誰咎也).

3.11 후쿠시마 대재난 이후 세계는 바뀌고 있습니다. 재생 가능 에너지를 확대하고, 점진적으로 핵발전소를 폐쇄하는 것이 세계적인 추세입니다. 한국도 고리1호기 폐쇄를 결정했습니다. 또한 울진과 삼척, 영광의 반핵운동은 상당한 역량을 축적했기에 더 이상 앉아서 당하지는 않을 것입니다. 핵산업은 더 이상 확대되지 못합니다. 빨리 자각할수록 빨리 안전해집니다(安節, 亨).

농부들은 농사가 힘들다는 사실도 알고 있고, 무엇보다 자기 손으로 농사를 지었기에 한 톨의 쌀이라도 아낍니다. 우리는 앞으로 에너지도 자기 손으로 만드는 사회를 만들 것입니다. 우리 집 지붕에 태양열 집전판을 달고 하루하루 날씨를 보면서 에너지를 쓰게 되면 에너지가 얼마나 소중한지 알게 됩니다. 진짜 절전의 개념은 자기 손으로 생산할 때 가능합니다(甘節, 吉, 往有尙).

핵에너지는 저렴하지도 않고 깨끗하지도 않습니다. 핵에너지를 사용하면서 우리 삶을 지킬 수는 없습니다. 전기권력의 노예가 될 뿐입니다(苦節, 貞凶, 悔亡. 其道窮也).

제가 사는 마을에는 1970년대 후반에 전기가 들어왔습니다. 그 시기를 기억하는 친구들은 얘기합니다. 전에는 밤마다 마을길에서 놀았는데, 전기가 들어오자마자 어머니들은 밤에도 일하기 시작했고, 아이들은 밤에도 방에 앉아서 공부를 해야 했다고.

전기가 들어오는 게 마을마다 간절한 기다림이었지만, 행복은 아니었습니다. 행복은 풍요로움이 아니라 적절한 절제에서 오는 경우가 많습니다.

절괘의 '안절부절'(安節不節)은 누구나 자주 쓰는 말입니다. 절괘가 바로 이러지도 저러지도 못할 때 안절부절못하게 된다는 말의 어원입니다. '감절고절'(甘節苦節)은 현실에서 쓰이지는 않지만, 의미는 압니다. 뱉을 수도 없고 삼킬 수도 없는 상태입니다. 전기에 대한 우리의 현재 모습입니다.

저를 포함해서 누구나 지금의 에너지를 인정할 수 없지만, 전기 없이 살 수도 없습니다. 재생 가능 에너지는 '안절감절'(安節甘節)할 수 있는, 마음도 편하고 생활에도 편리한 절묘한 길입니다. 이 길이 있는데, '부절고절'(不節苦節)하며 가난한 사람들의 고통을 밟고 핵의 위험 속에서 살아야 할 이유가 없습니다.

■ 중부(中孚) – 어미 새가 알을 품듯이

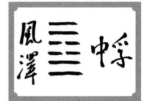

악을 두려워하지 마라.
그도 구원받는다

어미 새가 새끼를 품어 안아 부화하듯이
나는 스스로 껍질을 깨고 나올 수 없다.
내가 깨어남은
수천 수만 부처와 보살들이 품어 안은 덕이다.

내 힘으로, 선한 삶으로,
공덕과 보시로 구원받지 않았다는 자각.
나의 구원과 깨어남이 내 안에 있지 않다는 자각.

그곳에서 믿음이 시작된다(中孚, 豚魚吉, 利涉大川, 利貞).

구원은 선물 같은 것, 축복처럼 내리는 은혜.
아미타불과 나 사이에 나누는
기쁨의 환희(鳴鶴在陰, 其子和之, 我有好爵, 吾與爾靡之).

산다는 것은 죄짓는 일.
죄짓지 않고는 살아갈 수도 없는 일.
죄가 많기에 구원의 은총도
끝없는 것(得敵, 或鼓或罷, 或泣或歌).

나 같은 위선자도 구원받는데.
악을 두려워하지 마라.
그도 구원받는다(有孚攣如, 无咎).

中孚, 豚魚吉, 利涉大川, 利貞.

어미 새가 부화를 위해 알을 품고 있는 상태. 어미와 알 속의 어린 새끼가 서로를 믿듯이 서로 믿고 정성을 다하는 마음. 이런 마음을 가지면 돈어(복어)처럼 미약한 제물이라도 길하다. 큰 강을 건너는 것이 이롭다. 바름을 지켜 이롭다.

澤上有風, 中孚, 君子以議獄緩死.

연못 위에 바람이 불어와 물결이 살랑이듯이 중부의 군자는 감옥에 갇힌 사람을 잘 살펴 죽음을 면하게 한다.

(어미 새가 새끼를 품에 안아 살리듯이 죄를 잘 살피고, 회개하는 사람은 죽여

선 안 된다.)

一

1. 虞吉, 有它不燕. 志未變也.

추우(검은 무늬를 가진 흰색 호랑이)처럼 신의가 있으면 길하다. 다른 것이 있으

면 편안하지 않다. 추우는 뜻과 마음을 바꾸지 않기 때문이다.

(진심을 가지고 만난다.)

2. 鳴鶴在陰, 其子和之, 我有好爵, 吾與爾靡之.

학이 산그늘에서 울면 새끼가 따라 운다. 나에게 좋은 술이 있으니 그대와 함께

마시고 싶다.

(어미와 새끼처럼, 오래된 술친구처럼 서로 믿고 공명하는 관계다.)

3. 得敵, 或鼓或罷, 或泣或歌.

적을 만나 북치며 진격을 하거나, 물러나거나, 울부짖거나 노래를 부르거나 하

는구나.

(문제가 생겼을 때 너무 쉽게 판단하고 행동하는 모습. 자기도 자기를 믿을 수 없

는 상황이다.)

4. 月幾望, 馬匹亡, 无咎.

달이 차면 말이 짝을 잃는다. 허물이 없다. 같은 종류와 관계를 끊고 더 높은 것

을 지향하기 때문이다.

(친구들과 같이 지낼 수 없는 때가 있다. 의식수준이 달라지면 헤어져야 하고, 더

높은 관계로 갈 수밖에 없다.)

5. 有孚攣如, 无咎.

믿음으로 손에 손을 잡으니 허물이 없다.

(알에서 새끼가 깨어 나오듯 서로 믿고 협력해서 하나가 된다.)

6. 翰音登于天, 貞凶. 何可長也.

닭이 하늘로 날아오르니 바름으로 흉함에 대처해야 한다. 닭이 날아봐야 얼마

나 높이 날겠는가.

(능력을 벗어난 과잉 행동으로는 신뢰를 얻을 수 없다.)

한중일 동아시아 세 나라는 서로가 서로를 반영합니다. 생각과 철학도 서

로 속에 서로를 가지고 있습니다.

원효 스님의 불교적 이상을 실천하는 불교조직을 한국에서 찾아보면 잘 보

이지 않습니다. 원효 스님의 신앙은 개혁적인 동시에 민중과 거리를 좁힌

세속적 모습을 가지고 있습니다. 불교가 한반도에 전래되던 초기의 불교는

대부분 왕과 귀족을 중심으로 한 호국불교의 정치적 성향을 가졌습니다.

불교를 수용한 이유도 왕권의 강화를 위해서였습니다.

원효 스님은 민중들이 자유롭게 불교를 믿을 수 있는 길을 열고 싶었습니

다. 수행보다는 '나무아미타불 관세음보살' 염불을 외우게 하고, 절에서 상론할 뿐만 아니라 시장 바닥에서 부처님 이야기를 들려주기도 했습니다. 거기다 어느 시점이 되어서는 요석공주와 결혼해서 설총을 낳기도 했습니다.

보통 원효 스님의 이런 행동을 기행처럼 다루는데, 이 모습은 기행이 아니라 종교적 틀을 벗어나 얻게 되는 구원의 은총입니다. 원효 스님의 이런 자각은 한반도 불교에서는 배척된 반면 일본에서 자리를 잡았습니다.

일본 정토종의 창시자인 신란 스님은 원효 스님의 깨달음을 그대로 받아들였습니다. 현재 일본 불교의 다수를 차지하는 정토종은 염불 중심 신앙, 아미타불에 대한 믿음으로 구원받음, 승려의 결혼에 대한 선택이 특징입니다. 유럽에서 일어난 개신교 혁명과 거의 같은 동아시아 사례입니다. 다만 일본 정토종은 루터의 기독교와 달리 제국주의의 침략 도구로 사용되지 않아 일본 밖으로 확대되지 않았다는 점이 다를 뿐입니다. 그래서 종교 이론가들은 신란 스님을 '일본의 루터'라고 부릅니다.

루터는 가톨릭교회의 타락한 현실을 고발하고, 어려운 라틴어로 된 성경을 일반 민중들이 쓰는 독일어로 번역했습니다. 누구나 쉽게 성경을 읽을 수 있게 되면 사제에 의지하지 않고도 직접 구원의 길에 이를 수 있다고 생각했기 때문입니다. 또한 루터는 인간의 본성이 해결할 수 없는 원죄를 가진 죄인이라고 생각했고, 죄에서 구원받는 길은 노력이나 행위가 아니라 믿음이라고 생각했습니다. 또한 구원의 대상은 예정되어 있다고 믿었습니다. 믿음과 성경 중심, 죄에 대한 자각과 원죄, 구원예정설 등이 루터 신학입니다.

이런 신학이 나오는 배경은 거의 대부분 비슷합니다. 종교가 민중의 삶을 왜곡하고, 순수성을 잃고, 권력과 야합할 때입니다. 권력과 야합한 종교는 구원에 높은 기준을 두고 세속적 욕망과 구원을 연결합니다. 가난한 사람들은 가난할 뿐만 아니라 신에게서 구원받지도 못합니다.

종교 개혁가들은 이 문제를 풀기 위해 일단 구원의 기준을 낮출 데까지 낮추는 시도를 합니다. 먹고 살기 위해 하루 종일 고통스럽게 일하면서도 종교적 착취와 기만의 대상이 되는 가난한 민중들, 무엇보다 내면의 죄의식 때문에 종교에 의지할 수밖에 없는 사람들을 위한 해방의 복음이 필요합니다.

예수께서 이 세상에 오셔서 외친 복음의 의미도 크게 다르지 않습니다. 교양 있고, 종교적 신심이 깊고, 안정된 삶을 사는 이들을 믿음의 중심에 두는 것이 아니라 소외받고 죄의식에 시달리는 세리, 창녀, 장애인 등을 중심에 두었습니다.

이런 형태의 종교적 접근은 동아시아에서는 많지 않습니다. 신란은 이런 종교적 접근을 시도한, 그리고 가장 깊이 진솔하게 다가간 불교 실천가입니다.

신란은 우리가 일본인들에게서 느끼는 좋은 점을 대부분 다 가지고 있습니다. 그는 진지했고, 정직했으며, 전통 불교와 신도의 권력 지향과 세속적 이익 추구와 명확하게 단절합니다. 개인의 구원을 향한 강렬한 열정, 신란의 신앙공동체가 가진 평등하고 봉사하는 자세, 겸손 등은 정토종이 루터의 기독교와 같은 인류 보편 종교가 될 수 있는 가능성을 가지고 있습니다.

신란은 이 세상에는 풀 수 없는 문제가 있다고 생각했습니다. 그는 20여 년
간 천태종 승려로 수련하는 과정에서 자기 욕망을 결코 잠재울 수 없다는
사실을 알게 되었습니다(得敵, 或鼓或罷, 或泣或歌).
전통 불교는 어디든 계정혜(戒定慧) 삼학의 길을 가르칩니다. 불교 계율과
명상, 경전 연구의 세 가지 방법입니다. 그러나 그는 20여 년을 수행자로 산
자신도 삼학을 지키는 것이 어려운데, 일반 민중에게 이를 지키라고 하는
것은 착취의 도구가 될 가능성이 높다는 생각을 했습니다.

루터의 종교혁명을 통해 사제를 거치지 않고도 구원이 가능해졌고, 민중
들이 성경을 자신의 언어로 읽고 믿음으로 구원받으므로 죄의식에 시달리
지 않아도 되었던 의식의 진화가 일본 사회에도 일어났습니다. 신란은 쉬
운 일본어로 경전을 설명했고, 스스로 결혼하여 가정을 가졌습니다. 이를
통해 이전까지 세속과 비세속 출가로 나누어지던 기준을 신자와 불신자의
구분으로 바꾸었습니다(鳴鶴在陰, 其子和之, 我有好爵, 吾與爾靡之).
그는 또한 말법 시대에는 승려들의 존재 의미가 없다는 생각도 합니다. 세
속화되고 조직화된 종교에 대해 명확한 선을 긋고, 가난하고 죄의식에 시
달리는 민중들이 받아들일 수 있는 구원의 길을 열고 싶어 합니다(月幾望,
馬匹亡, 无咎).

신란의 정토종은 구원관도 단순할 뿐만 아니라 예배도 단순합니다. 그들
은 불교를 산으로 가져가는 대신 일반 가정집을 사용했고, 불상 대신 '아미

'타불'이라는 글을 새긴 족자만 걸도록 했습니다. 그리고 염불과 간단한 설법, 노래로 구성된 예배를 창안했습니다. 루터의 종교혁명 이후에 일어난 기독교의 변화와 거의 유사합니다.

오늘날 일본 정토종은 가난한 일본 농민들의 삶의 휴식처처럼 자리를 잡았습니다(有孚攣如, 无咎).

중부괘는 구원의 관점에 대한 혁명적인 변화를 담고 있습니다. 알은 스스로 부화하고 깨어 나올 수 없습니다. 뿐만 아니라 스스로 굴러가는 것조차 못합니다. 알이 구원받고 껍질을 깨고 나올 수 있는 것은 전적으로 어미 새의 은혜 덕분입니다.

중부괘는 우리의 깨달음과 믿음, 구원이 바로 그런 것이라고 말합니다(中孚, 豚魚吉, 利涉大川, 利貞). 우리가 가장 현대적 깨달음이라고 생각하는 내용들을 우리 선조들은 이미 3,000년 전부터 알고 있었고, 자각하고 있었습니다. 그 자각을 실천한 사람들이 원효, 루터, 신란과 같은 종교의 영웅들입니다.

■ 소과(小過) – 조금 과하게

그대, 지나치게 높이 날지 말기를……

지금 이 세상은 모순이 지나치다.
합리적이고 이성적인 방법으로
문제를 풀기가 쉽지 않을 때는
조금 과한 방법, 소과의 길을
택해야 한다(小過, 亨, 利貞, 可小事, 不可大事,
飛鳥遺之音, 不宜上, 宜下, 大吉).

지나치게 고기를 많이 먹기에
조금 과하게 채식을 드러내야 하고,

지나치게 소비하기에 조금 과하게 아끼는 사람이 필요하다.

지나치게 학교와 공부에 매달리기에

조금 과하게 여행하고 노는 아이들이 나와야 한다.

이 세상에는 긴장이

필요하다(山上有雷, 小過, 君子以行過乎恭, 喪過乎哀, 用過乎儉).

긴장을 불러일으키는 소과의 삶은 자유로울 수 없다.

새처럼 자유롭길 원하면

소과의 삶은 불가능하다(飛鳥以凶. 不可如何也).

소과는 삶으로 싸우는 전쟁이다.

지혜롭게 자기를 방어하는 기술을 갖지 못하면

단 한방에 무너질 수도 있다(弗過防之, 從或戕之, 凶).

위험하다 싶으면 무리해선 안 된다.

내 생각이 반드시 옳은 것도 아니다.

소과의 삶을 택하면 세상은

적으로 가득해진다(无咎, 弗過遇之, 往厲必戒, 勿用, 永貞).

날마다 고기 먹고, 쓰고, 버리고,

아이들을 시험 기계로 만드는 삶은 오래 가지 않는다.

언젠가는 우리들 모두 새로운 눈을

떠야 한다(密雲不雨, 自我西郊, 公弋取彼在穴).

그러나, 소과의 삶을 사는 그대.

지나치게 높이 날지 말기를…….

그대를 잡아 맬 그물을 들고 있는 이들의

눈빛이 매섭구나(弗遇過之, 飛鳥離之, 凶, 是謂災眚).

小過, 亨, 利貞, 可小事, 不可大事, 飛鳥遺之音, 不宜上, 宜下, 大吉.

형통하다. 바름을 지켜 이롭다. 조금씩 하는 건 괜찮지만, 한꺼번에 큰일을 할

수는 없다. 새가 날아가며 소리를 낸다. 위로 가는 건 마땅치 않고 아래로 내려

와야 한다. 크게 길하다.

(조금 과하지만 지나치지만 않다면 괜찮다. 새가 높이 날며 울더라도 결국 둥지

로 내려와야 쉴 수 있듯이 자기를 낮춰야 한다.)

小過, 小者過而亨也, 過以利貞, 與時行也.

소과는 조금씩 나아가기에 형통하다. 바름으로 나아가는 것은 알맞은 때와 함

께 가는 것이다.

(무리하지 말고, 적절한 시점에 알맞게.)

山上有雷, 小過, 君子以行過乎恭, 喪過乎哀, 用過乎儉.

산 위에 벼락이 치면 몸을 바짝 낮춰야 하듯이 소과의 군자는 약간 과도하게 공경

하고, 상을 당하면 약간 과하게 슬퍼하고, 돈을 쓸 때는 약간 과하게 절약한다.

–

476

1. 飛鳥以凶. 不可如何也.

새가 날아가 흉하다. 어떻게 할 도리가 없기 때문이다.

(적절한 한계상황을 넘어버렸다.)

2. 過其祖, 遇其妣, 不及其君, 遇其臣, 无咎. 臣不可過也.

할아버지를 지나 할머니를 만난다. 임금까지 가지 않고 신하를 만난다. 허물이

없다. 신하로서 과도하게 할 수 없기 때문이다.

(조금 과하더라도 적당한 선에서 문제를 마무리 짓는다.)

3. 弗過防之, 從或戕之, 凶.

철저하게 방어하지 않았기 때문에 혹시 쫓아와 해칠지 모른다. 흉하다.

(약간 과하게 해야 안전한 상황에서 지나친 자신감으로 방비를 제대로 하지 않는

다. 상황을 볼 때 무모하다.)

4. 无咎, 弗過遇之, 往厲必戒, 勿用, 永貞.

허물이 없다. 무리해서 만나지 않는다. 나아가면 위험하니 반드시 경계해야 한

다. 나아가지 말고 변함없이 곧음을 지켜야 한다.

(조심, 또 조심한다.)

5. 密雲不雨, 自我西郊, 公弋取彼在穴.

먹구름이 끼어도 비가 내리지 않는다. 서쪽에서 온 우리의 새로운 지도자(公)가

주살로 동굴에 있는 짐승을 잡는다.

(새로운 지도자가 조금 과할 정도로 기득권 세력을 제거해나간다.)

6. 弗遇過之, 飛鳥離之, 凶, 是謂災眚.

만나지 않았는데 지나갔다. 날아가는 새가 그물에 잡혔다. 흉하다. 이것을 재앙이라고 한다.

(과함이 지나쳐 아무도 만나지 못하고, 지나치게 높이 날다가 재앙을 불러들인다.)

1970년대, 여전히 봄이 되면 먹는 걸 해결하는 게 쉽지 않았던 시기, 보릿고개라는 말이 남아있을 때는 조금 과하게 '잘살아보세'라고 말해도 되었을 겁니다. 마을 어르신들에게 '살면서 언제 가장 행복하셨느냐' 하고 물어보면 대부분 '새마을운동' 할 때라고 이야기합니다. 그때 그분들은 20대의 청년이었고, 내 힘과 노력으로 보릿고개를 넘어 살 만한 세상을 만들었다는 자부심이 있습니다.

농촌 노인들에게 박정희의 신화는 신화가 아니라 전라도, 경상도를 따지지 않고 신앙입니다.

1980년대 전두환 독재정권은 광주민주화운동을 탱크로 밀어붙이고 광주시민을 학살한 살인자들의 권력이었습니다. 그때는 조금 과하게 거리에서 짱돌을 던져도 문제가 되지 않았습니다. 국민들은 20대 청년들의 울분과 고통을 이해했고, 그들이 새로운 미래를 열기를 간절히 염원했습니다. 세상은 문제가 일정 정도를 넘어서면 반대쪽에 조금 과하게 힘을 실어줍니다. 새가 오른쪽과 왼쪽의 두 날개로 날듯이, 오른쪽 한 발, 왼쪽 한 발 내디디며 앞으로 나아가듯이(小過, 小者過而亨也, 過以利貞, 與時行也).

주역은 중정(中正)을 중요하게 생각합니다. 중(中)은 적절하고 합리적인 판단이고, 정(正)은 올바르고 바른 길입니다. 내가 아무리 바른 길을 걷더라도 그 행동이 합리적이어야 합니다.

상황을 잘 읽어야 바른 말도 의미가 있습니다. 그러나 중정의 삶이란 게 딱 알맞게 되기가 쉽지 않습니다. 기우뚱 기우뚱하면서 찾아가는 겁니다. 어떨 때는 문제를 해결하기 위해 중심 자체를 한쪽으로 조금 쏠리게 하는 '기우뚱한 중심' 전략도 필요합니다. 소과는 바로 기우뚱한 중심입니다(山上有雷, 小過, 君子以行過乎恭, 喪過乎哀, 用過乎儉).

이 방법은 우리 삶을 딜레마와 마주하게 합니다. 생각 없이 한 방향으로만 가던 사람이 이럴 수도 저럴 수도 없는 자기 한계를 성찰하면서 합리적으로 중정을 찾게 합니다.

프로이트는 인간의 억압을 '성욕'을 중심으로 이해하고, 성에 대한 억압이 인간 내면의 부조리를 일으킨다고 생각했습니다. 프로이트의 이 생각 덕분에 20세기 인류는 성의 억압에서 상당한 자유를 얻었습니다. 여성해방운동, 피임의 보급 등은 인류의 진보였습니다.

우리 시대 인간의 본성 중에서 해결해야 할 것이 '식욕'입니다. 성욕과 식욕은 인간 본성의 바탕에 깔려 있습니다. 이 두 가지가 없으면 인간은 이 지구에서 살아남을 수 없습니다. 성욕은 억압과 해방 사이에서 어느 정도 균형을 잡아가고 있는데, 식욕은 만만하지 않습니다. 지나치게 풀려 있어서 비만과 성인병이 인류를 위협하고, 농업을 왜곡하고 있습니다.

20세기가 성욕의 억압에서 해방되는 게 과제였다면, 21세기는 '음식의 욕망'

을 억제하는 게 과제입니다. 동물권리 운동가들과 채식인들이 공장식 동물 사육과 동물 학대에 대해 조금 과하게 대응하는 것은, 그것이 우리 시대의 주요 과제이기 때문입니다.

중부괘(中孚卦)와 소과괘(小過卦)는 한 짝입니다.

중부가 한 사회의 문제를 자기 문제로 받아들이고 자기 안에서 품어 해결하려고 하는 데 반해서, 소과는 문제를 사회에 알리고, 운동을 통해 해결하려고 하는 사람들의 전략입니다. 중부가 종교적이라면 소과는 사회운동입니다.

세상은 어떻게 변화할까요?

혁명은 보듬는 것, 품에 안는 것으로 보는 사람의 전략도 있고, 세상을 딜레마에 빠뜨려 한쪽만 보지 말고 다른 쪽도 보도록 일깨우는 사람도 있습니다. 그들 모두 생명을 사랑하고 평화를 실천하는 이들입니다. 새가 날아야 할 때도 있고, 둥지에 앉아야 할 때도 있듯이 세상은 그렇게 균형을 찾게 됩니다(小過, 亨, 利貞, 可小事, 不可大事, 飛鳥遺之音, 不宜上, 宜下, 大吉).

주역 제63괘
■ 기제(既濟) – 불안한 균형

水
火 ䷾ 既濟

물과 불이 만날 수 있게 솥을 만들자

1972년 7.4남북공동성명,

1992년 남북기본합의,

2000년 6.15공동선언,

2007년 10.4선언.

이 모두 물과 불이 서로를 적대하지 않고

존중하고 만날 수 있는 솥이었다.

이 솥 안에서 개성공단과 금강산 관광이라는 요리를 했다.

맛있었고, 무엇보다 아름다웠다.

오래지 않아 북한 사람들도 페이스북에 들어온다.

우리는 누구나 각자의 솥을 만들 수 있다.

통일은 매일매일 이루어진다.

旣濟, 亨小, 利貞, 初吉終亂.

형통한 것이 적다. 바름을 지키니 이롭다. 처음엔 길하다가 나중에는 어지러워

진다.

(기제는 이미 완성된 상태. 앞으로는 좋은 일이 많이 남아있지 않다. 이 상태

를 유지하기 위해 노력해야겠지만, 결국 흐트러진다는 것도 알고 있어야 한다.)

水在火上, 旣濟, 君子以思患而豫防之.

불 위에 물이 있는 것처럼 기제의 군자는 어려움을 생각하고 미리 그것을 예방

한다.

(기제에서는 물과 불이 균형을 유지하고 있지만 그것은 불안한 균형이다.)

—

1. 曳其輪, 濡其尾, 无咎.

바퀴를 질질 끌며 간다. 꼬리를 적신다. 허물이 없다.

(앞으로 일어날 어려움에 대비해 가능한 한 기제 상태에서 천천히 움직인다.)

2. 婦喪其茀, 勿逐, 七日得.

482

부인이 타고 가는 가마의 덮개(발)를 잃어버린다. 쫓아가지 않아도 7일이면 찾는다.

(귀부인이 나갈 때는 안에서 밖은 보이고, 밖에서 안은 안 보이는 발을 덮고 가는데, 이게 없어져서 나가기가 쉽지 않다. 하지만 기제 상태에서는 애쓰지 않아도 잃은 것들이 돌아온다.)

3. 高宗伐鬼方, 三年克之, 小人勿用. 憊也.

은나라 고종이 귀방을 정벌해서 3년 만에 극복했다. 소인을 써서는 안 된다. 3년 동안의 정벌은 정말 고달픈 일이었다.

(힘들게 위험을 극복하고 자리를 잡았는데, 평화를 오래 유지하려면 소인에게 책임을 맡길 순 없다.)

4. 繻有衣袽, 終日戒. 有所疑也.

배에 구멍이 나서 물이 새어 들어오니 해진 옷으로 틀어막고 종일 경계한다. 의심스러운 것들이 있기 때문이다.

(안정된 상태라고 생각했지만 안팎에서 물이 새고 있다.)

5. 東鄰殺牛, 不如西鄰之禴祭, 實受其福.

동쪽 이웃에서 소를 잡아 제사 지내는 것이 서쪽 이웃이 소박한 제사를 드리는 것보다 못하다. 진짜 복을 받는다.

(은나라 주왕의 제사와 주나라 문왕의 제사에 대한 비교다. 하늘은 소박하지만 정성스러운 문왕의 제사를 받고 복을 내렸다.)

6. 濡其首, 厲. 何可久也.

머리를 적시니 위험하다. 어찌 오래갈 수 있겠는가.

(기제 상태를 더 유지할 힘이 없다.)

이제 주역의 마지막 이야기에 접어듭니다. 기제와 미제는 마지막 짝입니다. 흔히 기제는 완성, 미제는 미완성으로 읽습니다. 기제와 미제는 물과 불의 상징을 가지고 있습니다. 기제는 물이 위에 있고, 불이 아래에 있습니다(水在火上, 旣濟). 물이 담긴 솥 밑에서 불을 때는 걸 상상하면 됩니다. 물과 불이 만나 솥에 있는 음식을 끓여 나누어 먹을 수 있는 분위기입니다.

미제는 불이 위에 있고, 물이 아래에 있습니다(火在水上, 未濟). 기제와 똑같은 재료를 가지고 있지만 불은 위로 가버리고, 물은 아래로 흘러버리기에 둘은 만날 수 없습니다. 물과 불은 서로 상반된 것입니다. 잘 쓰면 말할 수 없이 유익하지만 잘 못 쓰면 서로가 서로를 파괴할 수 있습니다. 남한의 자본주의와 북한의 사회주의는 물과 불처럼 서로 상극입니다. 이걸 만나게 하는 건 쉬운 일이 아닙니다. 물과 불이 만나야 할 때는 상상력이 필요합니다.

상상. 개성공단의 평화

이산가족 상봉 협상이 진행되면서 북측은 남측의 요구 대부분을 받아들였지만 오직 한 가지는 물러서지 않았다. 이산가족 상봉 장소를 개성공단 관리위원회 건물로 해야 한다는 것이었다. 북측에서는 이산가족 상봉을 개성공단 활성화의 기회로 만들겠다는 의지가 뚜렷했다.

개성공단은 2000년, 고 김대중 전 대통령과 고 김정일 전 국방위원장이 합의한 6.15공동선언에서부터 시작되었다. 2003년 6월, 1단계 100만 평 개발이 시작된 이후 개성공단은 김대중·노무현 정부의 핵심적인 한반도 평화전략이었다(旣濟, 亨小, 利貞, 初吉終亂).

개성공단 개발이 원래 계획대로 3단계 일정에 따라 진행되었다면 2012년에 개성공단은 2,000만 평의 땅에 2,000여 개 기업, 약 50만 명이 거주하는 창원시 규모의 도시가 되었을 가능성이 높다(水在火上, 旣濟, 君子以思患而豫防之).

개성공단에서 처음 만난 남측과 북측은 서로가 서로에게 어색했다. 남측은 북측의 노동자를 '임금'을 주고 사용한다고 생각했고, 북측의 노동자들은 남측 중소기업의 어려움을 지원하고, 조국통일의 기초를 만들기 위해 개성공단에 배치되어 '생활비'를 받는다고 생각했다(曳其輪, 濡其尾, 无咎).

북측 노동자들은 사회주의 의식으로 인해 개인이 책임을 지지 않고, 성과도 개인이 가져가지 않는다. 자본주의식 생산성 동기 부여가 적용되지 않았다. 시간이 지나며 서로에 대한 이해가 쌓이고, 북측 노동자에게 자율적인 책임의 범위가 생기고, 숙련도가 쌓이면서 이 문제도 해결되어갔다(婦喪其茀, 勿逐, 七日得).

그러나 남측과 북측은 여전히 작은 일로도 부딪치는 일이 많았다. 결국 답은 상호존중이었다. 상대가 가신 생각을 틀리다고 보지 않고 있는 그대로 보는 눈을 가져야 문제가 풀릴 수 있었다(高宗伐鬼方, 三年克之, 小人勿用. 憊也).

정권이 바뀌어 이명박 정부는 개성공단을 정치적 목적으로 이용하기 시작했다. 남한의 보수정권은 오랫동안 북한과의 일정 정도 수준의 긴장을 통치전략으로 사용해왔다. 거기에다 북한의 핵실험, 금강산 관광객 총격 사망, 천안함 사건, 연평도 포격 등 악재가 거듭되었다(繻有衣袽, 終日戒. 有所疑也).
남측의 기업가와 정부가 개성공단을 정치적·경제적 관점에서 보는 반면, 북측은 미래 통일한반도의 연방수도 정도의 위상으로 보고 있었다. 평양과 서울에서 1시간 거리, 한반도의 통일국가였던 고려의 수도, 서해안의 동아시아 거점 도시. 역사와 문화, 지리 어느 면으로 봐도 개성만큼 한반도의 미래에 긍정적인 지역은 없다(東鄰殺牛, 不如西鄰之禴祭, 實受其福).

통일은 비용이 많이 들지만 평화는 이익이다. 평화를 위해 만나 같이 일하고 우정을 쌓아가다 보면 통일은 이미 이루어져 있을지도 모른다. 이산가족 상봉 기간 내내 전 세계 언론은 이산가족 상봉과 함께 개성공단을 집중적으로 취재했다. 개성공단 개발에 대한 북한의 의지가 명확했고, 북한이 그동안의 경험을 통해 독자적인 공단 운영 능력을 가졌다는 것이 확인되었다.
개성공단에 국제적인 투자가 유치되기 시작했다.
개성공단은 점점 남북한 공동개발 구역이 아니라 국제투자 생산기지로 변화하기 시작했다. 남측과 북측 정부가 개성공단의 운영을 쉽게 좌우하기 힘들게 되었다. 개성공단은 점점 더 '자주, 민주, 중립, 평화'의 가치가 적용되었고, 국제무역, 생산, 관광, 교육, 평화도시로 발전해나갔다.

개성공단은 남측과 북측의 요구가 딱 들어맞는 기제괘의 완성의 상징과 잘 어울리는 장치입니다. 개성공단이라는 솥을 사이에 두고 남측과 북측은 말할 수 없이 행복한 경험을 했습니다. 그러나 기제괘의 운명은 행복이 오래가지 않는다는 것입니다(既濟, 亨小, 利貞, 初吉終亂).
이명박 정부는 개성공단 추가 투자를 중단시켰고, 박근혜 정부에 들어와서는 한 차례 가동 중단과 남측·북측이 개성공단에서 철수하는 일까지 벌어졌습니다(繻有衣袽, 終日戒. 有所疑也).

개성공단은 1단계 개발 이후 추가 개발이 중단된 상태입니다. 북측은 남측과 공동 개발하기를 원하지만, 남북한의 긴장을 정권 연장의 수단으로 이해하는 정치가들이 있고, 이미 선거로는 정권 교체가 불가능해진 남한의 정치상황을 이해하면 개성공단은 중국 자본이 개발할 가능성이 높습니다. 거기다 만약 북한이 일본과 국교를 맺게 된다면 일본으로서도 개성공단은 참여하고 싶은 곳이 될 수 있습니다.
일본에는 조총련 계열 재일동포 사업가들도 많고, 그들은 언제나 조국에 투자를 하고 싶어 합니다.

남한은 돈은 많지만 평화에 대한 정성이 없습니다. 거기에 비하면 북한은 가난하지만 통일에 대한 간절함이 있습니다. 주역은 이런 모습을 '동쪽 이웃이 소를 잡아 제사 지내는 것이 서쪽 이웃이 소박한 제사를 드리는 것보다 못하다'라고 이야기합니다(東鄰殺牛, 不如西鄰之禴祭, 實受其福). 하늘은 21세기 북측에 복을 내릴 것입니다.

세상은 고정되어 있지 않고 변화합니다. 개성공단은 하늘의 축복으로 날마다 작은 통일이 이루어지는 기적의 공간이 될 것입니다.

(이 글은 개성공단이 폐쇄되기 전에 쓴 글입니다.

개성공단의 운명을 기제괘 속에서 읽었는데, 기제괘는 불안한 균형 상태입니다. 조심하더라도 유지하는 게 쉽지 않았는데, 조심하는 마음이 없는 남측과 북측의 상호 정책으로는 개성공단의 운명은 이미 오래전에 결정되어 있었습니다.

개성공단 폐쇄로 인해 고통을 겪고 있을 남측과 북측의 많은 분들에게 위로의 마음을 전합니다.)

■ 미제(未濟) – 당신이 강을 건너도록 돕겠습니다

火
水 ☲☵ 未濟

어린 왕자가 여우에게 보내는 편지

여우야 안녕.

나는 지구별 여행 잘 마치고 소행성 B612로 돌아왔어.

아프리카의 사막에 처음 떨어졌을 때

지구의 느낌은 메마르고 삭막한 곳이었어.

너를 만나지 못했으면 지구별 여행을 제대로 못했을 거야.

넌 나에게 '길들인다'는 게 뭔지 가르쳐줬어.

세상에 아무리 아름다운 게 많아도

서로 길들여져서 단 하나밖에 없는 존재가 되어야

의미가 생긴다는 걸

489

알게 됐어(火在水上, 未濟, 君子以愼辨物居方).

헤어질 때 너는 내게 비밀 하나를 알려줬지.
'마음으로 보아야 잘 볼 수 있어. 중요한 것은 눈에 보이지 않아.'
너에게 길들여지고,
마음의 눈으로 지구별 여행을 하면서부터는
천천히 걸을 수 있었어.
그렇게 걸으니
위험이 어디서 오는지 보였어(曳其輪, 貞吉).
또 보통 사람들이 두려워하는
강도 건널 수 있었어(未濟, 征凶, 利涉大川).
마음으로 보면 용기가 생기거든.

소행성 B612로 돌아오기 며칠 전에는
사막에서 비행기를 고치던
아저씨도 만났단다(貞吉, 无悔, 君子之光, 有孚吉).
아저씨는 내게 코끼리를 삼킨 보아뱀 그림을 보여줘서
처음엔 깜짝 놀랐어.
서로 사귀면서 작은 양도 그려주고, 양이 살 집도 그려줬어.
여우 너도 그려줬는데, 귀를 꼭 뿔처럼 뾰족하게 그려서
내가 그림 못 그린다고 놀렸단다.

내가 지구에 떨어진 그 시간, 그 자리,

내 별이 보이는 그곳에서

노란 뱀이 내 별로 돌아올 수 있도록 도와줬어.

내 몸이 무거워

몸을 가지고 별로 돌아올 수는

없었거든(有孚于飮酒, 无咎, 濡其首, 有孚失是).

여우야.

우린 언제 다시 만날 수 있을까?

네가 꼬리를 적시지 않고 은하수를

건널 수 있을까(未濟, 亨, 小狐汔濟, 濡其尾, 无攸利)?

未濟, 亨, 小狐汔濟, 濡其尾, 无攸利.

형통한다. 작은 여우가 강을 거의 다 건너 꼬리를 적신다. 이로울 것이 없다.

火在水上, 未濟, 君子以愼辨物居方.

불이 물 위에 있는 것처럼 미제의 군자는 신중하게 물건을 어느 자리에 놓아야

할지 결정한다.

(똑같은 것도 놓는 자리에 따라 완전히 다른 결과를 불러온다. 기제와 미제처럼.)

—

1. 濡其尾, 吝. 亦不知極也.

491

꼬리를 적시니 어렵다. 자기 한계를 몰랐기 때문이다.

(작은 여우가 자기 실력으로는 건널 수 없는 강을 건너다 어려움을 겪게 된다.)

2. 曳其輪, 貞吉.

수레바퀴를 끌며 천천히 간다. 바름을 지키면 길하다.

(위험을 대비해 신중하게 행동한다.)

3. 未濟, 征凶, 利涉大川.

완전히 준비되지 않은 상태에서 정벌하는 것은 흉하다. 큰 강을 건너는 것이 이롭다.

(한계를 넘는 일은 피하고, 어렵지만 도전해서 실력을 쌓아야 하는 일을 해보자.)

4. 貞吉, 悔亡, 震用伐鬼方, 三年有賞于大國.

바름을 지키니 길하다. 뉘우침이 사라진다. 은나라 고종 때 진용 장군이 귀방을 정벌했다. 3년 동안의 전쟁이 끝나고 상을 받았다.

(쉽지 않은 일을 해냈다.)

5. 貞吉, 无悔, 君子之光, 有孚吉.

바름을 지켜 길하다. 뉘우칠 것이 없다. 군자의 빛은 진실하다. 길하다.

6. 有孚于飮酒, 无咎, 濡其首, 有孚失是.

좋은 친구들이 우정을 위해 술을 마시는 것은 허물이 없다. 그러나 머리가 술독에 빠질 정도라면 신뢰를 잃게 된다.

飮酒濡首, 亦不知節也.

술을 마시다 머리가 술독에 빠진다는 건 절제할 줄 모른다는 것이다.

주역에는 주역의 이상을 담은 주옥같은 이야기들이 넘쳐납니다. 마지막 괘인 미제(未濟)도 그런 주옥같은 이야기 중의 하나입니다.

하늘이 겹쳐있는 건괘(乾卦)는 저 높은 하늘 너머를 바라보며 무한한 빛과 사랑의 세계로 함께 손잡고 나아갑니다(群龍無首). 땅 아래 산이 있는 겸괘(謙卦)는 산처럼 높고 큰 사람이 민중을 위해 자기를 낮추고 겸손하게 살아갑니다. 땅이 하늘 위에 있는 태괘(泰卦)는 하늘과 땅이 자리를 바꾸듯이 너와 나의 자리를 바꾸어 당신의 꿈이 이루어지도록 내 삶을 바치겠다는 평화의 염원입니다. 태괘(泰卦)는 동아시아인들이 꿈꾼 완전한 평화의 이상세계입니다. 하늘 위에 높이 떠 있는 태양을 가진 대유(大有)괘는 태양이 누구에게나 빛을 선물하듯이 내 삶을 선물처럼 값없이 나누겠다는 서원입니다. 산 위에 연못을 가진 함괘(咸卦)는 산이 자기를 비워 연못물을 채우듯이 사랑은 자기를 비워 상대를 받아들이고 품에 안는 것이라고 연애의 조언을 합니다. 중부괘(中孚卦)는 세상을 변화시키기 위해 어미 새가 알을 품듯이 세상의 고통을 품어 안습니다. 급격한 변화를 바라는 혁괘(革卦)는 역사를 읽는 눈을 가져야 실패하지 않는다고 말합니다.

이처럼 주역의 괘는 어느 하나 우리 삶을 깊은 성찰로 이끌지 않는 것이 없습니다.

마지막 괘인 미제(未濟)괘는 주역의 시작인 건괘(乾卦)에 맞먹는 무게를 가지고 있습니다. 우리가 오랫동안 도전하고 노력하는 모든 게 사실은 완성할 수 없는 일이라고 말합니다. 조금은 허망합니다.

지구의 에너지는 돌고 도는 윤회입니다. 주역은 우리가 결국 이 에너지 속에 빠져서 다시 삶을 반복하게 된다고 말합니다. 그리스 신화의 시시포스 이야기와 동일합니다. 바위를 굴리고 굴려 산 정상에 이르면 다시 굴러 떨어지는 가혹한 운명의 형벌. 미제괘와 시시포스 신화는 같은 관점으로 인간과 우주를 이해합니다. 그러나 두 이야기는 같은 주제이지만 내용을 보면 다른 이야기입니다.

시시포스가 힘겹게 바위를 굴려 올려야 하는 노동과 절망 속을 걸어 올라가는 반면 미제의 여우는 쉽게 건너기 힘든 강을 어떻게든 건너려고 애쓰다 매번 실패하는 걸로 그려집니다. 미제의 반복은 어린아이가 미끄럼틀을 올라갔다 내려갔다를 반복하는 듯, 놀이의 느낌이 있습니다. 동일한 반복이지만 강을 건너지 못하고 꼬리를 적신 여우에게서는 더 성장해서 반드시 건너겠다는 도전의 의지가 있습니다.

시시포스가 바위를 굴려 올리며 나날이 쇠약해지는 반면, 미제의 여우는 실패하고 또 실패하지만 나날이 성장합니다. 그런 점에서 미제의 여우는 시시포스보다는 어린 왕자가 만난 지혜로운 여우에 가깝습니다.

생텍쥐페리는 비행사였습니다.

그는 《어린 왕자》를 쓴 다음해 정찰비행을 나갔다 실종되었습니다. 사실 그는 《어린 왕자》를 통해 지구인들에게 하고 싶은 이야기를 다한 것이나 마찬가지였습니다. 어쩌면 그는 실종된 것이 아니라 어린 왕자처럼 몸을 벗고 우주 저 너머 그가 왔던 별로 돌아갔을 것입니다. 윤회의 쳇바퀴를 벗어나 미제의 덫에 걸리지 않고 싶었을 것입니다.

미제괘는 작은 여우를 상징으로 이용합니다. 여우가 강을 건너다 꼬리를 적십니다(未濟, 亨, 小狐汔濟, 濡其尾, 无攸利). 기제괘의 여우도 강을 건너다 꼬리를 적시지만, 기제괘의 여우는 그 경험을 통해 반성하고 잘 준비해서 끝내 강을 건넙니다. 그러나 미제괘의 여우는 강을 건너지 못합니다. 미제라는 말 자체가 '강을 건너지 못한다'입니다.
미제괘의 여우의 목표는 자기가 강을 건너는 것이 아닙니다. 어린 왕자에게 마음으로 여행하는 방법을 가르쳐주어 무사히 여행을 마치고 자기 별로 돌아가게 한 것처럼, 미제의 여우는 다른 사람들이 강을 건너도록 이끌어주는 존재입니다. 지옥불에서 고통받는 사람이 한 사람이라도 있으면 성불하지 않겠다고 서원한 지장보살과 이어지는 점도 있습니다(君子之光).

이제 여우와 손잡고 강을 건너볼까요?
강을 건너려면 먼저 저 높은 하늘 너머 무한한 빛과 사랑의 세계에 대한 간절한 염원이 있어야 합니다. 건괘(乾卦)의 이야기로 돌아가는 겁니다.